歲在丁酉

——關於中共反右派鬥爭

朱正 著

前記

可以說，我在被劃為右派分子之後，就開始了我對反右派鬥爭這一歷史事件的思考和研究。一九九八年我第一次發表了研究的成果：《一九五七年的夏季：從百家爭鳴到兩家爭鳴》。這已經是十多年前的事情了。在這段時間裡，我不斷給它補充增訂，讓它從三、四十萬字增加到七、八十萬字。臺北秀威資訊科技股份有限公司接受了這部書稿，不久即將以《反右派鬥爭全史》這個新的書面推出。

在這些年裡，除了這部整本的書之外，我還寫了一些關於這個題目的長長短短的文章，有的是應報刊編者出了題目來約稿，有的是遇到了想寫的題目自動寫的。積久也就有不少篇了。秀威公司在接受我的那一部大書的同時，表示也願意出版這一本短篇集，我就把這些文章找了出來，加上兩篇提交給國際學術討論會的書面發言，編成了這一本。這裡所收的各篇，有的是回憶往事，有的是懷念亡友，有的提出了新的視角和新的材料。比起全景掃描式的《反右派鬥爭全史》來，它提供了一些工筆描繪的細部，使讀者能夠有更感性的瞭解。這樣，這本書可以說是《反右派鬥爭全史》的補充讀物。比方說，《反右派鬥爭全史》一書寫作和出版的過程，這裡就有若干有趣的材料。有兩篇我曾經想附錄在《反右派鬥爭全史》後面的，現在這個短篇集單行出版，當然就不必再用作附錄了。

有必要說明的一點是，這裡各篇原是獨立的文章，現在輯印成冊，不免稍有重複之處，一篇中用過的論據，在另外一篇中又一次用到了。我想不出什麼好辦法來處理這問題。只好請求讀者的諒解了。

二〇一二年十月十六日朱正于長沙

目次

論說

書評和序跋

自述

丁酉年紀事

但凄涼顧影，頻悲往事，殷勤對佛，欲問前因……

——辛棄疾〈沁園春〉

一

一九五七年，我在長沙新湖南報社，在這裡經歷了整風運動和反右派鬥爭的全過程。

在一九五五年的肅反運動中，我被列為鬥爭對象，在整整一年時間裡，享受了每一隻「老虎」都享受過的一切待遇：檢查交代，批判鬥爭，不必說了。最難受的是失去了行動的自由，一天二十四小時，從吃飯到拉屎，都有專人看管，比起後來我在看守所和勞改隊的經歷，都管得更嚴厲些。鬥了一年，沒有查出什麼反革命的材料。於是說我參加了一個「思想落後小集團」，以撤職和降一級工資結案。我很覺得委屈，又不敢申辯，就這樣心有餘悸的過了幾個月。我就是懷著這樣的心情進入一九五七年的。

從一九五六年下半年到一九五七年初，我感覺到空氣似乎有了一點鬆動。《文匯報》復刊了。它連載了斯特朗的《史達林時代》，其中「巨大的瘋狂」一章是寫蘇聯肅反的，同我不久前身歷的大同小異。在《爭取持久和平，爭取人民民主》停刊前不久的某一期上，有文章反駁了史達林的「階級鬥爭越來越尖銳」的公式。可以看出，空氣是有了一點變化。同事的臉色也不都是冷若冰霜了，有一位大約是做工會工作的同事還要我去申請困難補助。我敬謝了她的好意，告訴她：我的《魯迅傳略》快要出了，將要得到一筆稿費。

三月，副總編輯蘇辛濤到北京參加全國宣傳工作會議回來，興沖沖地作了傳達，還傳達了毛澤東在最高國務會議上關於正確處理人民內部矛盾的講話。四月，《人民日報》陸陸續續發表社論，宣傳新方針。費孝通發表了一篇很長的文章〈知識分子的早春天氣〉，我也感到了一種早春的天氣。

五月一日，報上刊出了中共中央〈關於整風運動的指示〉，宣布一個反對官僚主義、宗派主義和主觀主義的整風運動開始。同以往的三反五反鎮反肅反那些暴風驟雨式的政治運動不同，《指示》提出了「和風細雨」，提出了「恰如其分的批評和自我批評」這些原則，並且規定：「開會應該只限於人數不多的座談會和小組會，應該多採用同志間談心的方式，即個別地交談，而不要開批評大會，或者鬥爭大會。」還說要堅決實行「知無不言，言無不盡；言者無罪，聞者足戒；有則改之，無則加勉」的原則。

幾天之後，總編輯官健平在全社大會上作動員報告，宣布報社開始整風，號召全體人員向報社領導提意見，反對三個主義。內容大體上就是按照中央指示說的。動員大會之後，即分小組開會座談，向領導提意見了。

中共中央〈關於整風運動的指示〉還規定了：「非黨員願意參加整風運動，應該歡迎。但是必須完全出於自願，不得強迫，並且允許隨時自由退出。」我不是黨員，即根據這一規定提出不參加整風運動。我要報考大學，需要時間複習功課，準備考試。一天晚飯後，文教部同事黎風邀我同去散步，勸我還是參加整風運動。他說，黨有決心克服三個主義，希望你提意見，幫助黨整風。他還說了：你不會沒有意見吧。我說，我只對於把我列入肅反對象有意見。他說，那你就提嘛。今天我重提往事，不過是說清楚一下事實，並不是對黎風兄有任何抱怨之處，第一，我猜想，他是奉命來同我談話的；第二，我同他彼此之間素無惡感（大約這就是由他來同我談話的原因吧），他絕沒有加害於我的意思；更重要的，第三，即使沒有他的勸說，事情的結局也不會有任何不同，因為，不久國務院就發布了《關於國家機關工作人員參加整風運動和反對資產階級右派鬥爭的決定》，宣布「凡是進行整風的單位，所有工作人員，都應當積極地參加這一運動和鬥爭。」取消了原先非黨員自願參加自由退出的規定。

就這樣，我就參加整風的小組會了。

那時，《人民日報》逐日詳細報導中共中央統戰部召開的民主人士座談會上的發言，新湖南報社內部的座談會也從這些報導中受到啟發，一些人學著說他們說的那些話，例如外行領導內行之類。在這一方面，他們對官健平提出了不少批評，說他對報紙業務一不懂二不鑽，外行得很。徐鑄成在〈「牆」是能夠拆掉的〉一文中，說《文匯報》的一位黨員副總編輯「有一套本事，能夠把通的文章改成不通」，這話在《新湖南報》引起了共鳴，一些人說，官健平所有的，正是這樣一套本事。

我在小組會上只提了一個問題，肅反運動肅我是錯了。一九四九年八月長沙解放，九月我即考進了新湖南報辦的新聞幹部訓練班，這時我還不滿十八歲，中學還沒有畢業。不但是沒有政治歷史問題，可以說還沒有政治歷史。為什麼要把我列為肅反運動對象呢？在肅反運動後期，宣布處理之前不久，報社肅反五人小組找我談話，念了一個〈中共中央批轉中央十人小組關於反革命分子和其他壞分子的解釋及處理的政策界限的暫行規定〉給我聽，我越聽越覺得同我沒有關係。這個文件中說的特務間諜、反動黨團、反動會道門、惡霸、土匪、胡風分子、托匪分子、漢奸、蔣匪軍、政、警、憲人員、敵對階級、現行反革命破壞分子……都跟我扯不上邊。肅反運動一開始，就宣布俞潤泉、張志浩、朱正、鍾叔河四人是一個「反革命集團」。這四個新聞幹部訓練班的學員，過去並不怎麼接近，現在大約是因為都要加以打擊。就臨時編為一個小集團了。

有趣的是這個小集團的稱號，或者說「所定的性質」，開始，反革命小集團；批鬥若干時日之後，調子稍稍有點降低：反動小集團；最後定案材料上寫的，卻更加客氣，只不過是思想落後小集團了。當我看到拿給我簽字的這份定案材料，真是啼笑皆非。肅了一年，並沒有把我肅成反革命，這是因為十人小組的那個文件規定了一些具體界限，現在不說我反革命了，只說是思想落後，我有什麼辦法證明我的思想並不落後呢？在整風小組會上，我說：如果這是肅落後運動，我落後，肅我是肅對了。現在是肅反運動，在定案材料上沒有一條反革命的內容，肅我是肅錯了。

這裡簡單插說一下新湖南報社的肅反運動。在一九五五年的肅反運動中，新湖南報立案審查的有十餘人，他們之中，像朱正、鍾叔河，在政治歷史上毫無問題。有些人有問題，例如許任飛，曾任國民黨軍方報紙桂林《掃蕩報》總編輯，後來又在重慶《大公報》任編輯；諶震曾任國民黨福建省政府主席劉建緒的秘書，掛過上校參議的頭銜；鄒今鐸原為新四軍，皖南事變中被俘，在上饒集中營關過。他們的這些問題都不是在肅反中查明，而是相反，都是因為自己早已交代了這些問題才被列為肅反對象。這十多個「老虎」被內查外調、檢舉坦白、批判鬥爭，折騰了大約一年。其中諶震、許任飛、俞潤泉三人還被宣布逮捕法辦，捉到看守所關了幾個月，到運動結束時才放回報社來。我還記得，每捉去一個，就把我們這些「老虎」領到寫了這事的黑板報前面（逐個帶去，每次一個），嚇唬一番：你得爭取時間，坦白交代，否則下一個就是你了！如此等等。這樣一年肅反運動的結果，報社並沒有肅出一個反革命分子來。這些「老虎」，包括「逮捕法辦」的三個，除了自殺和病死的以外，現在多已享受離休老幹部待遇了。

肅反運動的這種情況，並不是新湖南報社一處獨有的，其他單位的肅反也大同小異。一九五七年七月十八日《人民日報》社論〈在肅反問題上駁斥右派〉中提供了幾個數字，拿來計算一下，就可以知道這種情況是必然的了。社論說，在肅反運動中，「有一百三十多萬人弄清楚了各種各樣的政治問題」，這就是說，給一百三十多萬肅反對象寫出了並非反革命分子的定案材料，換句話說，就是肅錯了的。而在定案材料中定為反革命分子的，社論說是「有八萬一千多名」。兩項相加，肅反對象共約一百四十多萬人。取整數以一百四十萬為分母，錯案率是百分之九十四強，每一個在運動結束時定案為反革命分子的，平均有十六個不能定案為反革命分子的肅反對象作陪。

這裡說的是全國的情況。至於新湖南報社的肅反運動弄得這樣一塌糊塗，還有一個特殊情況。那就是報社肅反五人小組組長是官健平，而他，正是毛澤東所說的那種「別有來歷」的人物。當時他是報社最高領導人，我們這些在下面的編輯記者無從知道他的底細。文化大革命開始，那時他當了中共湖南省委統戰部長。省委機關造反組織「永向東」去調查了那些「走資派」的情況，一查，可就不得了。「官健平何許人也？現已查明，他的姓名、年齡、籍貫都是假的，只有性別是真的。他曾是追隨『反共救國團』的得力幫兇，抓過農民領袖，打殺過共產黨人，後來又成為國民黨第四戰區游幹班特務中隊長的心腹，結業後又被提升為工作隊的分隊長。還在四十年代初，他在廣西一個中學任訓育主任時，結識了在該校當教師的地下黨員何大群。此時，他一方面秘密擔任國民黨湘桂鐵路特別黨部的監察委員，一方面又和我地下黨交往密切。日本投降後，他來到長沙，取得地下黨的信任，混入了黨內，並施展種種伎倆，迷惑上級領導，當上了地下工委書記。解放後，官健平對頂頭上司阿諛奉承，青雲直上，飛黃騰達。」（鄧鈞洪〈追記《新湖南報》的「反右」鬥爭〉，載上海《新聞記者》雜誌一九八九年第六期）這樣一個人，這樣一些經歷，豈不正是肅反運動應該審查處理的對象嗎？可是不成。他是五人小組組長，肅反運動正是由他主持，他當然不會把自己列入鬥爭對象。他需要的是轉移視線，把運動搞得轟轟烈烈，於是把那些主動交代了歷史上的某些問題的人作為對象，還湊不足數，再找一些歷史上毫無問題並且毫無疑點的人作為對象。這些人，自己本沒有什麼問題，或者沒有隱瞞什麼問題，卻被列為肅反對象，平白無故失去一年自由，挨了多次批鬥，不免有些怨氣。整風運動開始，號召向領導提意見，於是好些肅反對象就把這問題提出來，要求「給一個說法」。

小組會上，提其他意見的也不少。當時發言最積極，意見最尖銳的，是鍾叔河和李長恭二人。李是不久前才從江西鎢礦工人報調來的，山東人，很豪爽，能寫，是個發稿很多的很強的記者。

這樣的小組討論延續了兩三個星期吧，也就冷下來了，小組會也不再開。大家並沒有感覺到有什麼異樣，以為要說的話都說過了，也不必多開會了吧。現在想來，冷下來的原因是中共中央布置反右派鬥爭的內部指示已經下達，要將整風運動轉變為反右派鬥爭了。人事科也忙起來，晚上都加班，這倒引起了一些人的注意，猜測這是為什麼。事後想來，當是為反右派鬥爭作準備吧。

二

六月八日一早起來，人們吃驚地在報上看到《人民日報》社論〈這是為什麼？〉，過兩天，又是社論〈工人說話了〉。大家知道，風雲突變了，反右派鬥爭開始了。《新湖南報》在版面上當然立刻有了反映，每天都以很大的篇幅報導省內外的反右派鬥爭。至於報社內部，一時卻頗為沉悶，不見動靜。官健平在黨支部會上作了反右派的動員，號召共產黨員起來反擊右派分子的猖狂進攻。至於他有沒有在包括黨外幹部的全社大會上也作了這樣的動員，我就不記得了。

《新湖南報》反出來的第一個右派分子是唐蔭蓀。大約是七月八日，黑板報的大字標題是〈向唐蔭蓀宣戰〉。當時大家都知道要反右派了，但是都沒有想到第一個會是他，很覺意外。他謙和文靜，工作努力，人緣也好，以前也沒有受過什麼批評處分。整風鳴放中，好些人都比他更活躍，發言比他更尖銳，更刺激，這些人都還沒有被劃成右派，為什麼第一名右派分子是他呢？

現在想來，就不難明白了。唐蔭蓀當然應該是新湖南報社的第一名右派分子，因為他是中國民主同盟的盟員。他上大學的時候，對國民黨的統治不滿，想找共產黨，沒有找到，找到了民盟，就加入了。在他自己，以為這是冒著危險參加了革命，沒有想到幾年之後這卻成了他受打擊的一個原因。反右派鬥爭的鋒芒主要是針對民盟的。毛澤東在為《人民日報》撰寫的「七一」社論〈文匯報的資產階級方向應當批判〉中宣稱：「民盟在百家爭鳴過程和整風過程中所起的作用特別惡劣。有組織、有計劃、有綱領、有路線，都是自外於人民的，是反共反社會主義的。」「整個春季，中國天空上突然黑雲亂翻，其源蓋出於章羅同盟。」這裡說的「章羅同盟」即「以章伯鈞、羅隆基為主要代表的中國民主同盟」的簡稱，毛澤東有這樣用簡稱的習慣，例如他把楊得志、羅瑞卿、耿飆統率的華北野戰軍第二兵團簡稱為「楊羅耿兵團」。黨報原是不讓民主黨派發展組織的，但唐蔭蓀是解放前參加民盟，解放後考入新聞幹部訓練班，到新湖南報工作，參加了青年團，卻還保留了盟員身分。他是新湖南報社唯一的民主黨派成員。九月五日《新湖南報》的反右派報導說：「唐蔭蓀就是民盟右派集團安放在本報的坐探。」報社的反右派鬥爭拿他來祭旗，就是理所當然的了。

唐蔭蓀最主要的一項右派罪行，是籌辦同人報。九月五日報紙上那篇報導宣布，他、鍾叔河、鄭昌壬、李長恭、朱純五人，是一個籌辦同人報的小集團：「在大鳴大放中，民盟右派集團為了與黨分庭抗禮，籠絡知識分子，辦報的雄心勃勃。因此，他們之間很快地結合起來，共同密謀開辦同人報。」

民盟湖南省委原來是有一張對開日報的。一九四九年八月五日長沙解放，七日，由民盟湖南省委宣傳部長楊伯峻任社長的《民主報》在長沙出刊，比《新湖南報》的創刊還早了八天。《民主報》的總主筆是杜邁之，報上的專刊有王西彥主編的「新文學」，楊榮國主編的「新知識」等等。這張報紙從創刊起，就受到政治方面和經濟方面的壓力。一次因為刊登了某一稿件，受到《新湖南報》讀者服務欄刊出的眾多讀者投書的圍攻。該報又無固定財源，向銀行貸了幾次款，終於無法維持，於一九五〇年十二月十一日停刊，人員星散。楊伯峻從此潛心著述，成了研究古漢語的著名學者。一些編輯記者，如朱純和後來也被劃為右派分子的嚴伯嘉等，就調到《新湖南報》來了。

整風鳴放初期，譚震林到了湖南。他批評了《新湖南報》，說是「死人辦死報」，還說每個省可以辦兩個報紙，一個黨外辦，唱對臺戲。其實這些都不是譚本人的意見。「死人辦報」是毛澤東罵鄧拓的話，表示了他對《人民日報》對鳴放報導不力的不滿。辦兩個報唱對臺戲，是四月間中共中央上海局在杭州開會時毛澤東的插話。譚震林的這些話傳到了民盟湖南省委秘書長杜邁之的耳朵裡，儘管他不知道這是轉述毛澤東說過的話，就是譚震林的意見，中央書記處書記也已經夠權威了。這個資訊使杜邁之十分興奮，於是躍躍欲試，想重新辦起一張報紙來。唐蔭蓀是盟員，朱純是民主報的老人，鍾叔河是朱純的丈夫，再邀了李長恭、鄭昌壬兩個，這五個人就成了「一個與民盟右派集團有密切聯繫」的小集團，他們是要辦「一張湖南的《文匯報》——在民盟右派集團領導下的反共、反人民的同人報」。（見九月五日《新湖南報》報導）事實上，像經濟來源、社址這些至關重要的先決條件都沒有涉及到，不過是有此意願，有些談論，也就足夠劃為右派了。

對於這個小集團的最後處理，唐蔭蓀的處分最輕，是監督勞動，其他四人都是勞動教養。由此也可見唐被列為小集團之首，完全是因為他的民盟盟員身分。

三

在反出這個黨外右派小集團之後不久，新湖南報又反出了一個黨內右派小集團。這個小集團共二十餘人，約占全社右派分子半數。其中包括鄧鈞洪、蘇辛濤兩位副總編輯，以及傅白蘆、蔡克誠、柏原、李冰封、張雨林、袁家式六位編委，此外多是各報導部主任副主任等中層幹部，業務骨幹可說是一網打盡。

所以會發生這事，有一個背景，就是在一九五六年編委會內部有過一場「關於改進報紙工作的爭論」。事情得從一九五五年說起，原來主持全面工作的副總編輯鄧鈞洪調任湖南省人民委員會文教辦公室副主任，中共湖南省委另派官健平任新湖南報總編輯。此人情況，前面已經說過一些。他對報紙業務懂得不多，在他的主持下，報紙版面充斥著每年周而復始的農事活動的報導：春耕、積肥、抗旱、防汛……省委和業務領導部門送來的那些工作指示，總結報告等等，他全都登在報上。而一九五六年毛澤東提出了「百花齊放，百家爭鳴」的方針，在新聞界的回應是《人民日報》改版，《文匯報》復刊，版面都很活潑，有吸引力。對比之下，多數編委認為《新湖南報》不能這樣辦，提出要從報紙的特點出發，要把報紙辦得豐富多彩，讀者才願意看。於是，在編委會內，以官健平和秘書長孟樹德為一方，蘇辛濤和其他幾個編委為另一方，就此展開了爭論。

爭論的情況，在一九九三年出版的《湖南省志・新聞出版志（報業）》中有所反映：蘇辛濤等多數編委針對官健平的做法，提出了四條主張：一、從報紙的特點出發，以抓政治思想為重點來宣傳黨的方針政策；二、應當辦得豐富多彩，充滿群眾的聲音；三、不能只有「天線」，而且要有「地線」，意思就是不要只看著領導機關，也要注意群眾的反映、意見和要求；四、報紙宣傳固然要以黨的中心工作為中心，但同時也要抓好一般社會問題和群眾生活問題的報導。這些意見，與《人民日報改版報告》的精神是一致的。

《湖南省志》中還記述了當年爭論中的一個具體的例子：「一九五六年三月一組關於農業社包工定額的經驗介紹加劇了上述兩種意見的對立。這組報導共九篇，最突出的是三月十一日〈長沙縣合心農業社進行分季分級定額的作法〉一文，長一萬多字，登了整整一版。其中『定額表』占一半以上，將一百六十九項農活，按春夏秋冬四季和副業，分為一至七級，定出工分標準，全部是繁瑣的數字。文章透露，定額公布後，『社員顧慮很多』，但報紙卻當作樣板向全省推薦。不久，編輯部內部舉辦改進報紙工作展覽會，把這篇文章當作反面典型，並加了批語：『究竟是內部刊物，還是黨報？竟用如此大的篇幅來刊登只供少數人閱看的東西！何況在此以前已登過不少類似的了。難怪人們說它是「大地主」！』『大地主』一詞，出自胡喬木〈短些，再短些〉一文，本是形容文章過長，浪費了報紙的篇幅。有人卻指責說：『最露骨的是把合心鄉的經驗當作惡霸大地主。……省委書記和農村工作部長作了廣播，要在全省推廣。如果我們真的把它打倒不登，那能算是省委機關報嗎？』」（湖南出版社版，第二三二—二三三頁）

胡喬木的〈短些，再短些〉一文曾經編印在新湖南報社的業務學習材料裡，其中「大地主」不過是形容那些佔據大塊版面的長文章。在爭論中，孟樹德就加以曲解，說是把省委交來發表的文章看做應該打倒的惡霸地主。這就已經是反右派鬥爭中大批判的先聲了。

這場鬥爭持續了半年，雙方互不相讓，誰也說服不了對方。在蘇辛濤等人一方，多是老報人，有辦報經驗，又有《人民日報改版報告》等等文件作依據，以為道理在自己手上。可是不論他們怎麼說得頭頭是道，可就是無法說服官健平。原來，官健平也是身不由己，他不過是分管報紙的省委書記周惠派駐報社的代理人罷了。周惠就是因為原來報紙沒有能夠按照他的意圖去辦，十分不滿，才調開鄧鈞洪，派官健平來。官健平的任務就是來改造報紙，就是要把報紙辦得符合周惠的要求。他對辦報業務一竅不通，才更是執行這一任務的適當人選。在爭論中，多數編委不是提出了要從報紙的特點出發嗎，作為回答，官健平說了一句警句：「省委的意圖就是報紙的特點。」假如官健平向多數編委的意見讓步，同意從報紙的特點出發，那他就是個不稱職的代理人，也就不會讓他留在總編輯的座位上了。有人天真地認為，是省委偏聽偏信，受了官健平的蒙蔽，不瞭解《新湖南報》的情況，希望省委能下來聽取爭論雙方的意見。不過也有人感覺到了，說：「省委實際上是報社爭論中的一方。」

多年之後，鄧鈞洪在〈追記《新湖南報》的「反右」鬥爭〉一文中說：

> 在歷時半年的爭論中，這位省委領導（指周惠）大發雷霆，在與周小舟同車時，發牢騷說：「新湖南報的知識分子要反對我，你看怎麼辦？」周小舟沒有表態，而是主張把爭論繼續下去，並一再鼓勵我們：「真理越辯越明。」

鄧鈞洪在這裡透露了一個事實，即周惠同省委第一書記周小舟的分歧。周小舟是個溫和的人，對反右派鬥爭，特別是對新湖南報社的反右派鬥爭，實際上是不以為然的，《周小舟傳》中對此有一點含蓄的反映：

> 此時，湖南的反右派鬥爭進入白熱化的階段，到九月上半月止，省直機關「千軍萬馬反擊右派，戰果輝煌，捷報頻傳」，「查出的右派比七月底增加三倍多，黨內右

派比七月底增加四倍多」。對於反右擴大化的問題，周小舟雖然已有察覺，並持保留態度，但大局已成，他也無能為力。在他非常熟悉的《新湖南報》編輯部，由於一九五六年三月的一場關於辦報方針問題的爭論，竟然在一九五七年至一九五八年，製造了一個全國僅有的特大「反黨右派集團」，幾乎一網打盡了勇於堅持正確辦報方針和中央及省委關於改進報紙工作決議的全體業務骨幹。此時此刻，周小舟坐立不安，進退失據。他覺得眼前的現實，和他過去聆聽的毛主席的教誨是如此不相協調。難道說，一夜之間，這些多年共事的戰友就變成了蔣介石或納吉麼？他憂心如焚，難以自解……（湖南人民出版社一九八五年版，第五十六—五十七頁）。

納吉在匈牙利事件中被擁戴為總理，事件平息後被處死。這裡為什麼提到納吉呢？因為周惠說：「報社的問題，匈牙利問題，是一碼事。」

三月，蘇辛濤到北京出席了中國共產黨全國宣傳工作會議，聽了毛澤東的講話，還聽了毛在二月底最高國務會議上關於如何處理人民內部矛盾的講話的錄音。在座談會上，毛表揚了《文匯報》，說它辦得活潑，登些琴棋書畫之類，他也愛看。鄧拓在會上作了發言，蘇辛濤覺得，其中對經驗技術的宣傳甚至比他自己還要厭惡得多。所有這些，都使他很受鼓舞。八月十九日《新湖南報》的反右派報導中說：

今年三月，蘇辛濤從北京參加中央宣傳會議歸來，和其他右派分子一樣，自以為給他們的反動論點找到了什麼「根據」，剛一到家，就得意洋洋地對小集團的成員及別的同志說：「我們的問題在北京解決了。」他以「勝利者」的姿態鼓勵傅白蘆、蔡克誠等重整旗鼓，向黨進攻。

蘇辛濤的興奮並沒有多久，整風運動便轉變為反右派鬥爭。他和那些主張改進報紙的編委，以及贊同他們意見的中層骨幹，被打成一個黨內右派小集團。他們的主張被宣布為資產階級新聞觀點。已調離報社的鄧鈞洪、李冰封，都調回報社批鬥，劃為右派分子。反右派鬥爭一舉摧毀了新湖南報編委會，省委另派了楊大治來任副總編輯，胡開駉、梁中夫來任編委。另外還從其他單位抽調了一些人員來任編輯記者，這樣才維持了報紙的連續出版。可以附帶提一句：這楊大治和梁中夫到一九五九年又成了右傾機會主義分子。

四

除了前述兩個右派小集團之外，《新湖南報》還劃出了一批零散的右派分子。其中譚震、鄒今鐸、蕭湘、周艾從、張志浩等人都是一九五五年的肅反對象。前面已經說過，在肅反運動中，《新湖南報》立案審查的有十餘人，他們有些是沒有政治歷史問題，有些是沒有隱瞞什麼問題，卻受了一年的冤屈。在整風運動中，他們把這冤屈說出來，求一個公道，於是就成了「攻擊肅反運動」。而中共中央《關於「劃分右派分子的標準」的通知》規定，凡「攻擊肅清反革命分子的鬥爭」的，「應劃為右派分子」，於是他們就都被劃為右派分子了。在新湖南報所劃的右派分子中，包括黨外右派小集團中的鍾叔河，有九人是肅反對象，中右分子中有兩人是肅反對象。還有雷震寰，在新湖南報被列為肅反對象，肅反運動後調《湖南工人報》，由湖南省總工會劃為右派。

我自己也是個沒有集團歸屬的零散右派分子。也是從肅反對象這個身分順理成章轉為右派的。記得大約是九月十四日，報社貼出了第一張罵我的大字報，標題就是〈朱正大翻肅反案〉。接著就是批判鬥爭等等一整套程序，不必細說。十二月九日《新湖南報》第三版刊出了一篇我的「罪狀」，倒是頗有保存和傳佈的價值，現在剪貼在下面。

《魯迅傳略》作者朱正原來是一貫反共的小丑

【本報訊】　今年五、六月間，本報文教部編輯朱正一反沈默的常態，在報社內部的座談會上和省文聯所召集的座談會上，積極發言，放出種種毒箭。他誣衊黨所倡導的「百家爭鳴」是「百犬爭吠」，咒罵報社領導同志「不學無術」、

「空架子」、「官僚主義」、「瞎扯蛋」。許多忠心耿耿，積極工作的黨員，他都斥之為「專靠黨員牌子吃飯」，並且反對黨對國家工作的領導。他特別欣賞右派分子楊繼華所說的新社會「使人與人之間的關係變成了赤裸裸的政治關係」，認為是代表自己說出了心裡話，拿著四處傳播。本來，他對於自己在肅反中被列為審查對象，早就懷恨在心。他曾經不顧事實，毫無根據地誣衊肅反運動是「大膽假設，小心求證」。「決定懲辦在前，搜集罪狀在後」是「羅織成罪」。整風開始以後，他更是借此大舉進攻，整天不幹工作，大做翻案文章，說是「要以最多的時間和精力來搞這件事」，對黨「回敬一它」。他和肅反中受到審查的小集團的成員鍾叔河等密謀，研究如何翻案，聯合向黨進攻。他拿著自己寫的翻案文章，對別人說：「這是好文章，罵得淋漓痛快，一吐我心中的積怨！」可見他恨黨之深了。這還不算。他還要求把這反動翻案文章「在最近一期整風簡報上全文登出」。當領導上拒絕他的無理要求時，他說，要把這份「意見書」送到街上油印鋪子裡去印，印好後到處散發。在寫翻案文章時，他還要脅組織，要看自己的檔案材料。

除了在報社內部興風作浪以外，他還積極參加陳蕪、劉樣等右派分子發起、並受到魏猛克支持的「文學社」。他們企圖聯絡文藝界的一批惡少，來與黨所領導的文藝事業相對抗。由於家庭出身，和閱讀無政府主義者等反動著作的影響，朱正從解放的一天起就詛咒新社會。後來，他對新社會的仇視發展到了更自覺的階段。一九五〇年，他先後調到郴州群眾報和原湖南工人報工作，就對兩報負責人進行造謠攻擊；八月調到湖南人民廣播電臺以後，拉攏一些人組織小集團，進行反共宗派活動，企圖搞垮整個廣播電臺黨的領導。調到新湖南報工作後，他很快地就與歷史反革命分子、反動黨團骨幹分子、反黨分子勾搭起來，組成小集團，進行反共活動。一九五五年肅反運動中，組織上不得不又一次對他進行了審查。

表面安靜，內心仇恨，伺機而動，這就是他在肅反運動以後的情況。這期間，他用大部分精力去「研究魯迅」。他說：「我以後要好好寫點東西，出了名，別人要整我也就不那麼容易了。」——這就是他的目標和口號。他還不止一次地對別人說：「研究創作，最好研究魯迅的小說，總共只有十幾篇。」意思是容易研究，也容易出名，而且，「……得一筆稿費，比我的薪水不知多好多倍！」他就是用這種齷齪的心思來「研究魯迅」的。他東剽西竊而寫成的《魯迅傳略》經作家出版社出版以後，他又得意忘形起來了，恬不知恥地自吹為「研究魯迅的專家」，「同一輩魯迅研究者中首屈一指的人物」。可是，實際上這個「專家」連魯迅的著譯都沒有全部讀完，更不必說研究了。他所熱心「研讀」的只是魯迅逝世後國內外作家所發表的關於魯迅的論文和回憶文字，以便從中偷竊一些東西。拆穿來看，他只是一個抄襲者，他的「傑作」《魯迅傳略》只是一件東抄西襲，拼拼湊湊的百衲衣。然而，朱正卻以為自己又有了反共的資本了，便以「魯迅研究專家」的身分去參加陳蕪、劉樣等右派分子發起組織的反動文學社，並決定拿出一千元來創辦同人刊物，長期「幹」下去。……但是這個仇恨共產黨和社會主義的「文人」是幹不下去的，他的毒爪已經被捉住了。

這篇文章中，說我「對於自己在肅反中被列為審查對象早就懷恨在心」，是確實的，不冤枉；我也確實應陳蕪之邀去談過搞個文學社的事。有些話，卻必須加一點注解了，例如，說我「閱讀無政府主義者等反動著作」，是指巴金的著譯，因為除此之外，不但那時以前，就是直到現在，我也沒有閱讀過另外講無政府主義的書，不知道為什麼不直說巴金著譯，而要說得如此含糊。還有含糊的哩，文章裡還有「由於家庭出身」一句，什麼出身呢？沒有寫。沒有寫，就留給了讀者充分的想像的餘地，當然不會往產業工人、貧雇農這個方向去想像，只會往地主、惡霸、資本家、買辦這個方向去想像。我父親看了這句話，很不舒服，說，要寫家庭出身，就寫明白什麼出身嘛。他是有理由覺得不舒服的，後來四清運動中，四清工作組給他定的成份，是城市貧民。

五

當時我並不知道，事後許久才知道，新湖南報社的反右派鬥爭，是全國新聞界的第一大案。《湖南省志》說：「當時《新湖南報》編輯部包括《湖南農民報》在內，不過一百四五十人，被打成右派的有五十四人，占當時編輯部總人數的三分之一，且多是新聞工作骨幹，其中編委八人，包括原社長鄧鈞洪，原副總編輯蘇辛濤等。有的同志早已調離報社，也調回批鬥。株連之廣，比例之大，損失之重，全國新聞界無出其右。」（前引書，第二三三頁）毛澤東在〈事情正在起變化〉一文中所作的預算：「右派大約占百分之一、百分之三、百分之五到百分之十」，新湖南報社的實際戰績超過毛的最高估計三倍多。不論就百分比來說，還是絕對數字來說，新湖南報在當年全國各新聞單位中都居第一位。比被毛澤東兩次撰文批判的頭一張右派報紙《文匯報》，比章伯鈞任社長、儲安平任總編輯的《光明日報》，比全國第一家報紙《人民日報》，所劃的右派分子都要多。（注：所劃右派分子人數，人民日報社二十九人，文匯報社二十一人，光明日報社二十人。）

一九五八年四月底，報社開大會，宣布對右派分子的處分。據前引鄧鈞洪的文章說，「十二人被送勞動教養，十一人被監督勞動，其餘均受到開除公職，開除黨團籍和撤職降級的各種處分。……不少人妻離子散，有的迫於生計，只好流落街頭，靠拖板車為生。」

我受到的是開除公職勞動教養的處分，這是對右派分子處分最重的一級，這以上沒有更重的處分了。想到這一點，我至今都感激毛澤東的寬厚仁慈，他在七月間的青島會議上表示，對右派分子不採取極端政策，最多只要勞動教養就夠了。假如他決定最重的也可以判處死刑，那我早就沒有命了。

《新湖南報》（包括《湖南農民報》）的五十四名右派分子中，最早自殺的是黃德瑜。在一次批鬥他的鬥爭會之後，他只穿著短褲和拖鞋出走，從此就失蹤了。當時曾多方尋找，都沒有找到。文化大革命中新湖南報一些右派分子大鬧翻案的時候，一九七九年全面解決右派分子問題的時候，他都沒有出現，必定是不在人世了。前些年黃德瑜的兒子找到報社來，報社給他安排了一份工作。

在農村監督勞動中自殺的，有歐陽楠。

一九六〇年，在長沙新生電機廠勞動教養的李長恭等人，一天加班到深夜，肚子餓，想把次日的早餐換成當天的夜餐提前吃，伙房說要請示事務長，李長恭就去敲事務長的門。結果被睡意正濃的事務長大罵一頓，飯沒有吃到，卻被定性為企圖利用糧食困難製造反革命暴亂，判了十二年徒刑。跟在後面也想吃餐飯的周艾從判管制三年。李長恭在坪塘新生水泥廠服刑。文化大革命開始，他被宣布是該廠的「三家村」成員，予以批鬥，他很覺厭倦，就跳崖自殺了。

文化大革命中，新湖南報的黨內右派小集團的一些人串連起來大搞翻案活動。他們多次集會，還出了幾期報紙。這些翻案者中，像柏原和劉鳳翔，認為《新湖南報》的反右派鬥爭完全弄錯了，這五十四個人都應該平反。據劉鳳翔告訴我，也有人認為只有黨內右派小集團一案錯了，應予平反，至於黨外右派小集團即同人報集團，以及那些原是肅反對象的零散右派分子，是並沒有劃錯的，不應平反。一些人不知趣跑去參加他們的翻案活動，遭到拒絕。我不相信文化大革命能給人以公道，不相信這翻案活動能夠成功，因此，只採取一種旁觀者的態度。鍾叔河的態度也是這樣。他說，如果他們的翻案得手，在他們的平反大會上，必有一項「批鬥真右派」的議程，又要把我們牽去鬥爭一次了。

當年中共湖南省委宣傳部長唐麟對反右派鬥爭很積極。他在一九五九年反對右傾機會主義中間受到打擊，此刻成了新湖南報右派翻案的積極支持者了。他甚至說：「支持不支持《新湖南報》受迫害同志的正義行動，是擁護不擁護毛主席革命路線的試金石。」只是他此刻的支持已不起任何作用，翻案並未得手。而且他本人也自顧不暇，不久也就跳樓自殺了。

翻案者也付出了代價。蔡克誠被報社的造反組織「紅色新聞兵」抓去，在關押中忍受不了毆打凌辱，自殺身亡。

李均因翻案被判徒刑二十年，關了四年多才改為免予刑事處分，放了出來。我的好友劉鳳翔在一九六九年判徒刑十五年，到一九七〇年四月四日就以反革命集團罪被槍決了。到一九八五年他才獲徹底平反昭雪，宣布恢復其黨籍，恢復一切政治名譽。

此外，還有諶震、蕭湘、鍾叔河、藍崗和我自己，先後被判了刑期長短不一的徒刑。一九七九年，根據中共中央發布的政策文件，當年新湖南報所劃的右派分子陸續宣布改正。包括判了死刑，判了徒刑的在內，沒有一個沒改正的。這些人一部分由報社收回，一部分收回後再介紹到別的文化教育機構去，繼續從事專業工作。我就到了出版社，由編報改行為編書了。到一九八三年，也有幾個人做了官：柏原做了中共湖南省委組織部副部長，傅白蘆做了省委宣傳部副部長、湖南日報社長，李冰封做了省委宣傳部副部長、湖南省出版局長，張式軍做了中共湖南省委黨校副校長，其妻羅光裳做了湖南省婦女聯合會副主任，李均做了湖南日報副總編輯，楊德嘉做了省出版局副局長。只是年紀都老了，現已全部離職休養。

一九九七年二月

（本文原載香港中文大學出版的《二十一世紀》雙月刊一九九七年四月號，原題《新湖南報的反右鬥爭》，後來作了增補和修改。）

我對反右起因的解釋

徐賁先生著《在傻子和英雄之間：群眾社會的兩張面孔》（花城出版社二〇一〇年版）一書中有〈「反右」創傷記憶和群體共建〉一篇，論述反右派鬥爭這一歷史事件。談到此事的起因，書中說：

對反右起因現在有兩種不同解釋，一是毛澤東早就計畫的「陽謀」；二是「先無此意，後不得不為之」。後一種說法是官方對反右的說法。（第三三六頁）

此處設有一注：

對反右起因的兩種不同解釋可以用李慎之和朱正的分歧為例子。朱正在他的〈反右派鬥爭是流產的文化大革命〉一文中對此有所論述。（第三八〇頁）

注釋裡提到的「李慎之和朱正的分歧」，而在相關的正文中對分歧雙方意見所作的概括卻過於簡略，也不夠確切，我作為當事的一方有必要再詳細說一回。

毛是在什麼時候決心開展那一場反右派鬥爭？李慎之先生和我兩人的意見不一樣，曾經有過一次交談，清楚表明了各自的意見。我以為他提出的是一個重要的、有影響的反對意見，我不能夠視而不見，不能迴避過去。於是就在我那本寫反右歷史的書的「結束語」裡加寫了一段。「結束語」第五條原來是反駁赫魯雪夫的：

五、有一種意見，認為毛澤東早已有了引蛇出洞的預謀，整風鳴放不過是為計畫中的反右派鬥爭作準備。赫魯雪夫就是這樣說的。他說：「百花齊放這個口號是個激將法。毛假裝把民主和自由發表意見的閘門開得大大的。他想唆使人們把自己內心深處的想法用口頭或書面的形式發表出來，以便他能夠把那些他認為具有有害思想的人搞掉。」這當然是一種懷有敵意的情緒化的評論，把本來很複雜的事情看得過於簡單了。他抹煞了毛確實有消除弊端的願望。

在這一段的後面，我加寫了這樣兩段：

國內一些研究者也有類似的說法。他們的理由是：一九五七年一月毛在省市自治區黨委書記會議上的講話中，就已經出現了後來反右派鬥爭一些辯論的題目、一些政策和策略。例如，他講了有些民主人士和教授的怪議論，涉及共產黨能不能管科學，社會主義有沒有優越性，成績是不是基本的，對肅反運動的估計，對統購統銷的估計，對合作化的估計。毛還談到同民主黨派、民主人士唱對臺戲的問題，以為他們講的話越錯越好，犯的錯誤越大越好。這裡的一些提法都出現在反右派鬥爭之中。不過，並不能因此就認為這時他就已經決心開展那樣一場反右派鬥爭了。

反右派鬥爭要打擊什麼，要維護什麼，這些在毛的思慮中當然不會是一時靈感忽然出現的。他不但在這次省市自治區黨委書記會議上相當完整地闡述了這些意見，更早像在幾個月之前的八屆二中全會上，也就講過要足夠估計成績等等問題。但是這些都僅僅說明他的思想中有發動一場反右派鬥爭的因素，卻不能說這時他已經在計畫開展這場鬥爭了。就在這次省市委書記會上，在談到民主人士和知識分子的時候，毛說，我們要把他們的政治資本剝奪乾淨，沒有剝奪乾淨的還要剝。剝的方法，一個是出錢買，一個是安排，給他們事做。可見這時他還沒有想到可以採用更加爽快的第三個辦法，即給戴上右派分子帽子。可以說在八屆二中全會上，在一九五七年初的省市自治區黨委書記會議上，毛都想到了反右派（甚至可以追溯到更早），可是不能說，這時他已經具體想到了要開展一場如同後來實際進行的那樣的反右派鬥爭。所以，把他確定「引蛇出洞」策略的時間定在此時，似乎是稍早了一點。

李先生當然一看就明白：我這裡所轉述的「國內一些研究者」的說法其實就是他的說法。他完全不能接受我的解釋。他二〇〇一年四月十五日寫給胡績偉先生的信，後來加上〈對反右派鬥爭史實的一點補充〉的標題，編入《李慎之文集》之中，其中還是堅持「把毛決策的時間定在一九五七年一月二十七日他的〈在省市自治區黨委書記會議上的講話〉。」信中說：

我以親身的經歷，再經過研究，肯定一九五七年發生的事是一場「引蛇出洞」的謀略。但是我知道這還不是大家的共識。幾年前出版的，頗得好評的朱正的《一九五七年的夏天：從百家爭鳴到兩家爭鳴》就認為毛本來是好心好意地號召鳴放，沒有料到右派分子如此猖狂，他才不得不反擊。這是我完全不能同意的。我所以在一九九七年寫〈毛主席是什麼時候決定引蛇出洞的？〉實際上是對朱正的反駁。

李先生的〈毛主席是什麼時候決定引蛇出洞的？〉一文末尾注明的寫作時間是：「一九九七年九月，被劃為右派分子四十週年初稿，一九九八年九月，最後修改定稿」。我的那本書是一九九八年五月初版出書的，事在李先生完成這篇大文初稿之後。可知他是在修改定稿之時才加上反駁我的內容。下面這段話看來就是修改定稿的時候加寫的：

> ……當代史家對此多有探討，甚至有人說，這是毛主席四月三十日請民主人士幫助黨整風以後，沒有料到鳴放如此放肆，忍無可忍，才在五月十五日寫出〈事情正在起變化〉的黨內通訊，這才是形勢真正的轉捩點。然而這些同志也未免太低估毛主席了。毛主席是何等樣人物！平生軍事的、政治的，大戰場、小戰場經歷過不知其數。就以我所知的蘇共二十大以後，他單是從《內部參考》和《參考資料》上能看到的而且必然看到的國內外批判共產黨的話就不知有多少，他怎麼能為羅隆基的一句「小知識分子領導大知識分子」就沉不住氣而龍顏大怒呢？毋寧說為大魚游入網內而高興的可能還更大些。毛主席是一個偉大的戰略家，正如陳毅在解放戰爭勝利前夕的詩裡所說「從來能兵觀遠略，於今籌畫賴雄才」，不論是對付國民黨的八百萬大軍，還是對付中國的五百萬知識分子，毛主席都是偉大的戰略家。

這篇文章充分闡述了他的意見，只是很長，不能多引。有興趣的讀者最好一讀原文。《李慎之文集》係自印本，不易找到，現在還可以找到的是經濟日報出版社出版的《思憶文叢・六月雪》。

李先生去世之後，我寫了一篇〈君子和而不同〉紀念他，刊登在《隨筆》二〇〇三年第五期上，主要內容就是講我跟他的這個「分歧」。其中說：

當然，我也能夠理解，李先生的這種看法，是基於他對毛的基本評價。就這一點來說，他當然是對的，我也完全贊同他的這個評價。一個講誠信的政治家，剛剛信誓旦旦地宣布「言者無罪」，怎麼能夠一下子就改口說：「『言者無罪』對他們不適用」呢？根據他自己說過的「社會實踐及其效果是檢驗主觀願望或動機的標準」，人們豈不是有足夠多的理由來懷疑他原先的動機究竟有多少善意嗎？不過我以為這同他有時也想作一點改善形象的努力並不是不相容的。

紀念文集《懷念李慎之》（續二）收了我這一篇，不過刪去了這一段。我以為不刪去更好些。這一段表明了我和他兩人不只是同中有異，也異中有同。

今天來回顧當年這一場「筆墨官司」，對於對方的意見，最好照引原文，而不要轉述。轉述難免有出入。你駁倒了轉述的意見，並不就是駁倒了論敵的意見。即如我在這一問題上的觀點，李先生所作的轉述和概括是：

認為毛本來是好心好意地號召鳴放，沒有料到右派分子如此猖狂，他才不得不反擊。

事實上，我書中的說法並不是這樣簡單。即如說毛本來的「好心」，我說的是：

人們從毛起草的五月十六日指示中可以看到，他在下決心反右的時刻，仍然懷著聽取黨外人士批評以克服那些太刺眼了的弊端的願望。（中引指示原文從略。）從這裡可以看出，毛對於民主人士座談會上提出的一些意見，例如黨與非黨之間的牆和溝，一些黨員的特權思想，外行領導內行等，實際表示了接受。他說，這種錯誤方向，必須完全扳過來，而且越快越好。可見這時他一方面要反右，一方面還是希望消除一些整風鳴放中揭露出來的弊端。

即使說，他指示部屬這樣做的目的，僅僅是為了改善一下執政黨的形象，總也可以算作一種「好心」吧。

至於我書中說羅隆基說的「小知識分子領導大知識分子」、「外行領導內行」這些言論對毛的刺激，並不是出於我的分析或想像，而是引自李維漢的《回憶與研究》一書。李維漢當時是能夠直接聽到毛的反應的，所述應該是屬實的吧。

至於徐文所作的轉述和概括，把我的意見說成是「先無此意，後不得不為之」，就與我書中的論述出入更大了。「先無此意」的「此意」指的是什麼？如果是說要打擊知識分子，打擊知識分子的自由化傾向，打擊知識分子的政治代表民主黨派（首先是中國民主同盟），那就不但不能說「先無此意」，而是久有此意了；如果說「此意」就是要開展一場後來實際發生的那樣的反右派鬥爭，那麼，在一九五七年五月中旬以前，恐怕還只能說是尚無此意的。至少，已有文獻證明，在一九五七年一月省市自治區黨委書記開會的那時，毛還沒有具體考慮開展這樣一場鬥爭。

徐文把我的說法提煉到這樣一個「高度」，等同於「官方對反右的說法」，看來他是比較傾向於贊同李先生說法的。不過我自已以為，只是他對我的意見的概括簡單了一點，我的詳細論述和官方的說法並不相同。

儘管我在這裡對徐文提了一點異議，其實我很喜歡徐先生的這本書。它內容豐富，信息量大，許多見解我都深表贊同。即如這一篇，對為反右辯護的王紹光的反駁，我就極為讚賞。只是書中涉及我的這一處地方稍嫌簡略，就摘抄一點相關材料寫成此篇，以供徐著讀者參考。

（原載《炎黃春秋》二〇一一年第六期）

懷人

憶鳳翔

大約是九月份的下半月，反右派鬥爭輪到我頭上來了。出了幾張罵我的大字報，開了幾回鬥爭會。其實我是早就料到了的，使我意外的只是來得比我料想的要遲些。在我前面報社已經反出二十多個右派分子，其中有好些是報社的領導，從編委到副總編輯都有，這也是我原先沒有預料到的。因此我能夠以一種平靜到近乎麻木的的心態面對這一大的衝擊。再說，反右派鬥爭之前，我這個早已被開除團籍、控制使用的人，已經被同事們視為異類，羞與往來，我也從不主動與人打交道，免得自討沒趣。這樣，反右給我帶來的變化，相對說來比別人還要小一點吧。當然，反成右派分子之後，我是更不同人往來了。就說吃飯吧，我也不願跟別人同坐一桌，每餐取了飯菜，總是坐到最靠角落的一張桌子上，匆匆吃完就走。那成了我固定的餐桌。忽然有一天，有一個人也坐到那張桌子上來吃飯了。我不認識他，他也是一來就埋頭吃飯，吃完就走，不說一句話。新湖南報社的人，我大體上都能認得出來。那時，湖南農民報社跟我們同在一棟大樓裡辦公，同一個食堂吃飯，我想他大約是農民報的，看神色，是也被劃為右派分子了。我們就這樣同桌（沒有另外的人）吃了幾個月飯，沒有交談過一句話。

他就是劉鳳翔。一九五八年四月二十九日我被送到勞動教養集訓班，編入第二組。小組兩個「召集人」，一個就是他。集訓班的二十多天裡，這個組的二三十個人擠住在一間斗室中（上下雙層床），白天就在那房間裡開會，每人輪流交代自己的罪行。我從他的交代中才知道，他跟我同年，本是岳陽毛田的農民，家裡世代務農。大約家境還過得去，就讓他這個長子念了一點書。岳陽一解放，他就考進了湘北建設學院，參加了革命。結業後分發瀏陽。出身、歷史、工作表現等等因素都符合當時的要求，很快就入了黨，提拔為縣委委員、縣委辦公室主任。他是在湖南農民報編委的任上被打成極右分子開除公職勞動教養的。同每一個交代罪行的人一樣，都對自己墮落成一個反黨反社會主義的右派分子表示羞愧和悔恨。鳳翔是從少年得志突然劃成右派的，他作的悔恨的表白就特別使人覺得可信。

這以後，從集訓班到新開鋪新生電機廠，再到株洲白石港，再到新生工程隊二工區五中隊，我們都在一起。直到一九五九年末他摘掉右派分子帽子，我們才分手。在這一年多朝夕相處的日子裡，我們成了相知很深的朋友。這時他才把他為什麼會劃右派的原因告訴我。

那時，似乎還沒有什麼「第三梯隊」、「後備幹部名單」這些提法。但看當時的勢頭，鳳翔無疑受到領導上的賞識。假如他一直留在黨委機關工作，大約仕途也會頗為順利吧。可是就在他在瀏陽工作很得意的時候，意外地調動了工作。這事要從肅反運動說起。

一九五五年，「肅清胡風反革命集團的鬥爭」直接演變成了一場遍及全國一切機關、團體、軍隊、學校、企業（國營的、合作社營的和公私合營的）的「肅反運動」。人們根據一九五七年七月十八日《人民日報》社論〈在肅反問題上駁斥右派〉所提供的數字，很容易推算出：這一場打擊了一百四十多萬幹部和知識分子的肅反運動，錯案率超過百分之九十四。具體到某一單位，假如那裡主持肅反運動的五人小組負責人作風不怎麼正派，喜歡整人，或者另有什麼個人目的（例如洩私憤之類），那裡的偏差就必定更大一些。比方說，像新湖南報社，讓一個偽造了自己全部政治歷史的官健平當了五人小組的組長，他就把報社的肅反運動搞得一場糊塗。打擊了十多個人，盡是沒有政治歷史問題和沒有隱瞞問題的，最終沒有肅出一個反革命來，錯案率是百分之百。

大約是一九五五年冬季，中共湘潭地委把鳳翔從瀏陽縣調出來，派他到地委機關報建設報社去，接任五人小組組長。告訴他，建設報前一段的肅反運動搞得很糟，偏差很大，要他去掌握政策，糾正偏差。他即按照地委說的，把那些肅反鬥爭對象的材料一個一個拿來研究，將錯鬥的人逐一予以解脫。他這樣做了，在報社裡深受歡迎，卻引起了原來五人小組組長孟樹德的忌恨：你來做好人，不是讓他做了惡人嗎。

肅反運動結束之後不久，湖南省委決定停辦各地委的報紙，而辦一張全省性的《湖南農民報》。當時決定的是：各地委報紙停辦之後，其人員一般由地委另行分配工作，其中適宜作報紙工作的才調到《湖南農民報》來。鳳翔被認為是少數適宜人選之一，點名調入《農民報》，擔任了編委。

也許是為了便於管理，《湖南農民報》不但是就在《新湖南報》的同一棟大樓裡辦公，同一個印刷廠印報，而且是同一個黨委，《湖南農民報》的總編輯也是由《新湖南報》編委張雨林兼任。整風運動和接著來到的反右派鬥爭，也就是新湖南報社黨委統一領導《農民報》的運動。

反右派鬥爭中，官健平作為周惠派駐《新湖南報》的代理人，當然一下子成了正確路線的代表，把報社大部分編委和業務骨幹都打成右派分子。官健平這人品質當然是惡劣不堪，但就智商來說，卻不過是個草包，其才尚不足以濟其惡。這時孟樹德已經在新湖南報社當了副秘書長（反右之後升任秘書長），他可是個詭計多端的人物，其才足以濟其惡了。他給官健平出謀劃策，布置整人，一時並稱「官孟」。趁此機會，他就把劉鳳翔劃為極右分子，以報建設報時的私怨了。

搜羅來劃鳳翔為右派分子的是一些什麼材料呢？一九五七年九月九日《新湖南報》三版頭條刊出一篇〈湖南農民報挖出右派分子，劉鳳翔反黨陰謀徹底敗露〉，這篇由徐傑署名的文章歷數了他的罪狀，第一件事是由他經手「所發揭露性的批評稿件，雖總編室壓下一些，但見報的仍然多於表揚」，這就是「揭露新社會的『陰暗面』」。第二件事，是「他多次向別人推薦中國青年報右派分子劉賓雁的〈本報內部消息〉，並與編輯部一同志商量，要以湖南農民報為題材，繼劉賓雁之後，寫〈本報內部消息續編〉。可見劉鳳翔的內心深處，與劉賓雁沒有兩樣。」第三件事是向省委書記和組織部長寫了一封要求調動工作的信，「他在這封信裡，對黨的組織人事制度進行了惡毒的攻擊。」

就憑著一些諸如此類的「材料」，他被開除了黨籍，開除了公職，成了湖南省株洲新生工程隊的一名勞教人員。

一九五九年是建國十週年，得做一點應景文章，那就是特赦一批在押罪犯和摘掉一批右派帽子。雖然文件上說是以「改好了」為標準，其實與本人的改造努力關係甚微，主要是從知名度的大小來選擇，以造成宣傳效果。鳳翔有幸（應該說不幸）中選。湖南省新生工程隊一共總有幾千名右派分子吧，他就是第一批宣布摘掉帽子的四十九人中的一人。不過，那一回的所謂「摘帽子」，所謂「解除勞動教養」，都是有其名無其實的。他們並沒有獲釋回家，不過不再稱為「勞教人員」而改稱為「新工人」，換一個食堂吃飯而已。鳳翔成了「新工人」之後，即被派到上海去學開粉碎機。回來之後不久，他的右手就被這機器粉碎了。我到醫院裡去看他，他躺在病床上，已經在練習用左手寫字了。

這次工傷給他帶來了很可怕的後遺症：幻肢痛。右手肘關節以下部位已經不存在了，可是在幻覺中那已不存在的肢體還在劇痛，得經常上醫院診治，不知道是因為醫院的床位緊張還是收費太高，他沒有住院。新生砂輪廠（原來新生工程隊改的）給他在長沙市局關祠口上一家小旅館（我已忘記那招牌了）裡包了一間房間，他住在這裡，就在附近望麓園街道食堂吃飯。這裡隔湘雅醫院不遠，看病方便。

一九六二年冬天，我解除勞動教養回長沙來了。整天無所事事，常到局關祠小旅館中去同他聊天。他住在那裡也很閒空，書看得很多，詩也做得不少。可惜我當時沒有抄下來，現在只記得一首：「安步蔬餐興有餘，不彈長鋏歎無魚。之乎者也千章熟，聾啞癡呆一代愚。離恨騷愁隨雁落，舊親新貴斷魚書。而今捨我其誰也，夫子胡為不豫乎？」很可以看出他當時的心情。他的詩朋友們也時有和作，就說這一首吧，王果兄的和詩就有句：「每向雞晨聽壯角，慣於鬼夜讀殘書。」王鏡海兄的和詩也有句：「從來此地多遷客，今夕床頭有好書。」可惜全首都記不起來了。我也和了的，也是一句都記不起來了。除了作詩，鳳翔也學畫。左手用木炭筆畫人物素描，進步很快。我這裡原來有些他的畫稿，「一打三反」中我被捕之後，就不知所終了。

進入一九六六年，批《海瑞罷官》，批「三家村」，文化大革命來了。我們在局關祠那間小房裡談論這些。他一開始，就認定「這是一場反動的運動」。一天，談到當時的所謂「抓叛徒」，我說，我們在新生工程隊寫了多少自己罵自己的檢討書，認罪書，要是之後誰把這些東西翻出來，也就可以抓我們作叛徒了。鳳翔笑著說：「那有什麼關係呢？要真是那樣，豈不也就要完蛋了嗎？」

「文化大革命」以反對十七年資產階級反動路線相號召，使一些人產生了平反冤獄的幻想。新湖南報社的那個黨內右派小集團中的一些人聞風而動，起來造反，宣稱自己是資反路線的受害者，要求平反。鳳翔也支持了他們的翻案活動。我不屬於那個集團，就沒有去參加。鳳翔卻認為所有的人都同樣應該平反，他把有關翻案活動的情況都告訴了我。

那時，鳳翔還去北京上訪過一次，為什麼事我沒有問過他。同去的一些人之中，有一個八歲的小姑娘張娜，是為她外公的冤案去上訪申訴的。也許這是有史以來上訪者最年幼的一人，雖然沒有誰拿去上吉尼斯世界紀錄，卻確實受到了中央文革小組組長陳伯達的注意，接見了她。這小姑娘還真有點意思，她大約在政治和世故方面有點早熟，對同行的劉叔叔很有好感，讓劉叔叔成了她外公和母親的好友。

不久，鳳翔聽說，新生砂輪廠要到長沙來抓他了。大約是牽連到砂輪廠一些就業人員的一個叫做「中國勞動黨」的反革命集團案件中了。他東躲西藏，中間也在我家住了半個月。

那時正是「文化大革命」中間，各種牌號，各種派別，各種背景的群眾組織你爭我鬥，反反覆覆。運動初期，長沙市東區勞動服務大隊的一個分隊長凌君當了造反派，長沙市紅色政權保衛軍這個官辦的群眾組織就抄了他的家，並且說他的父親是惡霸，遣送農村管制。這當然是胡扯。《毛選》說得明明白白：惡霸是地主階級當權派，他家連地主階級都不是的，怎麼能定為惡霸呢？說穿了，不過是受了兒子當造反派的連累。後來有一陣子造反派得勢了，紅色政權保衛軍被宣布為保守組織，要給凌君開平反大會。那時我在勞動服務大隊當土伕子，凌君是我的上級，他讓我幫他寫一張傳單，講他家受迫害的經過。我寫了，標的題目大約是「一場駭人聽聞的暴行」之類，記不確實了。正好這時鳳翔住在我家，他看了，笑著說：有個現成的題目：「誰是惡霸？」不好嗎？我一聽大喜，連忙照改，就把這頂「惡霸」帽子反戴在對手頭上了。這張傳單印了好幾千份，一時貼滿長沙的大街小巷，還頗有一點影響。我本來保存了幾張，後來風聲緊，毀掉了。如果還能找到，大可以編到集子裡去，作為「文革體」的一個標本。

鳳翔離開我家之後，不知道在什麼地方躲藏，只聽說張娜的母親同他在一起，他們結成了真正的患難夫妻，相依為命。這位張醫師我後來也認識了，是一位心地善良、熱心助人、卻常常不替自己考慮、很有點任性的女人。有她在照顧危難中的傷病的鳳翔，總要算是一件幸事吧。

不久，鳳翔終於被捕了。大約是一九六九年十一月吧，長沙市開了處理「省無聯」的宣判大會，一個工人領袖陳本旺被判處死刑，其餘的是徒刑，鳳翔判的刑期是十五年。張醫生收到他從服刑的建新農場寄回的信。她把這信拿給我看了。我還記得中間的一句：「你當你的醫生，我當我的勞改犯。」我想，他是相信，並不需要十五年，情況就會有所改變吧。

張醫生要到農場去看他，給他準備了不少吃的：奶粉、葡萄糖、油炸花生米……。他信中說想看馬列的書，我就把莫斯科外文局出的那一部兩卷集的《馬恩文選》託她拿去了。紅色硬面精裝。書是很重的，一次不能多帶。我還有外文局出版的《列寧文選》兩卷集，心裡想下次再拿吧。

沒有想到，接著就是一場被稱為「一打三反」運動的大恐怖，大屠殺。一九七〇年三月十五日吧，一輛囚車從建新農場工地上把正在出工的鳳翔抓到長沙看守所，四月四日在一次大規模的宣判會上處死。我還真顧不上我他悲痛，得把心思用在應付自己的「案件」上。應付了幾個月之後，我還是被捕了，有一個時候就關在他上刑場前關的那間囚室裡，聽人談到他的一些事情。這些我已經在《小書生大時代》一書中說過，再說也傷心，不說了。

一九七九年，中共中央著手通盤解決右派分子問題。由原新湖南報改名的湖南日報社也陸續宣布所有這些右派分子屬於錯劃。我算是最後宣布「改正」的幾個人之一。可是鳳翔還拖著。他有一個「反革命案」梗在那裡，沒法解決。一直拖到一九八五年八月五日，湖南日報社務委員會才發了一個「湘社發（一九八五）○二八號」文件：

關於劉鳳翔同志被錯劃右派的改正決定

劉鳳翔同志原為湖南農民報編委。一九四九年十月參加工作，一九五二年十一月加入中國共產黨，一九五七年被劃為右派，受到開除黨籍、開除公職、送勞動教養的處分。根據中央〔一九七八〕五十五號文件精神進行覆查，劉鳳翔同志原被劃為右派屬於錯劃，應予改正。經研究決定，恢復其黨籍，恢復一切政治名譽。鑒於劉鳳翔同志一九七〇年四月被判處死刑，一九八四年十一月，經省高級人民法院覆查，決定「撤銷原判，宣告劉鳳翔無罪」，其善後問題按職工死亡對待。

劉鳳翔同志在農民報工作期間，兢兢業業為黨報工作，為辦好《湖南農民報》做了一定的貢獻。他熱愛黨，熱愛社會主義事業，為人忠誠耿直，是一位好幹部，過去強加於他的一切不實之詞，應予徹底否定。

他是湖南日報社宣布「改正」的右派分子中的最末一個。我們這些當年的右派分子，「改正」之後，都重新獲得了發揮各自才智的機會，做出了各自的成績，也曾不時想起，才華橫溢的鳳翔如果還在，有一些工作讓他來做真是再合適不過了。想到這裡，真不能不感到由衷的痛惜。不過轉念一想，人固有一死。像他這樣飲彈刑場，當然夠慘烈了。而「壽終正寢」的官健平、孟樹德輩，不也一樣是死了嗎？只有一點不同：死了之後，鳳翔還有一級黨組織正式發文，稱他「為人忠誠耿直，是一位好幹部」，而官、孟呢，人們不屑再提到他們還算是好的，要是提到，就沒有什麼好聽的話可說了。他們永遠洗不掉黏附在姓名上的恥辱。這豈不證明世上還是有公道嗎？

鳳翔，別了。

（原載《記憶》第二輯，二〇〇二年一月北京中國工人出版社出版。）

紀念朱純

回想起來，一個一個數去，在《新湖南報》的女同事中間，我接近一點的就只有朱純一人了。當然，這是因為叔河的關係。而我同叔河的親近，卻是一九五五年的肅反運動促成的。

肅反運動，這場遍及全國黨政軍機關、大中小學校以及工商企業的歷時一年的運動，打擊對象達到一百四十萬人（這數字據胡喬木撰寫的一九五七年七月十八日《人民日報》社論）。運動開始，我和鍾叔河，還有俞潤泉和張志浩四個人被編成一個小集團，不怕嚇死人，還是個「反革命小集團」哩。不過還好，折騰一年之後，以「思想落後小集團」結案。這個小集團的四個成員，從此倒更加親近起來。也因此，我同叔河、朱純一家也就時有往來了。

接著就是反右派鬥爭。他們兩夫婦屬於「同人報小集團」，雙雙被劃為右派分子了。我還記得一九五八年四月二十幾號那一天的大會，孟樹德宣布對這些往日的同事一個一個的處分決定。大肚子的朱純坐在叔河的身邊聽著。她的小女兒四毛已經臨近產期了。我和叔河的處分都是開除公職勞動教養，朱純減了一等，是保留公職勞動教養。孟樹德在宣布朱純處分的時候，還加了幾句說明：我們報上去的時候是監督勞動，直屬黨委批評我們右傾，改為勞動教養了。那時朱純一望而知是個臨產的孕婦，送去勞教單位也不會接受的。叔河利用了當時政策規定允許自謀生路的小口子留在長沙了。等到四年多之後，我解除勞教回來，他們已在教育西街十七號租了一間房子，安起了一個小小的家。一進門，就看見天井裡放著一張長長的砍凳，家裡鋸子、鉋子、鑿子等等木工工具一應俱全。他們是以木模工來維持生計的。我呢，沒有去學一門手藝，只是簡單地出賣勞動力，到街道上專門安置閒散勞動力的「勞動服務大隊」去當了一名土夫子，也就是自我解嘲地說的「地球修理工」。

在四十多年之後的今天，我想，我可以這樣說，我們，就是說朱純，叔河，也包括我自己，以及也是從勞教隊回來的潤泉和志浩，雖說身分變了，收入少了，卻並沒有沮喪和消沉，都還是樂觀地面對生活。證據就是我們還是照常的高談闊論，照常的讀書，照常的寫作。「小集團」裡他們三個都會作詩，作詩不少。我不會作詩，也寫了些文章。這些詩文，在我們平反之後，多陸續發表了。

這種對待生活的樂觀態度當然又是犯忌的，又是必須加以打擊的。果然，新的打擊又來了。到了一九七〇年「一打三反」運動中，叔河和我，又以現行反革命罪，先後被捕，他判刑十年，我判刑三年。在這以後的十年裡，叔河在勞改隊，就是朱純獨力撐持他們這個家了。

一九七六年九月九日毛澤東去世了。十月六日江青被捕。出現了政治空氣將有所變化的第一個跡象。一九七八年四月五日有了一個中共中央批覆中央統戰部、公安部〈關於摘掉全部右派分子帽子的請示報告〉的通知，即中發一九七八年第十一號文件。同年九月十七日，又有了一個中發一九七八年第五十五號文件，其中提出「對確實錯劃了的，應實事求是地予以改正」。這兩個文件的抄本在我們這些右派分子中廣泛流傳。一天，我就拿著這抄本送去給朱純看了。那時叔河還在勞改隊沒有回來。我提出：要向報社提出我們被錯劃的問題來。朱純說：他們會不會承認是錯劃呢？我說：你是保留公職的，不論是不是錯劃，報社都得管你。我是開除了公職的，我只能這樣做文章，不說是錯劃，就不能去找他們了。我當然明白，這些所謂標準的條文，都是彈性極大的，說錯劃就是錯劃，說不錯就是不錯。萬幸的是胡耀邦平反冤案的決心大，不但我和叔河，就是在文革中執行了死刑的劉鳳翔兄，終於也都宣布是錯劃，只不過他沒有能夠同我們一樣重新分配工作了，悲夫！

右派問題解決之後，我和叔河又在出版社同事了。朱純在報社提前退休，讓流落內蒙古的小女兒頂職，給了她一隻鐵飯碗，算是給了她一種補償。朱純不上班了，全心全意當上了叔河的賢內助，把全部的家務和後勤一人承擔起來，讓叔河不必分心這些事情而專注於他的學術事業。她還學會了電腦，這方面的事情都是她代勞了。

朱純去世，我突然失去一位相知五十多年的朋友，很覺悲哀。回憶當年在報社的時候，有些不很瞭解的同事，還誤以為她是我姐姐。本來嘛，都姓朱，名字「純」「正」二字也常有連用的。我們雖說並不是姐弟，但以我同叔河的關係來說，我母親說：這是比親兄弟還要親的。

前些天我去看望叔河，慰問他，談起朱純。叔河說：這是你知道的，她只是個賢妻良母型的人，並不怎麼關心政治問題，也沒有什麼鋒芒和棱角，像這樣的人也打成右派了，這也就足以說明反右派鬥爭是怎麼一回事了。

（二〇〇七年六月二十九日《湘聲報》）

讀《柏原流年》

金玉潔大姐將柏原同志的遺著《柏原流年》的打印稿拿給我看。我很感謝她給了我先讀為快的親切。

讀這本書稿，我倍感親切。柏原同志比我大九歲，在相同的年輩中是我的兄長，我同他就有著不少相同的至少是相近似的經歷。

就說參加革命的時候吧，他已經是武漢大學畢業、在北平市法院擔任學習推事的青年法官，是冒著生命危險偷越兩軍對峙的戰線去投奔解放區。而我呢，還只是以個沒有畢業的中學生，在解放了的長沙考進了新聞幹部訓練班，——也就是毫無風險的參加革命了。這就是有九歲年齡差距的不同。不過，我從「不同」裡看出了「同」來。在參加革命之前，不是都十分不滿國民黨政權的腐敗統治麼？不是都把希望寄託在共產黨身上麼？一九四七年北平的「五・二〇」學生運動中，他拿出月薪的一半捐給鬧事的學生，我雖然拿不出錢來，卻是一個很想參加鬧事的學生。一九四九年聲援南京「四一」慘案的長沙「四七」遊行，我也是參加的一人。

新聞幹部訓練班結業，我分派到新湖南報工作，這就和柏原同志同事了，但是並有單獨接觸過。大約是一九五四年，他以編委兼任農村組組長，我是農村組的編輯，他是我的直接領導了，才開始有了工作上的接觸，《柏原流年》裡講了這樣一件事：

> 一九五四年五月，農村組發不出稿，鄧鈞洪命我管該組，我採用分配任務的作法，每週公布完成情況，迅速扭轉局面。

這件事我至今還記得：每星期在門邊牆上貼出一張表，也就是十六開的稿紙那麼大，在起訖日期下面分幾欄，寫上各發稿編輯的姓名，再就是這人本週的發稿字數和見報字數，發稿篇數和見報篇數。當時農村組的秘書是歐陽楠兄，就是他來經手統計和製表公布的。他後來也是報社五十四名右派中的一分子，在監督勞動中自殺身死。我對這個每星期公布發稿數的作法很感興趣，在開始這樣做的兩三回裡，我的發稿數和見報數都是比較多的，而有的同事卻一星期沒有發過稿，沒有稿子見報。我感興趣，並不是說這樣可以滿足一點虛榮心，而是在當時不斷給我無窮無盡的批評中可以減少一個項目，不至於說我不能完成工作任務吧。不久我調到了文教組（編副刊）了，就和柏原同志沒有工作上的關係了。

我和柏原同志真正接近起來，是反右派鬥爭以後。兩人所受的處分都是最嚴重的那個等級：開除公職，勞動教養，都被投入湖南省新生工程隊，到株洲去修京廣複線。但是不同一個工區，平常遇不到，只是全大隊開會的時候能夠見上一面，問一聲平安。一次聽他說，他到了機修車間，當了一名翻砂工。這是很費體力的重活，他居然也承受下來了。

解除勞動教養回來，他是摘帽右派，可以安排到新華印刷廠職工學校去代課。我不行，我沒有摘帽，是現管右派分子，只能去當土夫子，以賣苦力為生。也就是在這時起，我們才開始了有一點往來。他住在東梧桐、住在十間頭的家，我都去過。聽他說：在新華印刷廠，有一個二十多歲的年輕人，自修了高等數學，詩詞也不錯。他說的就是陳善壎。他抄了幾首陳的詩詞給我看，的確好。我現在還能默寫出一首他的〈定風波〉：

樓上青旗向我招，故人相對在塵囂。塊壘胸中澆不盡，誰信，當年豪氣未全銷。
豪氣三分餘幾許？細數：一分摧折一分拋。剩有一分豪氣在，留待，明朝慷慨憶今朝！

那時，我和潤泉、叔河、志浩幾個朋友看了，都說好，好就好在反映出了我們這些人的心情。平生豪氣，早已被摧折殆盡，即令有點剩餘，也主動拋擲，以避害全身嘛。可是還不能死心，總還盼望著有能夠「慷慨憶今朝」的一天。不，不只是盼望，不只是期待，而是堅信這樣的一天終會到來的吧。因為柏原的介紹，後來陳善壎成了我們這一些人共同的朋友。只是他夫婦定居株洲，不在同一個城市，少有往來了。

《柏原流年》裡還記下了他和我的一次真正的「同事」。那是他在新華印刷廠職校的教職不能再幹下去的時候，我也正走投無路，於是兩人合作辦起了一個無線電電鍍「廠」，給交電公司的一些無線電元件鍍銀。他和大建兩父子，加上我，三個人，大約弄了一個多兩個月吧，混了一口飯吃。可是不成，被區「打擊辦」打擊了，趁著國慶休假那幾天，把我們的全部「生財器皿」一板車拖走了。這事他在《柏原流年》中寫了，我就不必多說。只說事後「打擊辦」把我叫去問話，問題之一是：你們的藥水是哪裡來的？我若無其事的回答說：是我自己配出來的呀！連藥水都不會配，還當什麼師父，他也不再問了。我心裡暗中慶幸此人毫無化學知識，假如他叮住問：你配藥水的氰化鉀是哪裡來的呀？那就麻煩了，弄不好還會牽扯出好心幫忙的羅璋來。事後我把這過程說給柏原聽，他說我應付得不錯。

期待中的「慷慨憶今朝」的「明朝」終於來到了。黨中央決心平反冤假錯案，處理遺留問題，我們又都到了湖南省出版局。我在湖南人民出版社當編輯，他受命組建並主持湖南科技出版社。幾年之後全國實行機構改革，他就調到省委組織部去了。

那時，我借調在北京人民文學出版社打工，回家過春節的時候，他已經搬到省委宿舍去住了。我去看他，他問我：你對自己今後的工作有什麼想法沒有？我能有什麼想法！我的本事只是會編一點書，別的事都不會做，只好如實回答：我還是做我的編輯好了。他也就不做聲了。

《柏原流年》就寫到此處為止。我的這篇讀後感也應該寫到此處為止了。可以添幾句蛇足的是：這雖是一本個人的自述，卻深刻反映了當代中國歷史的一頁。這這裡，可以看到腐敗的國民黨政權怎樣因為人心喪盡而失敗，共產黨因為獲得青年一代（特別是青年知識份子）的支持而以弱勝強取得政權。可以看到一九四九年以後歷次政治運動（特別是一九五七年的反右派鬥爭）的運作方式，可以看到毛澤東時代中國居民的生活圖景，更可以看到毛澤東之後三十年中國的進步。後世史家的研究這一段中國史的時候必將從其中取材，必將感謝作者留下了這一份可貴的真實記錄。

藍翎，走好！

我是在一九八八年貴州日報社辦的雜文筆會上見到藍翎的，一見如故，從此時有往來。

那次筆會的熱門話題，是所謂「新基調雜文」。什麼是「新基調」呢？用它的提倡者所下的定義，是「自覺地克服魯迅式雜文基調的積習」。從這一句話，也就足以明白這「新基調」是一種怎樣的基調了。

這位新基調的提倡者跟藍翎同事。藍翎告訴我：他還保存了這位提倡者的一件實物，不記得說的是一篇手稿還是改過的一張小樣，總之是足以表明此人品質的另一面的。在他的回憶錄《龍捲風》裡，還指名道姓地談起此人的一些事情，例如「面帶微笑」地來套取打他為右派的材料之類。如此人物所提倡的「新基調」，「新」在何處也就不問可知了。

藍翎一鳴驚人的事情，當然是一九五四年與人合作發表評論《紅樓夢》研究的文章，受到了毛澤東的重視，引起了一場全國規模的討論。我還記得，那時我是多麼羡慕他們呵，年紀輕輕（藍翎跟我同年，那年二十三歲）就寫出了引起轟動的文章。假如他以此為起點，從此事事緊跟，在人生的道路上將會一帆風順，永遠春風得意吧。其實不用假設，他的合作者就是這樣做的，並且已經取得了「成功」。可是藍翎沒有選擇這條鋪滿鮮花的坦途。一九五七年，他不去寫文章批判王蒙的小說，卻要去寫〈面對著血跡的沉思〉這樣的雜文。於是，他就只好去當二十二年右派分子了。事情就是這樣奇怪：那些在反右派鬥爭中，在反右傾機會主義的鬥爭中，在文化大革命中，永遠立於不敗之地的人，到頭來，卻總不願提到自己在這些政治運動中得意的往事，而藍翎，卻真是事無不可對人言，在《龍捲風》這本回憶錄裡，卻能夠把自己的經歷包括過失都如實記載下來。只是對於某些相關的人，「姑隱其名」，只說「有位批評家」，也可見藍翎的厚道了。

《龍捲風》寫的是他本人的一段經歷，卻給後世留下了一份可信的史料。我寫《反右派鬥爭始末》一書（香港明報出版社出版），其中關於人民日報社的反右派鬥爭，主要就是用的他這書中的材料。這部書，以及他那許多表現其嫉惡如仇的雜文作品，我以為比他早年有關《紅樓夢》的評論，是更重要，更有價值得多。

二月二十二日，我去八寶山給他送別，看他靜靜地、安詳地躺在那裡。我想，他並沒有離開我們，他永遠活在他留下的那些著作中，更重要的，他給後世留下了一個做人的榜樣。

龔育之同志於我

回憶起來，我和龔育之同志，有整整二十年的交往。只是在記憶中，許多往事都已經模糊了。

交往的開始，很有一點意外。那是一九八七年《光明日報》圖書評論版徵文，我寫了一篇〈關於《毛澤東著作選讀》的注釋〉寄去，八月二十七日的報紙就登出來。談的全是技術問題，既談到了它比舊版注釋的進步，也提出了一些還可以改善之處。而我這篇議論別人長短的文章，本身就有可議之處。我批評《選讀》沒有注明汪精衛的〈夾攻中的奮鬥〉的出處，以為它是出自陳獨秀在《布爾塞維克》雜誌上的一則「寸鐵」。刊出之後，我收到了兩封指出我這錯誤的信，一位是當年《布爾塞維克》的編輯鄭超麟同志，他信中說，汪精衛的這篇「是一九二七年七月十五日或其後一兩日發表在漢口《民國日報》第一版上的。這就是汪精衛的分共反共的公開宣言，當時知道的人很多。」另一位來信者就是龔育之同志了。他在一九八七年九月二十五日給我的信中說：「汪精衛〈夾攻中之奮鬥〉注釋未注明出處，是一缺陷。當時未能查到原始出處（現在仍未查到），但此文收在汪氏文集中，日期署十六年七月二十五日，較你指出的題辭（十月十日）為早。估計你未見到這篇文章，現附上複印件一份，供你參閱。」隨信寄來的複印件有：一、漢口《民國日報》所載汪精衛〈夾攻中之奮鬥〉全文，在這篇之後，還有孫科的〈打倒蔣中正以後〉一文，以及〈張（作霖）蔣妥協條件之內容〉、〈吳佩孚將赴萬縣〉等新聞報導。二、上海中山書店印行的《汪精衛先生的文集》第八十一至第八十四頁，題為〈夾攻中之奮鬥〉，署（民國）十六年七月二十五日。三、上海光明書局印行的《汪精衛集》第三冊，題為〈夾攻中之奮鬥〉。我看了一下，報紙所載的，大約是原始的出處。那時武漢國民政府還沒有公開放棄反蔣的口號，所以文章一開頭就是「自從蔣介石反叛以來，我們同志，正在專心致志，和反叛的蔣介石作殊死戰。」等到編入文集的時候，寧漢已經合流，所以這些指名道姓譴責蔣介石的字句就全都刪去了。這樣就幫助我弄明白了這一句引語的出處。就這樣我就開始了和龔育之同志的交往。

一九八七年十月，他參加全國政協的參觀團到了長沙，我到賓館去看他。也不記得談了些什麼。他送了一本《毛澤東的讀書生活》給我。這本署名「八七年十月於長沙」的贈書，現在還在我的書架上。

一九九七年我出版了隨筆集《思想的風景》，龔育之同志在收到贈書給我的回信（三月二十三日）中表示看重書中〈唐縱日記中所見的一次沒有實行的改革〉那篇，他說，「唐縱日記，聽你和金沖及談到過，你的文章引起我一定要找到一本看看。也許該讓更多的人看看這本日記和你的文章。」書中還有一篇〈搔癢〉，表示不能贊成把那些造成了嚴重後果的「反右派鬥爭」「大躍進」等等都「說成是為了探索不同於蘇聯的道路」。他卻表示了異議，信中說：「還有一點不完全相同的意見，即『探索論』。你知道，我也是持『探索論』的。你的論點也給我教益，注意在講『探索』的時候，不要使它成為替歷史錯誤作曲意迴護。搔癢的比喻也很機智。但是，從如何建設社會主義這一嶄新任務來說，的確有『探索』的問題，有一些大的失誤（不是每一項）也的確有探索這個大背景。是不是呢？我看你在談鄭超麟詩詞的那篇文章（按：指書中所收〈只憑餘事作詩人〉一文）中引用蘇聯史家的論點，也談到『鄭重探索中犯下的錯誤』的。」我倒覺得，我和他的意見並沒有根本的分歧。使我反感的是以『探索論』為名而「替歷史錯誤作曲意迴護」而已。

一九九三年這一年，我沒有幹別的事，從年頭到年尾，寫出了《反右派鬥爭始末》的初稿。從一九九四年開始，我就一面不斷的修訂增補，一面給它找個出版的地方。先後找個好幾家出版社商談，結果都不得要領。大約是一九九五年末或一九九六年初，我的老師李銳同志向河南人民出版社推薦了，這部書稿才算是有了著落。

這時，龔育之同志表示想看看這部稿子，我就給他送去了一份複印件。他看過了，還來的時候，他和夫人孫小禮同志分提著袋子兩邊提手的帶子，他說：這稿子很重。小禮同志應聲補充說：寫的是我們黨史上沉重的一頁。我想一千來頁Ａ４複印紙，的確是頗有一點斤兩的，一人提著頗有點吃力，才兩人合力提著吧。

龔育之同志說：「作為一個讀者，我喜歡看這樣的書。只是你為什麼要送審呢？出了不就出了嗎？比方說《顧准文集》，如果要送審，就不容易通過的，它不送審，出了，比香港版的還多收了一篇。」我說：「又不是我要送審，是出版社要送審呀！」交談中，他問我：「你自己覺得能夠出版嗎？」我應聲答道：「如果我覺得不能出版，我就不會進行了。」現在想來，他這問題提得夠水平的，而我的回答也可說是旗鼓相當了。

河南人民出版社即按照程式申報選題，送審書稿。新聞出版署圖書管理司將書稿送交中共中央黨史研究室。黨史研究室科研管理部最後提出了這樣的審查意見：

新聞出版署圖書管理司：

河南人民出版社送來的朱正著《一九五七年的夏季：反右派鬥爭本末》書稿，已由我室室務委員石仲泉研究員，第二研究部主任楊先材教授，科研部主任王朝美教授再次進行審讀。現將三同志的審讀意見綜述如下：

總體上看，該書資料豐富，述之有據，歷史線索清楚，對深入研究反右派鬥爭問題有一定的學術價值，文字亦具有可讀性。作者的寫作態度也是嚴肅認真的。

鑒於反右派鬥爭是一個比較複雜的、政治敏感性強的歷史課題，在國內出版這類書籍要特別注意對歷史採取實事求是的分析態度，重在總結歷史經驗和教訓。書稿中有以下問題應予以注意：

一、全書所反映的作者對反右派鬥爭的反思和認識的基調，是可以理解的。但是，對於一九八一年「歷史決議」中關於反右派鬥爭的必要性的精神，尚需有必要的、實事求是的反映。

二、書中大量引用了未經正式發表的毛澤東著作和言論以及黨的內部文獻（如毛澤東關於正確處理人民內部矛盾的講話、在中央宣傳工作會議上的講話、到外地視察時的一些講話等等），對此宜慎重處理。過去中央有過要求，仍須執行。建議作者最好不要採用直接地、大段大段地摘引的方法，儘管這些內容在海外已廣泛流傳，但在國內至今未公布這些文獻檔案。

其中有些分析和評論也需要再斟酌。例如：

P.179—180、187，對於毛澤東的講話在公開發表時做了修改的原因的分析似欠妥。

P.184—186，在論述六條政治標準時，聯繫一九七九年提出的四項基本原則，說「需要研究一下的倒是堅持社會主義道路這一條。因為對社會主義道路的理解並不總是很確定的。……在一段較短的時間裡來看，社會主義道路這一條的含義似乎還是相當確定的，而如果放在一段較長的時間裡看，它卻是頗為不確定的了。為了不觸犯這一條，穩妥的辦法是把社會主義道路理解為現行政策的同義語。」此處的立論和分析似欠妥。對於「有利於社會主義的國際團結」這一條標準，書中說「是寫給赫魯雪夫看的」，是「在明知破裂不可避免的時候，又要將日後破裂的責任歸之於對方」，是「作出一個維持團結的姿態」，此說亦似欠妥。

三、書中寫了一些對毛澤東的心理分析，應當注意分寸。例如，P.94—96認為羅隆基講的小知識分子和大知識分子的問題，使「中師畢業的毛受到刺激」，「觸及毛的自卑感和自尊心」，這種說法似欠妥。還有一些用語也要斟酌，如稱毛澤東的「臣民」等。

四、書中直接點名的人物眾多，需要注意區別對待，評述得當。對於當年錯劃為「右派」的人，介紹其歷史情況，可以起到澄清事實以正視聽的作用。但是，對於當年參加批判右派的人、特別是有社會影響的知名人士，大量引用其批判發言，並夾有帶諷刺挖苦語氣的許多議論（較為突出的例子，如P.118對周建人的評述），恐將產生較大的負面影響。這類問題應本著「宜粗不宜細」，「團結一致向前看」的精神妥善處理。

五、P.464—465，在分析葉篤義在人大會議上的檢討時，說：「他應該明白，軟弱無力，正是長期共存的前提。強大了，有力了，共存的前提也就不存在了」。此處涉及對中共與民主黨派長期共存的理解，評述欠妥。

總之，此書尚待作者參考上述意見對書稿作進一步修改，使其在總體上更能體現《歷史決議》的精神之後，方可出版。

中共中央黨史研究室科研部

一九九六年四月八日

我以為這份審稿意見反映了當時擔任黨史研究室副主任的龔育之同志的態度。最重要的是給它放了一條生路，沒有說不准出版，只說經修改後「方可出版」，其次是用字的分寸，全文沒有用一個「錯誤」、「失實」這一類重字，只說「欠妥」，甚至「似欠妥」。而且在四頁之中，還寫了三行肯定的話，像「資料豐富，述之有據，歷史線索清楚」這些話，看了很覺得舒服的。

出版社於是就要求我按照這審稿意見來修改書稿了。這修改其實很簡單，把審稿者指為「欠妥」或「似欠妥」的地方一概刪去就是了。

除此之外我也別無他法，假如我把這些地方改寫成審稿者認為「甚妥」或「似甚妥」了，我就沒必要寫這本書了。只有一處地方，我不能用這種簡單切除的外科手術，那就是我在書稿中曾大量直接引用毛澤東在最高國務會議上講〈如何處理人民內部矛盾〉的原始記錄稿，審稿意見說：「建議作者最好不要採用直接地、大段大段地摘引的方法，儘管這些內容在海外已廣為流傳，但在國內至今尚未公布這些文獻檔案。」怎麼辦呢？二月二十七日毛講這篇話，六月十九日正式發表這篇講話的修訂稿，是兩件事，是任何一本寫反右史的書中都必須清楚敘述的兩件事。假如我只是將這些直接引文刪去，用什麼辦法表明這次講話和後來發表的完全不同呢？我挖空心思，終於想出了一條妙計，就是利用當年四月份《人民日報》發表的那一系列宣傳新方針的社論：〈繼續放手，貫徹「百花齊放、百家爭鳴」的方針〉（十日）、〈怎樣對待人民內部的矛盾〉（十三日）、〈從團結的願望出發〉（十七日）、〈工商業者要繼續改造，積極工作〉

（二十二日）、〈全黨必須認真學習正確處理人民內部的矛盾〉（二十三日）、〈從各民主黨派的會議談「長期共存、互相監督」〉（二十六日）。我把這六篇社論和《毛選》五卷中所收二月、三月的兩篇講話的改定稿相對照，摘錄出相應的段落，比較其異同，從兩者相同之處，證明了「這些社論是為了向廣大公眾傳達毛的講話內容而寫的，相當準確地介紹了講話的內容」，在做到了這一點之後，又從兩者相異之處，即在社論中引人注目的一些意見卻不見於《毛選》中了，即可以推知毛修改講話稿的傾向和目的。這樣做雖說不如直接引用講話原文那樣乾脆和有力，也大體上可以說出我要說的意思了。

修改之後，書很快就出了（一九九八年五月）。出版社將書名改為《一九五七年的夏季：從百家爭鳴到兩家爭鳴》。一時還頗受讀書界的重視。民營的席殊書屋評一九九八年的好書，文學類、非文學類各十本，我的這一本列入非文學類之中。他們為宣布這評定的結果開了一次會，那天，龔育之同志去了，李銳同志，于光遠同志也都去了，都作了簡短的發言。

也就是這本書出版以後，一天我去看他，交談中，他忽然轉過身去拿來一張《文摘報》送給我，說這個材料可以補充到你的書裡面去。我一看，它講的是《徐秋影案件》平反的事。《徐秋影案件》是一部著名的反特故事片，它的「本事」卻是哈爾濱市公安局用逼供誘供的手段製造出來的一起冤案。法院認為證據不足，退回檢察院覆查，市檢察院審判監督處的楊同喜奉命覆查此案，他在查閱卷宗提訊在押人員之後排除了當事人的特務嫌疑。本來這一冤案是可望避免的了，可是在不久之後的反右派鬥爭中，楊同喜等人卻因為覆查此案被劃為右派分子。一切都翻了過來，此案在一九五九年四月公開宣判，處死了兩個無辜的涉案人，還有被判處死緩和徒刑的，這是反右派鬥爭破壞法制的一個典型事件。直到一九八七年七月才由最高人民法院平反了此案。二〇〇四年我這本書以「反右派鬥爭始末」為書名在香港明報出版社出版，增寫了「為了法治」一章，將這一材料補充進去了。

那時韓鋼同志在中央黨史研究室工作，他也為促成這本書的出版幫了不少忙。書出了，他也很高興。一天，他邀我到黨史研究室去和他的幾位同事座談反右鬥爭。在座的都是研究黨史的專家，在交談中使我獲益不少。記得王素莉同志說，我書中說的劃右的人數五十五萬兩千八百七十七人肯定少了。她說了河南省的情況，為了給開除了公職的右派分子恢復工作，河南一省就需要多少多少幹部指標。這樣推算起來，全國怎麼會只有五十多萬呢。還有一些人也提了些很好的意見，對我進一步思考這個題目很有啟發。可是不久之後我就在一份什麼報刊（刊名已忘）上看到，有人說朱正應邀到黨史研究室去講反右派鬥爭。這就未免太離譜了。我想，如果要求更正，似乎又是一次張揚，真不知怎麼辦。於是我就寫信給龔育之同志，說明此事的原委。他給我回了封短信（一九九九年二月九日）：「收到來信。此事沒有什麼，別人記事不準確，所在多有。既非原則問題，又非重大問題，沒有更正的必要。便中我當同黨史室有關同志說明一聲。」

一九九七年首都師範大學數學系張飴慈教授將他祖父張東蓀詩稿複印了一份給我。我讀了，寫了一篇〈亦儒亦俠是吾師——張東蓀詩裡的梁任公〉，由這些詩談到當年梁啟超的〈覆張東蓀書論社會主義運動〉，又由此談到《新青年》雜誌上「關於社會主義的討論」，梁、張二人都認為當時中國生產力發展水平低下，還不具備實行社會主義的條件。拿現在的話說，就是「生產力標準問題」。在當年那一場討論裡，至少在這一個問題上不能說他們錯了。在文章裡，我從《鄧選》第三卷裡引證了幾段也是談「生產力標準」問題的語錄，並說在《毛選》裡我還沒有找到適當的引文。我將這篇稿子寄給龔育之同志請教。他在回信中（一九九七年五月二十二日）說，毛在〈論聯合政府〉中有兩處地方表示了要發展生產力的意思。他說：「七大上毛還有許多內部講話，講得更透徹。我在《求是》去年九月號上發表〈讀〈毛澤東在七大的報告和講話集〉〉，即闡發此理；已遭《真理的追求》批判，我沒有睬它。」這篇文章收在《龔育之文存》下卷第一二四一頁。一個對自己論點有自信心的作者，本來是不必理睬那種牛二買刀（用《水滸傳》的典故）式的「批判」的。

有一回，我到北京有什麼事，他到國誼賓館來看我，談到我不久前讀過的《毛澤東讀文史古籍批語集》，談到書中注釋有些沒有做到位的地方（這些我後來寫了文章發表）。說完這些之後，我說：「這些都是技術性的意見。內容方面，我也有一條意見。」於是我就說了：在〈讀《聊齋志異》批語〉中，毛在〈細侯〉一篇上批了「資本主義萌芽」六個字。其實，小說中沒有提到商業，沒有提到交換，甚至喝的酒也不是酒肆沽來的，而是自種黍子自己釀造。小說中沒有反映出城鄉間社會分工的擴大；沒有反映出商品經濟的發展，從而破壞自然經濟，沒有反映出雇傭勞動者的出現，總之，馬克思主義提出的標誌資本主義萌芽的諸要素，在這篇小說中都沒有出現。話我就只說到這裡，我心裡想，毛對馬克思主義，也頗有不甚了了之處。那天交談，沒有把這個意思明白說出來。後來我寫的〈談談〈細侯〉〉這篇，就指出：「這個批語只是表明：毛對資本主義，對資本主義萌芽，有著與眾不同的獨特的理解。他的一些在經濟政策方面的反資本主義的措施，恐怕也只能從他的這種獨特理解中求得解釋吧。」

我把刊登這篇文章的刊物寄給龔育之同志看，他回信（一九九八年四月五日）說：「上次你來已談過此事。我贊成你的意見。《讀文史古籍批語集》附原文的時候，只引了女方的設計，而沒有引男方關於自己家產狀況的敘述『薄田半頃』。而這四十畝的種植計畫，是從『半頃』而來的。此外，我想，這秀才大約是不會種地的，就算是自己也下一下地，一個人也種不了四十畝加十畝之多。按細侯的設計，按那時的習慣，大概是要雇工的。所以，這設計中，應該暗含了『雇傭勞動者』，當然不是資本主義性質的『雇傭勞動者』，而是封建土地制度下的雇農，長工或短工。」這是在表示了「我贊成你的意見」之後提出的討論，是為了使我的考慮更深入更周密吧。

二〇〇二年，龔育之同志將他的長文〈獻疑和獻曝〉發給我看，其中談到《胡喬木書信集》編注方面存在的一些問題。我看了，很佩服他讀書的仔細。例如胡致楊尚昆一信，編者定此信為一九四九年所寫，認為信中所寫的六中全會為一九三八年舉行的六屆六中全會。龔育之同志考訂出，這信其實是一九五五年所寫，信中說的是七屆六中全會。這樣的考訂功夫，我以為可作為讀書方法的示例。這本書信集我也看了的，也覺得它編注工作留下了一些問題，就把我所見到的寫了封信告訴他。這原不過是一封私人間的通信，卻得到他的重視，推薦到《百年潮》發表了。後來在他的《黨史札記二集》裡，將我的這封信以及他寫給《百年潮》編者的推薦信都作為附錄收入書中了。

二〇〇三年底，人民文學出版社決定出版章詒和那本寫大右派分子群像的《往事並不如煙》。責任編輯王培元同志和我說，想在封四印上幾個著名評論家的評語，已經約請了嚴家炎和孫郁兩位，還想找龔育之，但是不知道怎樣去聯繫。我說，這我可以幫忙。我就給他打電話，將出版社想請他寫評語的意思告訴他。他答應了。他的評語是這樣寫的：「作者寫了大時代中一小群大知識分子的命運，是以晚輩的眼光來寫父母的友人，其中有大名鼎鼎的人物，也有不那麼有名以至全不為人知的人物。作者提供的不是他們的標準像，而是他們的側影、背影，作者同她所寫人物的合影、群影。你可以不必同意作者的每一個觀點，但你不能不被作者獨特的視角、細緻的筆觸、巧妙的剪裁和歷史的沉思所吸引。」這評語真是寫得巧妙極了，既表示了「不必同意作者的每一個觀點」，你盡可仍然堅持《歷史決議》對反右派鬥爭的評價，可是又表示了對作者「歷史的沉思」的肯定。只是出版社希望這些評語起一點保護作用的願望還是落空了，不久即得到命令：售完之後不得再印（這也就為盜版的書商開闢了財源）。而各個媒體也奉令不得宣傳此書。我雖然沒有看到相關的文件，但是我親身經歷的一件事可以證明確有其事：一家報紙的副刊約我趕寫了一篇書評，原說是星期五見報的，不料星期四晚上突然接到約稿編輯的電話：剛才接到上級的通知，任何關於此書的文章一概不許發表，說好說壞的都不行。

龔育之同志在病中還給我幫過一次忙。我有一部《中國二十世紀通鑒》，五大本。在使用中，我發現第四冊少裝了一個印張。像這樣裝訂錯誤的殘缺的書，按理說出版社或印刷廠是應該收回的。書是線裝書局出的，我想去找他們調換一本不缺頁的。可是打電話一直聯繫不上。弄了許久，毫無辦法，後來我看書上印的名單，編委會主任就是龔育之，於是我就請他幫忙了。這時大概是二〇〇六年，他已經住院了。他大約是轉託了編委會副主任魏久明同志，讓出版社將一本不缺頁的書送到我家裡。這一部書現在我還常常用到，這也可以說是他留給我的一件紀念品。

龔育之同志比我才大一歲多，真沒有想到他這麼早就去世了。那天到八寶山給他送別，我猛然感到我失去了一位能夠坦率地交換意見和心得的朋友，是我的一個大損失。

二〇〇九年五月二十日

（原載《炎黃春秋》二〇〇九年第九期）

我和公劉兄的兩面之緣

收到劉粹的一封信，信就寫在安徽省文學藝術界聯合會印發的那一頁〈詩人公劉逝世〉的下面。這信說：

我父親走了，我相依為命的老父親！

父親生前曾一再囑我：他走時不要多驚擾大家，事後由我分別函告他的同道友好，代老父向各位辭行。今寄上這紙由我和單位一同擬定的消息通稿，以遵父願，以寄哀思。

十幾天了，我全憑理智支撐，為父親做些事情；心，還時時陪護著我苦難一生，抗爭一生的好父親……

十一日下午，我已將老人接回家中。匆此，痛楚不堪。

公劉的女兒　劉粹　二〇〇三，元，二十二

在收到這信之前，我已經得到公劉兄去世的消息。幾天裡，一直在想他的一些事。劉粹這封情深意摯的短信，使我深深感動了。我早就從公劉兄的《活的紀念碑》裡知道了他們不同尋常的父女關係。這是多麼好的父親和多麼好的女兒。現在，她代老父向我辭行，我想，我也應該寫點什麼來送別吧。

現在我怎麼也想不起來是什麼時候開始同公劉兄交往的，是怎樣交往起來的。二十世紀五十年代，不時在報刊上（多是《解放軍文藝》吧？）讀到他的詩作，很喜愛，很佩服他的才氣。不過這只是讀者和作者的一般關係，不是相互的交往。可以確說的是，我們是在那一場共同的大難成為過去之後，才開始交往的。

想起來，最早是忽然收到一本他寄贈的大型文學刊物，刊名一時想不起來了，也許是《清明》吧，其中刊登了他的歐洲遊記。我很高興地拜讀了，寫信道了謝。只是他為什麼要寄這刊物給我，我卻不知道。這以後，我也曾把自己寫的書送給他，當然，不是每一本；他也把他的書送給我，當然，更不是每一本。這中間，也有過不多的書信往來。

很意外地，我們得到了一次見面的機會。大約是一九九六年，作家尹曙生先生邀請李銳夫婦和燕祥夫婦去游黃山，正巧那時我在北京，就邀我一同前往了。我們一行先到合肥。東道主安排我們同幾位作家聚會。那天我第一次見到魯彥周先生，我看過根據他的小說改編的電影《天雲山傳奇》，這大約是第一部公開發表了的力圖按照歷史真實反映反右派鬥爭的文學作品，記得它還受到衛道之士的非難。我對於這樣的作品和它的作者是滿懷敬意的，我給他敬了酒。那天沒有邀請公劉兄，他正在住院。第二天我就到醫院去看望他了。記得是和燕祥兄一道去的。李銳先生另外有活動，沒有去，托我們捎去一本他的《龍膽紫集》，詩集贈詩人，當然是再好不過的禮物了。

這是我同公劉兄的第一次相見。可是一見如故，全沒有初見的那種客套和拘謹，就跟久別重逢的知己一樣交談。一個大題目是談我的那本書稿《一九五七年的夏季》。這本書寫完好幾年了，那時還沒有落實出版社。公劉兄對這題目大有興趣，詢問了書稿中的一些內容，問我書中對一些事件是怎樣處理的。從交談中，我發覺，他這位過來人，對這一段歷史有很深的思考。這樣病室裡的交談當然不能夠談得很充分很清楚，我想，等書印出來，寄去向他討教吧。

那一天，他還饒有興趣地談到幾年前的往事，一位聞人的趣聞。這也得怨那一年形勢太富於戲劇性變化了，要跟著變來變去，夠吃力的。比方說吧，一天之前，抱怨給自己辦事的人拖拖拉拉，沒有幫他及早送出新作；一天之後，又慶幸那辦事人的拖拖拉拉保護了自己。公劉兄的那一部頗具特徵的大鬍子也成了話題。那位仁兄聲明：遊行隊伍裡的大鬍子是公劉，不是我。談到這裡，說的聽的相對一笑。那天可以說是盡歡而散。

我的那本《一九五七年的夏季》終於出版了。我托人給公劉兄捎去了一本。抱歉的是送他的那一本裝訂廠少裝了一個印張。可是就是這個缺頁本，他還是仔細看了，還寫了一篇四千多字的書評。一九九八年九月十日，他把打印好的書評用掛號信寄給我看，信中並告訴我：「此稿我已投《隨筆》。」我看了，真是又驚喜又慚愧：公劉兄過獎了。他用「董狐之筆」作標題，這就不只是比之為「古之良史」，而且，「在晉董狐筆」，更以為這顯示了天地之間的一種浩然正氣。在文章裡我看到不少溢美之辭。但是我相信，他是以一種真誠的態度這樣說的，他說，關於反右派鬥爭這個題目，「中外作者寫的東西，翻過不少，然而，真正能令我滿意者的確不多。」對此我也深有同感，我對看到的這一類作品也少有滿意的。我想他是因此才看好我這一本的吧。

公劉兄也表示了對我的這一本的不滿。例如，對於毛澤東是怎樣作出反右派鬥爭的決策，他認為我書中的論述「不免帶來了立論上的某種邏輯紊亂」，並且為我惋惜：「艱窘的寫作條件制約著作者的視野和才力，使得本來可以寫得更好的書，留下了若干遺憾。」對於這個中肯的而且友好的批評，我是心服的。

每個作者都是一樣的：稿子投寄出去，就天天望早點刊登出來，一時不見動靜，就有點著急了。公劉兄也是這樣。十月十四日他又來信說：「《隨筆》尚無回音，估計希望甚小，儘管我是以『過來人』的身份與角度寫的。」稿子寄出才一個多月，對於一個雙月刊來說，這時間是不能算長的。不過我在給他的覆信中表示了贊同他的「希望甚小」的估計，並且告訴他：不久前《隨筆》已經發表了李輝兄的一篇書評，評論同一本書的文章，他們未必願意再發了吧。其實這是他太性急了。不久，他這篇書評就發表《隨筆》一九九九年第一期上面。

這篇書評的最後一句是：「但願再版時，這本好書能好上加好。」公劉兄希望我把它修改的好一些，這也正是我自己所想要做的。此書印出以來的五年中，我依據新見到的材料。斷斷續續增補和修改，比原來的印本大約又增加了十來萬字吧。只是公劉兄已離我而去，他日新本印成，也無從同他討論修訂的得失了。這在我就不只是失去一位兄長的悲哀，也是這一本書的不幸了。

說起來，我同公劉兄，還在長沙見過一面。那是有一天，我忽然接到徐君虎先生的電話，說公劉兄到長沙來了，住在他家裡，希望我同楊德豫兄到他家去見個面。我同徐君虎先生從沒有過接觸，真沒有想到他會給我來電話。但是我早就知道他這個人了。大約是一九四七年前後，他是湖南省邵陽縣的縣長，一個著名的清官。在他手上辦了一件轟動全國的大案：「邵陽永和金號搶劫案」。作案的都是專員公署的官員，首犯孫佐齊正是縣長的頂頭上司，也就可以想見徐先生辦此案的難處了。儘管官官相護，法院只給孫佐齊和幾個共犯判了徒刑，還是把直接動手投毒殺人縱火搶劫的專署機要秘書傅德明執行了槍決。一九四九年徐先生參與起義，成了湖南省的一位高級統戰對象，給安排了一個什麼名義。後來又被打成右派分子。「改正」之後，被安排為湖南省政協的一名副主席。那天，我同德豫兄到了省政協宿舍，就在徐先生府上，同公劉兄愉快地交談了一個下午。

我也聽徐先生說了他同公劉兄的淵源。

徐先生跟蔣經國是莫斯科的同學。抗日戰爭中，蔣在贛州當專員，請徐先生做自己的主任秘書。一九三九年蔣生日，徐先生趁蔣到重慶出差了，發動同事獻金祝壽，他把收得的這一筆數目可觀的禮金，拿去辦了一個難童學校。大約原先蔣經國看到那許多逃難來的失學兒童，曾經表示過想要設法安置的意思，徐先生把這事放在心上，趁著祝壽，把這事給辦了。據徐先生說，公劉兄就是那時招收入學的一名難童。

徐先生還說，在學校裡眾多的難童中間，公劉兄的表現很突出，他那過人的文才與口才，那時就已經顯露出來了。一次他作為難童學校的代表，在勵志社開的軍人聯歡會上登臺演說，使他的聽眾都激昂起來了。就這樣，他受到了徐先生和蔣經國的重視……

這是一位老年人多年之後的回憶。如果拿公劉兄自己寫的〈畢竟東流去……〉來對照，就會發現他說的與當年的事實頗有出入了。在〈畢竟東流去……〉這篇回憶裡，公劉兄說得很清楚：「我沒有進過難童學校。」這篇文章把當年他因怎樣的機緣認識了徐先生，又怎樣因為徐先生而認識了蔣經國，以及這兩個成年人對他這個十二三歲的小娃娃是怎樣的器重、愛護和關照，都細細寫出，比徐先生說的更詳細得多，具體得多，讀後真令人感動。我親眼看到一個七十歲一個九十歲的老人在一塊的那親切的模樣，也就依稀可以想見當年的情景了。

當年的這些關係，也讓公劉兄在後來的歷次政治運動中吃足了苦頭。他在〈董狐之筆〉一文中講了一點自己的遭遇：「朱正本人正是由『肅反』對象遞補為『右派』的，鄙人亦不例外。」同蔣經國的關係，受蔣經國的賞識，在肅反運動中，這難道不是發掘出了「金礦」嗎？當然，這樣的經歷和社會關係，並不是當一名肅反對象的必要條件。如果過於拘泥，一定要有什麼具體的材料，那就怎麼也弄不出一百三四十萬肅反對象來了。朱正本人，不是也當了一年肅反對象嗎？有什麼具體材料呢。

長沙一別之後，不久就聽說公劉兄又病倒住院了。在一段時間裡也就沒有書信往來。又是在沒有料到的時候，忽然收到他寄贈的上下兩冊的隨筆集《紙上聲》。扉頁上寫的贈書日期是二〇〇〇年四月三十日，書中夾了一頁打印的「通用私函」。當時我並沒有想到，這是我收到他的最後的信箚。我不知道，日後劉粹在為她父親編更完整的《全集》或《文集》的時候，會不會收入這一類打印信件。現在且把它照抄在這裡，好讓大家知道一下他暮年境況和心情：

這封「通用私函」的對象是，在我此番住院期間（含發病前夕），曾經寫信給我，寄賀卡給我，贈書給我，送花給我，匯款給我，打電話給我（由於家中無人而未曾接應者，就只好抱歉了），以及遠道專程看望我或者托人來看望我的，累計約有百數十位。我實在沒有足夠的時間與精力一一親筆作覆稱謝，失禮之處，想必能獲寬諒。

且讓我簡略敘述一下有關種種。

這次住院有兩大特點，一是照料我的女兒劉粹本人突罹急症——嚴重的頸椎病綜合症，最後被安排和我同一病房；二是住院時間都忒長，我八個月，她七個月，大破平生紀錄。在醫院裡，先後度過國慶、中秋、迎澳門回歸、元旦、春節，還有我們各自的生日。喜事雖多，卻難得歡樂；似此情狀，倘稱之為形影相弔，當別有新解，或曰父親是形，女兒是影，或曰女兒是形，父親是影，都說得通。

我們是二〇〇〇年四月七日回家的——「沙漠」一般的家。

聊堪告慰的是，新近請了一位鐘點工，劉粹的日常負擔得到了稍許的減輕，她已經正式上班了。

就讓歲月這麼平平淡淡地打發吧。我將只做我必須做而又能夠做的事，不寫雜文，不慪閒氣，健康至上，生命第一。至於女兒，她雖一如既往地對老父呵護備至，對自家卻再也不敢掉以輕心了。

朋友們，請允許我再說一遍，謝謝啦！

此致

朱正道兄

公劉　二〇〇〇年四月二十二日於安徽合肥

信中「朱正道兄」和「公劉」的簽名，都是他自己寫的。信末，他還寫了這樣幾句：「久未聯繫，順附此箋代函，奉聞近況。」我想是因為我並不屬於這封「通用私函」開頭所列舉的種種對象，所以在寄給我的這一頁上得添寫上這幾句吧。

這些天裡，我把公劉兄送給我的書，寫給我的信，都找出來，又重溫了一遍，想起這些舊事。我跟他，不過匆匆兩面之緣，加起來聚談也不過幾小時吧。現在他不在了，我才感覺到，他是我最好的知交之一。我且寫下這點滴的交往給他送別吧。我想我也不必做更多的文章，他的詩文，也將永遠為他贏得後世的知己。

二〇〇三年一月二十七日

原載《隨筆》二〇〇三年第三期

尋找一個精神的支柱——讀戴文葆兄的一個抄本

一天，同戴文葆兄談往事，說著說著，他拿出一冊線裝書來，一看，原來是一個抄本。封面的題簽是「為了忘卻的紀念」。裡面抄寫的是魯迅的幾篇詩文。目錄是：

哀范君

紀念劉和珍君

中國無產階級革命文學和前驅的血

為了忘卻的紀念

這四題，都是魯迅悼亡之作，分別悼念他那溺水而死的老友范愛農，犧牲於三一八慘案的學生劉和珍，以及被國民黨集體屠殺的左聯五烈士柔石、殷夫、馮鏗、胡也頻和李偉森。

戴兄告訴我，那是在文化大革命期間抄錄的。那時，他以一名資產階級右派分子之身，淪落在社會的底層，在大運河東側的一家小工廠裡當雜工，打掃廁所，收拾下腳料和破損的工具等等事情，哪一件沒幹過。如果讓他東奔西走，推銷產品，洽購材料，那就要算是上等的優差了。政治賤民這種身份，他同舊日的友朋不再往來，以免給自己和別人添麻煩，更不會結交新的朋友，沒有了人與人之間感情的交流。為了安慰寂寞的心，就只有讀書，神交古人了。可是大破四舊之後，可讀的書大都屬於封資修之列，多被抄家者抄去，也無書可讀了。要是想寫點文章，抒發一下情緒呢？更不行了。無論你寫的是什麼，都有可能被論證為犯罪。避席畏聞文字獄。在文化大革命中，因為寫文章而遭到殺身之禍的事情並不少見啊。所幸的是，那時，除了紅寶書之外，魯迅的著作還是允許公開閱讀的，抄寫魯迅的詩文也不至於犯禁。於是，戴兄就準備好紙筆，一字一句地來抄寫魯迅的這幾篇詩文，以排遣心靈的無比沉重的寂寞。

這個抄本有一篇〈抄後記〉，記下了他抄寫時的情景和心境：

……夜幕下垂，萬籟俱靜，每個夜晚卻又不免寂寞得與死接近。在這燈昏人寂的夜氣中，西鄰年少偏愛吹弄起玉笛。那幽揚的韻調，嗚嗚嫋嫋，乍低更起，欲斷還縈，撥動了我的心弦，使我煩惱，使我痛苦，使我更加感到被埋入了沉重的寂寞裡。

這就容易明白他為什麼盡挑揀這些悼亡之作了。他是在回憶自己半生經歷的往事，懷念起那些已經作古的故人。戴文葆，抗日戰爭時期重慶山城的一個思想左傾的大學生，年輕的共產黨人，在中共中央南方局青年組劉光、朱語今、張黎群、黎智等人的領導之下，參與創刊了頗有影響的《中國學生導報》，為編輯部的負責人。今天的青年人聽到這件事，以為不過是編印了一張報紙，事實上，這也是一場真刀真槍的戰爭。《導報》的副社長陳以文，負責財務工作的王樸（王蘭駿）就都是被敵人殺害的。為《導報》獻出生命的還不止這兩人！戴兄是借抄寫魯迅悼亡之作來悼念自己的亡友吧。他筆下抄的是魯迅的文章，心中想的卻是自己的往事和故人。

他在〈抄後記〉中說：

> 笛聲引起我幽窈的聯想，翻撿出一些往日的陳跡，把我重新帶回那荷戟戰鬥的歲月裡。血火流光，愛與死的搏鬥，似水的華年，逝去的伴侶，一一浮現在眼前。尤其是那些意氣風發的故交，熱誠真摯的過從，使人更加懷念惜戀。我們在一起學習過，工作過，戰鬥過。後來各自奔向新的崗位，他們之中不少人就在各式各樣的戰場上捐軀了！華瑩山麓，渣滓洞裡，渝市繁華的街頭，塞北風沙的古城，

以及渭水畔的小村，浦江邊的廢園，都是故人喋血的所在。他們是無憾的，為我們的母親大地呈獻出青春和碧血。英華殂落，紅顏早逝，生死雖殊，情親猶一。想起了他們，我的心裡就像揣著一團火，灼熱我的情緒，使我得不到寧帖。我怎麼決心要忘卻也忘不了的。那也是我的生命的一部分啊！

是的，他就是在這樣的心境中來抄錄魯迅的詩文的。我拿著這個抄本，掩卷沉思，也回想起自己也有過這樣的心境。在那走投無路的困頓中，真不知道這日子怎麼過出來。這時，是魯迅的著作給了我堅持要活下去的力量。還好，抄家者拿去了我幾麻袋的書，卻沒有拿走那部十卷本的《魯迅全集》。這部書，就成了我的精神支柱。在無處訴說的苦悶中，我就讀這部書。我不斷反覆去讀的，是《華蓋集續編》中的〈記談話〉，其中的一段，現在我還幾乎可以背誦出來：

我們所可以自慰的，想來想去，也還是所謂對於將來的希望。希望是附麗於存在的，有存在，便有希望，有希望，便是光明。如果歷史家的話不是誑話，則世界上的事物可還沒有因為黑暗而長存的先例。黑暗只能附麗於漸就滅亡的事物，一滅亡，黑暗也就一同滅亡了，它不永久。然而將來是永遠要有的，並且總要光明起來；只要不做黑暗的附著物，為光明而滅亡，則我們一定有悠久的將來，而且一定是光明的將來。

一九八〇年初，我被借調到人民文學出版社參加《魯迅全集》的編注工作。常常同魯迅著作編輯室主任王仰晨兄聊天，聽他談起一九七六年清明節在天安門廣場人群悼念周總理的事，他對這事參與頗深，是一種版本《天安門詩抄》的編者。一天，我對他說起這一篇〈記談話〉，他說，那時沒有想起，真應該把魯迅的這一篇寫成大字報貼到那裡去的。

日前見到北京魯迅博物館館長孫郁兄，談起戴兄的這個抄本，他也認為這個抄本表明了魯迅對於中國知識份子有著怎樣大的鼓舞力量，表示博物館願意徵集，作為文物收藏。我徵得了戴兄的同意，並應他之命寫了這一點介紹。

君子和而不同——紀念李慎之先生

前年，有一天，遇見向繼東兄。他告訴我收到李慎之先生的信，信中批評了我的那一本《一九五七年的夏季》。後來他也沒有拿這封信給我看，我也沒有問他要看。前幾天在《湘聲報》(五月十六日)上看到向兄的〈我與李慎之的交往〉，其中就摘引了李先生二〇〇一年二月一日給他的信，說到我的那一段是這樣的：

朱正同志見過三四面，他研究魯迅極有成績。不過你稱讚的《一九五七年的夏季：由百家爭鳴到兩家爭鳴》，我卻不敢贊同。為表示我的反對起見，特寫〈毛主席是什麼時候決定引蛇出洞的？〉一文，以示異議，呈上供參閱。朱正同志以為毛主席鼓勵鳴放，本出好心。我則期期以為不可，其書名「由百家爭鳴到兩家爭鳴」亦全非事實。蓋根本沒有「百家爭鳴」，亦更無「兩家爭鳴」也。嗚呼，世無信史，將何以導天下正氣乎！

看到這一段，我想起許多往事。大約是一九九四年吧，總之是我那本《一九五七年的夏季》寫完了卻還沒有找到出版社的時候，我參加了三聯書店的一次活動，在靠近東四的一家西餐館裡，店名忘記了。那天很湊巧，我坐在李先生的右側，他左側是翻譯家董樂山先生。幾個人恰好都是一九五七年的右派分子。我說我寫了一本講這事的書稿，簡單地說了一下書稿的情況。李先生說：「你寫講反右派的書，怎麼不來找我呢？《毛選》裡說的幾個司局級知識份子幹部講『大民主』『小民主』就是講我呀！」這事我原來確實不知道，那天聽他說了才知道的，我的書在一九九八年付印之際，即根據他發表在《百年潮》雜誌上的〈關於「大民主」「小民主」一段公案〉補寫了一段。那天也談到了毛什麼時候決定引蛇出洞的問題。他認為，不是夏季，在一九五七年一月，甚至更早，一九五六年匈牙利事件之後不久，毛就決定進行這一場反右派鬥爭了，而鳴放整風的目的，就是為了引蛇出洞。他看我沒有接受這個論點，說，你去仔細看看毛在省市自治區黨委書記會議上的講話吧，看看他在八屆二中全會上的講話吧，就可以看出那時毛已經在考慮反右派鬥爭了。

我回來又把這些文章細看了一遍，確實，這裡已經出現了後來反右派鬥爭中一些辯論的題目，一些政策和策略。例如，他講了有些民主人士和大學教授的怪議論，涉及共產黨能不能領導科學，社會主義制度有沒有優越性，成績是不是基本的，對肅反運動的估計，對統購統銷的估計，對合作化的估計等等。這裡，毛還談到同民主黨派、民主人士唱對臺戲的問題，以為他們講的話越錯越好，犯的錯誤越大越好。這裡的一些提法後來都出現在反右派鬥爭之中。這些確實表明毛這時已經在思考反右派這事了。可是我並不認為這時他已經在具體部署那一場反右派鬥爭。就是在這次省市自治區黨委書記會議上的講話中，在談到民主人和知識份子的時候，毛說，我們要把他們的政治資本剝奪乾淨，沒有剝奪乾淨的還要剝。剝的方法，一個是出錢買，這是指付給工商業者的定息；一個是安排，給他們事做，這是指給知識份子的代表人物安排人大代表、政協委員這一類榮譽職務或政府機關的副職。可見這時他還沒有想出後來實際上採用的更加爽快更加乾脆的第三個辦法，就是給戴上右派分子的帽子。

說到這裡，就不得不面對一個問題了：一九五七年初毛鼓勵鳴放，發動整風，只是他引蛇出洞的一個步驟，還是確有一點反對官僚主義、宗派主義和主觀主義的真誠願望，即所謂「本出好心」呢？李先生持前一種看法，我則傾向於後一種看法。

匈牙利事件給了毛澤東極大的刺激，他不能聽任在中國也鬧出這樣的事件，所以在主要議程是討論波匈事件的八屆二中全會上，他就談到了要足夠估計成績等等問題。在這次全會上他提出開展整風運動，作為預防匈牙利事件的措施。

這時，毛對於局勢還是頗有信心的。他知道，他並沒有犯拉科西那樣的大錯誤，不過存在一點他說的要反對的「三個主義」罷了，並沒有大問題。整風指示中提出了和風細雨的原則，反映了他對存在問題大小的估計。問題不大嘛，不必大動干戈嘛，來一點毛毛雨下個不停就夠了嘛。從二月他在最高國務會議上講如何處理人民內部矛盾的那個態度看，從三月他在宣傳工作會議大會小會上講話的那個態度看，不能不說他是確有消除弊端(即「三個主義」)誠意的。在我看來，不但不能把這些講話看作引蛇出洞、誘敵深入的一個步驟，就是他寫的七一社論中說的「這是陽謀，因為事先告訴了敵人：牛鬼蛇神只有讓它們出籠，才好殲滅它們，毒草只有讓它出土，才便於鋤掉」，也是在事後作出的說明，二三月間未必已經這樣想了。

我說毛澤東確有通過整風鳴放消除弊端的意圖，有一個很有說服力的證據。五月十六日毛起草的中共中央〈關於對待當前黨外人士批評的指示〉，已經提出「使右翼分子在人民面前暴露其反動面目」，已經決定開展反右派鬥爭了，可是在這個文件中他還寫了這樣一段：

> 從揭露出來的事實看來，不正確地甚至完全不信任和不尊重黨外人士，以致造成深溝高牆，不講真話，沒有友情，隔閡得很。黨員評級、評薪、提拔和待遇等事均有特權，黨員高一等，黨外低一等。黨員盛氣淩人，非黨員做小媳婦。學校我

黨幹部教員助教講師教授資歷低，學問少，不向資歷高學問多的教員教授誠懇學習，反而向他們擺架子，以上情況，雖非全部，但甚普遍。這種錯誤方向，必須完全扳過來，而且越快越好。

這個文件表明，整風鳴放中人們提出的一些意見，像黨與非黨之間的牆和溝，一些黨員的特權思想，外行領導內行等等，這時毛是承認的，提出「必須完全扳過來，而且越快越好」，可見這時他一方面在部署反右派鬥爭，同時他還是希望消除這些弊端。

如果提意見的只提到這個分寸上為止，毛是可以接受的，來一陣子和風細雨也就可以解決了。或者如有人分析的，如果只限於批評國務院以及各部委的工作，話說得尖銳點也無妨，甚至還會受到鼓勵。糟糕的是兩方面都估計錯了。毛對「三個主義」造成的後果有多嚴重、人們積累的不滿有多大，估計不足。而提意見的一方呢，也不知忌諱，像儲安平，就聲明要對老和尚提點意見，於是才有了那樣一場反右派鬥爭。

赫魯雪夫的《最後的遺言》中有這樣幾句話：

我認為，「百花齊放」這個口號是個激將法。毛假裝把民主和自由發表意見的閘門開得大大的。他想唆使人們把自己內心深處的想法用口頭或書面的形式發表出來，以便他能夠把那些他認為具有有害思想的人搞掉。

我以為他這樣來看毛發動整風鳴放的動機，是把一個頗為複雜的過程看得過於簡單了，忽略了毛確實也有想作若干改變的一面，但是後來的反右派鬥爭，給了赫魯雪夫這樣說的口實。我對於這個問題，就是這樣認識的。讀過李先生的〈毛主席是什麼時候決定引蛇出洞的？〉大文之後，依然這樣看。當然，我也能夠理解，李先生的這種看法，是基於他對毛的基本評價。就這一點來說，他當然是對的，我也完全贊同他的這個評價。一個講誠信的政治家，剛剛信誓旦旦地宣佈「言者無罪」，怎麼能夠一下子就改口說「『言者無罪』對他們不適用」呢？根據他自己說過的「社會實踐及其效果是檢驗主觀願望或動機的標準」，人們豈不是有足夠多的理由來懷疑他原先的動機究竟有多少善意嗎？不過我以為這同他有時也想作一點改善形象的努力並不是不相容的。

一九九八年末，與秦穎合編《思想者文庫》，商量約稿對象，兩人不約而同第一個就想到了李先生。我們一同到永安南里他府上去看望他，向他要稿子。他說他的文章已經給三聯書店定了，不能給我們了。我們有點失望，也無可奈何吧。

說不準確是去年還是前年了，又是三聯書店的一次活動，地點在東方廣場熱帶雨林。我又湊巧挨著李先生坐了，同在這一桌還有邵燕祥、藍英年、丁聰幾位。李先生對我說：寫反右派鬥爭的書，最好的不是你那一本，最好的是華民的那一本《中國大逆轉》。我說，我看過。我也佩服它材料的豐富。我想李先生賞識它，大約就是它認為毛早就有了反右派鬥爭的預謀吧。

那天是大家隨意的漫談，不知道怎麼又談到了胡繩，李先生說，他的書都送給我了，我沒有看，似乎是不太重視的意思。我就談到我那篇正好在《隨筆》上刊登的〈公式的缺陷〉，對胡繩在史料的處理上表示了有一點不敬（就是說的「有一點不敬」）。李先生說，有一點不敬也可以嘛。

李先生問我的年齡，我說，整七十了。他說，以十年為期，去寫一本歷史課本吧，以後會有這需要的。我沒有答話。課本不好寫。至於寫點文章，清理一下歷史的脈絡，倒是我想做，或者說已經在做的事情。

去年冬天，藍英年兄邀我同去看望李先生。他和嘯華夫婦倆，加上我，三個人都沒有去過李先生華威西里的新居，到了附近找不到了，是嘯華打手機問了幾回才找到的。那天他談得很高興，還把他新作《談談中華人民共和國的外交》、《全球化和全球價值》的打印件分送給我們。我回去又複印了幾份送給愛讀他文章的朋友，我沒有想到，這是我見他的最後一面。

四月十七日，我同資中筠先生通電話，她說：「告訴你一個極壞的消息：李慎之先生住院了，已經發了病危通知。」我即打電話去問跟李先生住得很近的燕祥兄，得到了證實。燕祥說，他去看過了，正在搶救，或許還有一線希望。一些朋友們都是這樣希望著。過了幾天，還是傳來了噩耗。我想，這在學術界、思想界的損失之大，真是無可比喻，人們常以「膽識」做標準來衡人。分開來看，不管是論膽還是論識，李先生早就受到了識與不識的人們的欽敬，如果要說膽識兼備，那就沒有誰超過他了。

我又想起他在熱帶雨林說的寫歷史課本的話。他分明知道我對一些歷史事件的看法，跟他雖有大同仍有小異，他還是希望我做這件事，這也就是古人說的「君子和而不同」吧。

原載《隨筆》二〇〇三年第五期

舒蕪和我的《兩家爭鳴》

一九九八年五月，我在河南人民出版社出版了《一九五七年的夏季——從百家爭鳴到兩家爭鳴》一書。這書名夠長的。我原來想的，要簡單得多，就叫做《兩家爭鳴》，或者再加個副題：「反右派鬥爭始末」。

我怎麼會想到動手來做這個題目呢？那是一九九二年年底或者一九九三年年初的一天，我去看望邵燕祥兄，他把他剛寫好的《一九五七：中國的夢魘》一稿拿給我看。這當然是一篇深入探討反右派鬥爭的極有分量的文章，只是才一兩萬字的篇幅，只夠提出一些論點，如果要徵引一些必不可少的史料，就得寫成一本書了。燕祥很贊同我這寫一本書的想法，並且給了我重要的幫助。像姚文元的那一本文學論文集，就是他借給我的。沒有這書，要寫文藝界反右那一章就難了。

這時，我就一面考慮寫法，一面收集材料。其間我寫了一封信給了舒蕪兄，說了我的這個計畫，並且告訴他：我準備在書中引用他的雜文〈說「難免」〉以及回憶文〈歷史需要我們作證〉。一九九三年九月二十二日他給我回信說：

> ……這當然同五七年之事大有關係。所以我非常擁護您的《兩家爭鳴》的寫作，當今之世，勝此任者，能過於吾兄者，恐怕很少。頃有常來談的一位女博士艾曉明，也在撰寫紀述這段歷史的書，她很有理解，也看了不少材料，我相信她能寫出像樣的東西，但是她究竟年齡差了一代，沒有親身直接體驗，這一缺點是難以彌補的。尊作將涉及拙文〈說「難免」〉〈歷史需要我們作證〉，甚是榮幸，當然完全同意。

艾曉明教授當時在中國青年政治學院任教，和亡友陳瓊芝同事，我因此也就認識了她。她將她寫的一部分手稿給我看過，記得她主要是寫文藝界的反右派鬥爭，和我要寫整個事件的範圍廣窄並不相同。我跟她說：我們兩人寫的互不撞車，各人都可以按照各自原定的計畫寫下去。在印象中，她確是寫得不錯。不久之後，她調到廣州中山大學任教。數年前我去了一趟廣州，還同她見了一面，只是匆忙間沒有問起她這部書稿的事了。

到一九九三年年底，我這書的初稿算是寫出來了，大約四十萬字。它一年寫成，寫作應該說是比較順利的。寫成之後，想聯繫一個出版的地方可就極不順利了。先先後後找過十來家出版社，都沒有成功。我就想起了一個化整為零的辦法，把一些可以獨立的章節先拿到刊物上去發表。廈門大學的謝泳教授那時在山西省作家協會的《黃河》雙月刊擔任副主編，我就把書中關於文藝界的反右那一章寄給了他。這一章就以〈五十年代的中國文藝界〉為題在《黃河》一九九五年第五期刊出，我就寄了一本刊物給舒蕪兄。

一九九五年十月十六日他給我的回信說：

《黃河》前已收到。大文極佳，當即介紹給許覺民兄看。有些事當時知道，有些事當時不知道，系統重溫，感慨甚多。如艾青、企霞談論別人誰是右派，不虞自己先成右派；田漢、信芳批祖光，不知幾年後自己所遇更酷；遠在延安，王子野即是丁玲的批判者：這些事都令人深思，真得有上帝那樣俯瞰的角度，才能夠把幾十年來中國知識分子的大悲劇的全景，看得周全。即此一章，已見全書之有功於世道矣。何日出版，企予望之。

藍翎《龍捲風》也是好書，想已見到。

一九九八年二月二十日舒蕪兄又來一信，提醒我注意一項他剛剛見到的新材料。他信中說：

> 昨讀《百年潮》今年第一期，有邱路〈史達林特使密訪西柏坡——來自俄國檔案的秘密〉一文，其中說一九四七年毛澤東即已有「打倒蔣介石之後便要反右」的理論，請示史達林，而史達林則一九四八年覆電認為此論過左，應讓中間黨派長期存在，應與之長期合作，等等。我覺得這個材料很重要，與吾兄研究反右運動有極大關係，特此奉告。長沙買得到《百年潮》雜誌否？如不易找到，又需要這材料，請即覆示，我可以複印奉上。

即使就憑信中這簡單的幾句，就可以感到這材料對我這本書的極端的重要性了。於是立刻把它找來。正好這時這本書得到了一個出版的機會，我正在對書稿作最後的整理和定稿，還來得及把這個材料補上去。現在河南版第八十七—八十八頁的這兩段，就是根據舒蕪兄提示的線索補上去的。

邱路是楊奎松的筆名。他的《毛澤東與莫斯科的恩恩怨怨》（江西人民出版社一九九九年版）的第九章「米高揚密訪西柏坡」內容就是《百年潮》上的那一篇（字句稍有改動）。

二〇〇四年我將這部書加以修訂增補改名為《反右派鬥爭始末》分上下冊在香港明報出版社出版的時候，這一處地方我就不再轉引邱路的這篇文章了，而改為直接引用

《中共黨史研究》二〇〇一年第二期所載的《毛澤東同史達林往來書信中的兩份電報》了。這份材料是我請華東師範大學韓鋼教授（當時他在中央黨史研究室工作）給我找來的。他對我這本書的出版費心費力不少，這裡就不多說了。

一九九八年五月，這書在拖了四五年之後終於出版了。收到樣書，即分寄友人。六月三日，舒蕪兄就來信了：

大著收到，真值得祝賀。

昨天，半下午加半晚，大致翻一過，真佩服工夫之細，條理之清，思想家與學者之統一，史筆與文心之融會，我以為真乃信今傳後之作。儘管您說是「閹割本」，儘管只印了三千冊（朱注：他少看了一個〇，是三萬冊），今日而能印出來，就很好了。印的是五月份出版，實際上我六月一開始就拜讀，這也算是快了。

一向以為，聖衷雖早就反右，但五七年具體的廟算，起初並非陽謀，而是事情正在變化，一下子改變了原來的反三風計畫，後才說是早就陽謀。大著以確鑿史料證明鄙見，受教極感。

關於定案處理，似頗有可補。如六等定案的具體條文，似可引用出來，加以分析。又，人文社（朱注：即當時舒蕪兄所在的人民文學出版社）當時右派中，真送勞教者，記只一人。古典部右派，絕大多數留用。去北大荒者，非作為強制性處分，而是召集右派，大報告號召，「自願自動」報名，批准你去還是應你的請求。事實上當然個個都「自願自動」報了名，心中也明知報了名也未必一定去，不報名也有別的辦法要你去。而留在機關之中，又有真正仍做編輯工作者，有把你派到南口綠化大隊長住者，情況不一。頭面人物之中，如章伯鈞，仍有小汽車，不過不是紅旗牌，換了較次的。凡此種種，皆有微妙運用，也有偶然性，似大可搜集起來，在末尾再加一章也。尊意以為何如？

這封信的重要之處，在指出了書中的不足之處：「似頗有可補」。像六個等級的處理辦法的具體條文，書中當然是不能缺少的。我作為過來人，曾經在本單位宣布處分決定的大會上親聆了這六條。可是要寫進書中，不能只憑記憶中不太清晰的印象，要有文字根據。一時沒有找到，就只好任它空在那裡了。舒蕪兄指出這個缺點，是十分中肯的。後來我在《周恩來年譜》中找到了一九五八年一月二十九日國務院第六十九次會議通過的中共中央和國務院〈關於在國家薪給人員和高等學校學生中的右派分子處理原則的規定〉這一文件的摘要，我就據以補進香港版的《反右派鬥爭始末》中了。

這封來信一個星期之後，六月十日，舒蕪兄又來一信，接著再提意見：

連日晝夜不息，拜讀尊著。覺西人所謂「憤怒出詩人」，有「僅能出詩人而已」之意，其言猶淺。太史公發憤著書，而成「史家之絕唱，無韻之離騷」。史與騷相融，才學識三至，蓋於尊著，又得一證。憶右派摘帽之後，多刊布詩文，以當「亮相」。而煌煌天語，立斥之曰：「此輩皆發憤著書也。」睿見可佩，亦梁任公所謂「購我頭顱十萬金，真能忌我亦知音」，可謂此輩知音也。前以「發憤的書」評王西彥兄《煉獄與聖火》，今欲再贈尊著。其言必有據，論必有宗，組繡之精，針線之密，不虛美，不溢惡，不寬貸小人，亦不曲護君子，片言居要，寓情於理，美不勝收。「節目主持人」之史，竊謂當開史學新派也，甚善甚善，極佩極佩。

這裡說到「節目主持人」，是因為我在後記裡寫了這樣一段：

寫作此書，我與其說像個著作家，不如說更像一個節目主持人。我把當年這些人物，不論被認為左派還是右派的，都一個一個請來，讓他們走到前臺，各自說各自的話。希望這樣能夠在一定程度上再現當年的場景。

對我這段文字，舒蕪兄表示了贊同的意思。他這封信更重要的內容，是指出了我書中的幾處不足：

讀竟亦有補義數則，皆枝節之事，無關大體，臚陳於下……

頁五一一「即使留在原單位的，一般也不能當作知識分子使用了，只能幹點粗重活。」人民文學出版社留用者：馮雪峰、舒蕪、張友鸞、顧學頡、王利器、金滿城，皆仍作編輯工作。北大右派助教如傅璿琮、沈玉成等，調中華書局，皆作編輯。程千帆留武大，管理圖書。啟功、黃藥眠、鍾敬文留師大，似皆管理圖書。而降為體力勞動者，耳目所及，似尚無有。或者省縣以下多有乎？

我書中所寫，是根據我的「耳目所及」，也就是他信中估計到了的「省縣以下多有」的情況。他耳目所及是京華首善之區，中外觀瞻所繫，裝點關山，景象當然要好看一點。我沒有看到這些有失片面，有了他這補義，就全面了。

頁五一九關於「摘帽」的待遇。機關留用者，恢復「同志」之稱，不必再寫每週的「思想彙報」，當時於此，印象較深。可以用原來常用之名發表文字，此是最大的權利，許多人紛紛藉此「亮相」。不久，傅天語斥為「發憤著書」，聞者悚然。至「文革」而算總帳，凡「摘右」曾發表文字者，無不在大字報、小報上被批為「反攻倒算」；惟姚雪垠《李自成》不被批，為唯一例外。我只用「方管」之名發表過幾篇，無人注意，當時陳翔鶴曾暗示我不用「舒蕪」之名為佳，甚可感也。然在「文革」中，仍被斥為「在周揚黑線包庇下摘帽」，則逃不過關。

頁五二一廣州會議之後，據聞有的地方動作快，確有實行甄別，宣布平反者，未知其詳。舍妹在鄭州，劃右後，自動辭公職，隸街道，而與街道上關係甚好。一九六二年得街道通知：可以立即摘帽，亦可稍待甄別平反，任由自擇。她當然選了立即摘帽，而甄別平反旋即急剎車矣。但「文革」中，她在廣州，仍以「摘右」身分列入「十種人」，趕下鄉去，不許在城市居住。終於，夫婦同偷渡香港，是游泳過去，真正是偷「渡」，後來定居美國，國內的改正通知，寄到美國去的。

頁五三〇關於「全摘」與「百分之九十九改正」，許多人不知其區別，以為「摘」等於「改」，混為一事。包括《交鋒》這樣的書中，也未區分清楚，似可強調說明一下。

這幾條「補義」都有關反右派鬥爭的史料。我在書中沒有寫到，就摘抄在這裡請那本書的讀者參閱。他這信中最後還有這樣幾句：「屢言『長期共存，互相監督』即是『廢物利用』，此言當然是天語，但出自何處，似未點明，或者我看漏了。」這話是毛澤東一九五七年三月南巡時在濟南幹部會議上說的。我的書稿中本來是寫明了的，中央黨史研究室的審稿意見中提出：毛的講話凡未經正式發表的都不能引用，出版時就將這些刪去了。舒蕪兄看得仔細，就把這問題提了出來。二〇〇四年出版的香港版，恢復了刪去的段落，這問題也就不存在了。

一九九八年九月二十一日舒蕪兄來信，將程千帆先生給他的一封信（一九九八年六月二十二日）複印了一份寄我。程信中有這樣一句：「朱正可稱漢學家，其書深得戴段錢王之妙，兄意云何？」也是評論我這本《兩家爭鳴》的。舒蕪信中說，這個評語「盡合我心」。後來他即以〈戴段錢王之妙〉為題寫了一篇文章，肯定我的研究之作。這篇文章現在收入《舒蕪集》第八卷（第二一八頁），這裡就不多說了。

一九九九年十一月二十一日舒蕪兄來信：

頃讀楊奎松《毛澤東與莫斯科的恩恩怨怨》，極有學術價值，不知曾寓目否？書中關於一九四七年十一月三十日，毛致斯電說勝利後一切民主黨派都要退出舞臺一事，以為俄譯如此，未必準確，而中文原本未見，難以核對。但是書中另引毛氏另一文件，寫於此前一個月（一九四七，十，二十七），明言勝利後對資產階級要打擊而非打倒，「還將有他們的代表參加政府，以便使群眾從經驗中認識他們特別是右翼的反動性，而一步一步地拋棄他們。」我以為，這更可以說明反右是建國前的既定戰略步驟，吾兄以為何如？」

這當然是他對我這部書的一個極重要也極中肯的意見，已經增補在二〇〇四年的香港版中了，不過不是據楊書轉引，而是直接引自《中共中央文件選集》第十六冊第五七三—五七四頁和《毛澤東文集》第四卷第三一二頁。我寫東西，凡有可能直接引用的，就儘量避免轉引。

舒蕪兄去世之後，方竹要編印紀念集，囑我作文。我回想起幾乎三十年間的交往，有許多事情說來話長，想來想去，就寫了這一篇。在我寫的書中，自己最看重的就是這一本《兩家爭鳴》了。這書在寫作過程中，在出書之後，都不斷得到他的關心和指點，信中寫了不少誇獎的話，那只是出於友情的鼓勵。在評委會上，是要「除掉一個最高分」，不予計算的。

（原載《隨筆》二〇一〇年第五期）

論說

在一九五七年之前

一

在中華人民共和國的歷史上，一九五七年是十分關鍵的一年。深入研究了這一年所發生的事件，也就理解了人民共和國在這以前和以後的全部歷史。

談歷史，只要一提到一九五七年，人們就會想到反右派鬥爭。現在要問：為什麼會發生這一場鬥爭呢？一種最善意的解釋是：毛澤東的本意，是要通過執行「百花齊放、百家爭鳴」的方針，通過整風運動，克服他所說的主觀主義、宗派主義和官僚主義，化解人民內部矛盾，改善執政黨的形象。是整風鳴放中出現的尖銳意見刺激了毛澤東，使他改變決策，將整風運動轉變為反右派鬥爭，多少帶有一點偶然的性質。如果這種說法是有根據的，也只能說是「近因」罷了。要說到「遠因」，那麼，我認為，發生於一九五七年的反右派鬥爭並不是偶然的，這是中國共產黨和知識分子的矛盾積累到極點時候的一次猛烈的爆發；是中國共產黨和一同致力於推翻國民黨統治的其他政治力量，即以中國民主同盟為主要代表的民主黨派的矛盾積累到極點時候的一次猛烈的爆發。因此，要明白這事件是怎樣發生的，我們就得回顧一下，在這以前，中國共產黨同知識分子間、同民主黨派間，是怎樣的狀態。

長期以來，中國共產黨的知識分子政策，是「爭取、團結、教育、改造」。不言而喻，這是把知識分子看成一個有待爭取、有待團結、有待教育、有待改造的異己的力量。說客氣一點，也只是一個有必要加以利用的異己的力量罷了。八個字當中，核心和重點是落在最末的「改造」二字之上。這「改造」是怎樣具體執行的呢？一九五一年十一月三十日，毛澤東簽發了《中共中央關於在學校中進行思想改造和組織清理的指示》，開始了在全國所有大中小學以至文藝界和整個知識界的思想改造運動，歷時近一年。對於這一場運動，中共中央黨史研究室編的《中共黨史大事年表》作了這樣的估計：

經過思想改造，知識分子在相當大的程度上克服了帝國主義、封建主義和官僚資本主義的政治思想影響，提高了愛國主義思想覺悟，同時也在一定程度上批判了資產階級思想，開始樹立了為人民服務的思想。但運動中存在著要求過急過高，方法簡單的偏向，使一部分知識分子的感情受到傷害。

《中共黨史大事年表》，人民出版社，一九八七年版，第二四五頁

這裡，在肯定成績的同時，也說到存在著偏向，態度可說客觀。只是這種高度概括的語句，對於它所說的「感情傷害」，並不能給人以較深的印象。身歷其境的過來人就說得具體一些。北京師範大學教授、教育學家董渭川說：

由於急切要求這些從舊社會來的高級知識分子拋棄他們的舊的立場、觀點，早日成為無產階級的知識分子，在解放初期的「思想改造運動」中要他們「排隊洗澡」，聽說那時教育部領導人的指示是，儘量用熱水燙這些人，只要燙不死就成。於是讓這些人在大會、小會上一次又一次地作檢討，一面用廣播、大字報揭露他們的「劣跡」，一面發動許多青年黨團員（助教、學生）給這些人「搓背」。在檢討會上通不過，再跟到老教師的家裡去，觀察他們的言行，只要有一言半語不合，第二天在檢討會中再加上新的罪名，甚至以莫須有的事實逼著承認。有些人幸而「過關」了，有些人一直留在「關外」。運動過後，領導者認為在高等學校裡把無產

階級的紅旗掛起來了，而這些老教師認為蒙受了終生不忘的奇恥大辱。

董渭川：《談高等學校中的黨群關係》。據《六月雪》，經濟日報出版社，一九九八年版，第四六六頁

這也還是事後的概述，更具體的，可以去看看過來人的日記。史學家顧頡剛一九五二年的日記中有如下一些記載：

聖約翰中〔學〕有一教師蔡姓，今年五十八歲，為了思想改造太緊張，中風死了。（七月七日）思想改造，一定要寫文章說過去是如何如何的不好，此於我真是一難題，以向日予自覺是一不做壞事的人也。（七月十三日）作「六十年來我的生活的總檢討」二千六百言。（七月十五日）繼寫檢討二千言。（七月十六日）立三反、思想改造兩簿，想到即寫。（七月十七日）

予在三反中是一個不重要的角色，本想不出什麼來，自聽了兩天的報告與提意見，居然想出十一條，然皆雞毛蒜皮也。蓋貪污浪費，在舊社會中本亦視為

惡德，故予兢兢不敢犯，茲所提者皆平常不視為貪污者也。（七月十九日）作三反總結，討論收穫及缺點，並各報告貪污總數。……予所開貪污單，解放前一千二百餘萬，解放後四十八萬。予戲語劍華云：「可套《金剛經》語曰：所謂貪污，即非貪污。」劍華大笑。（七月二十四日）各人所認貪污數字，先說不退，今又說要退，共產黨之言不可信如此。（八月二日）

到第五教室，聽王克強檢討，聲淚俱下。（七月二十一日）

李琦同志因本組同人認識不夠，批評不真切，幫別人提意見亦不足，破口大罵，真有「到此方知獄吏尊」之感。（七月三十日）學委會派來幹部，每盛氣凌人，一副晚爺面目，自居於征服者而迫人為被征服者。此與思想改造有何好處，至多完成任務而已。安得毛主席化身千萬億，解除此偏差乎？（八月八日）聽李光信交代思想，未及半，即為李琦喝住。……光信為人，拘謹之甚。生平惟做教員，亦無為害人民之事實。思想交代，在彼實無可交代者。然而不能不交代，則惟有硬帶帽子，把惟利是圖，投機取巧，損人利己等往頭上套。李琦知其非也，不俟其說畢，即令停止改寫。此實難事，蓋彼如不套，便不得作交代矣。三反之時，不貪污不如貪污。思想改造時，則不反動不如反動，以貪污反動者有言可講，有事可舉，而不貪污不反動者人且以為不真誠也。好人難做，不意新民主主義時代亦然，可歎矣！光信已兩夜不眠，逼之過甚將成精神病，更可憐！（八月九日）王善業第三次交代，畢，開互助小組討論，逼得他大哭。……以光信之簡單，且多悔過之言，而提意見者仍極多。渠已四五日不能睡不能食矣。（八月十二日）

（顧頡剛：《日記中的思想改造運動》，載《萬象》創刊號，一九九八年十一月，第四十二—七十頁）

顧頡剛感覺到的，知識分子在思想改造運動中，就好像被征服者遇到了征服者，獄囚遇到了獄吏一樣。

另一位史學家鄧之誠一九五二年的日記中也有有關思想改造運動的記載。這時他在司徒雷登當過校長的燕京大學任教，這裡更是運動的重點。

晚，四系師生在舊穆樓百零三號教室開會，翦、聶二公自行檢討。（二月五日）

翦伯贊、聶崇岐都是史學家。翦還是公認的馬克思主義史學家，進步人士。所以鄧之誠日記中說：「檢討及翦公，則所未料也。」（二月三日）

鍾翰來言，昨聶檢討，黨部認為不滿，令其再行檢討，從政治背景追求。（二月七日）一時開會，眾共批評聶，至三時半始畢，可謂嚴重。（二月八日）下午四系討論會，闇簡弼暴露沈、聶辱罵領袖，群情奮激。由學校常務委員會開會，將沈、聶二人先行隔離看管。（二月十五日）學校宣布沈、聶停職隔離反省。（二月十六日）童駿狂悖一至於此，蓋天奪其魄矣，不勝憤悒。（二月十六日）

昨日會場中，新聞系一年級學生高某，因其父高青山昔年被校中辭退，遂高呼：陸志韋跪下。（三月八日）

（鄧之誠：《思想改造時期的燕京大學》，載《萬象》第一卷第三期，一九九九年三月，第九十一一〇三頁）

陸志韋是一位語言學家、心理學家，擔任過燕京大學校長。北平淪陷期間，因為支持學生愛國活動，曾經被日本軍方逮捕。這時，由於他同司徒雷登有甚深的關係，就成了思想改造運動的重點對象。在鬥爭他的會上，也有人趁機洩點私憤。

這些都是當時的記錄，雖極簡略，也可見一斑，楊絳的小說《洗澡》就是寫這個思想改造運動的，對運動作了生動而又深刻的反映。總之，這個運動是以徹底摧毀知識分子的自尊心和正義感為目標，使之產生一種原罪感和負罪感。他的出身，教養，經歷，社會關係，世界觀……，無一不是有罪的。

對於知識分子來說，這不過是才開始。那些震動不大的審幹、學習、思想批判，不去說它了。一九五五年緊接著肅清胡風反革命集團的鬥爭而開展的肅反運動，也是以知識分子為對象的。關於這一場運動，我不必說什麼，只要看看胡喬木為《人民日報》（一九五七年七月十八日）撰寫的社論〈在肅反問題上駁斥右派〉就夠了。社論說，在肅反運動中，「不少單位錯鬥了一些好人。這些單位曾經根據一些不確實的材料，沒有經過認真的調查和仔細的分析，把本來沒有政治問題的好人錯認為壞人。還有一些人平日工作上出過容易引起懷疑的差錯，肅反運動一來，這些單位的領導方面沒有冷靜地加以分析，混淆了工作上的差錯和反革命破壞，以致把這些人當作反革命分子鬥爭了。……錯鬥了一些好人，傷了他們的感情，損害了他們的名譽，使其中的一些人暫時地同黨和政府疏遠了，使社會主義建設事業的某些環節暫時地受到了一定的損失……」。

更有意思的是，胡喬木寫的這篇社論還提供了官方的數字，讓人們無可辯駁地知道了：這一場肅反運動的偏差有多大，規模有多大。社論說，在這場運動中，「有一百三十多萬人弄清楚了各種各樣的政治問題」，這就是說，給一百三十多萬鬥爭對象作了並非反革命分子的結論，坦率些說，就是鬥錯了、肅錯了。運動結束之時鬥爭對象被定案為反革命分子的，社論提供的數字是八萬一千多名。計算一下，錯案約占百分之九十四強，不錯的約占百分之六弱。也就是說，每一個能夠定案為反革命分子的鬥爭對象，平均有十六個不能定案為反革命分子的鬥爭對象作陪。要是考慮到後來平反了的，例如胡風案、潘漢年案，錯案率就更要超過百分之九十四了。如果說，在某些單位，偏差沒有這樣大，錯案率沒有這樣高，那麼，必定在另外的單位，有更大的偏差，更高的錯案率了。這是只要懂一點算術的人就容易明白的。再說，這八萬一千多所謂沒有肅錯的，也不過是在檔案中有過在舊政權任職的紀錄罷了，他們被稱為「歷史反革命分子」，以別於「現行反革命分子」。至於「現行反革命分子」，在這一場歷時一年左右、牽連一百多萬人的肅反運動中所肅出來的，據這篇社論提供的數字，「有三千八百餘名之多」！還不到立案審查人數的百分之零點三。偏差就是這樣大。再看規模。那時全國各類知識分子不過五百萬人，這個一百三四十萬肅反對象，超過了五百萬的四分之一：每四個知識分子中間就有一個肅反對象！牽涉的面就有這樣大。這一百三四十萬知識分子在肅反運動中受到的待遇，在這篇社論中所提到的，就有「例如打人罵人等等」。

這一場肅反運動給知識分子造成了怎樣的傷害，前面引過的董渭川的文章是這樣說的：

這一運動所起的副作用：一是使所有的人（不光被鬥者）俯首就範，從此再不敢有任何異議，所以在運動過後一段相當長的時期內，就連很熟的朋友見了面，也只是談談天氣，再也不敢提到國事、校事，惟恐被別人記在帳上，說不定哪一天又挨整。二是在運動中群眾被發動起來，誰不積極就是不認真肅反，狂風暴雨，深文周納，用盡一切手段逼供，等到風息雨止，冷靜下來，尤其是領導上宣布向被鬥錯了的人道歉以後，大家在良心上感到不安而難以自處了。不管怎樣，客觀事實的表現是傷害了群眾的相互團結。三是從那些年輕的黨團員看，他們受到了些什麼教育，是值得深思的。至少說，再要他們和這些舊知識分子團結在一道，就更困難了。可能有人說，這是有批評有鬥爭的團結，那就要問，團結的效果在哪裡？所看見的是，彼此間的牆更厚了！

中國共產黨執政七八年，執行知識分子政策的成果，就是造成了一道厚牆。一度安排擔任北京師範大學副校長的數學家傅種孫，在整風鳴放期間寫的〈中共失策之一〉這篇文章，對這種情況作出了他自己的總結。文章說，「對知識分子的失策，也許這是中共近幾年來最大的失策之一」：

每一個政治運動起來，雖然這運動名目不叫鬥爭，不管它叫學習也好，思想改造也好，肅反也好，每一運動起來，知識分子就會心驚膽跳。對於統治者衷心奉承而一再受白眼、挨耳光，這是史無前例的。我想不起來有哪一個興朝盛世是這樣糟蹋知識分子的。我也不曉得這些知識分子究竟造了什麼孽而致遭這麼大的禍殃。

打著用、罵著用，叫知識分子成天用眼淚洗臉，這是何苦來？難道這是一種政策嗎？把這般知識分子打服了、罵服了，就容易駕馭了嗎？這是不瞭解知識分子。其實解放以後的知識分子對於共產黨，不打不罵也是佩服的，一打罵倒是懷疑了。再這樣打罵下去，仇恨就會結深，後果不堪設想。

知識分子的氣節是從古以來所鼓勵的。共產黨在歷次運動中聲色俱厲地說：「要把舊知識分子的臭架子打掉」，對士氣毫不顧惜。我以為這是很大的隱患，無形的損失。

（據《六月雪》，經濟日報出版社，一九九八年版，第四四三—四四六頁）

中國共產黨自一九四九年取得全國政權，幾年之間，在知識分子中立威的方面，就取得了這樣的成績。在一九五七年整風運動和反右派鬥爭爆發之前，中國共產黨與知識分子之間，就是這樣一種關係。

曾經有意改善一下這種關係。一九五六年一月，中共中央召開了關於知識分子問題的會議，會上周恩來所作的主題報告中，第一次提出知識分子已經是工人階級的一部分。目前在知識分子問題上的主要傾向是宗派主義。為了最充分地動員和發揮知識分子的力量，第一，應該改善對於他們的使用和安排，使他們能夠發揮他們對於國家有益的專長。第二，應該對於所使用的知識分子有充分的瞭解，給他們以應得的信任和支持，使他們能夠積極地進行工作。當然，周恩來的這篇報告也沒有忘記提到另一種傾向，即只看到知識界的進步而不看到他們的缺點，因而不去甚至不敢去對他們進行教育和改造工作。這樣，他就把兩個方面都說到了：在改善對於知識分子的使用和安排，也就是改善知識分子處境的同時，對於知識分子的思想改造方面還是有工作要做的。

周恩來的這個報告深受知識分子的歡迎。費孝通在〈知識分子的早春天氣〉一文中說：「周總理的報告對於那些心懷寂寞的朋友們所起的鼓舞作用是難於言喻的，甚至有人用了『再度解放』來形容自己的心情。」

二

簡單些說，二十世紀五〇年代中國的民主黨派可說是自由知識分子的政治代表。

一九四九年以前，在國民黨和共產黨兩黨對峙的情況下，知識分子中那些熱衷利祿的追隨國民黨去了，進入了仕途；左傾的、激進的就到了共產黨內和共產黨的周圍。

另外一些同這兩者都保持了距離，其中那些希望自己能夠對國家的政治情況起一點作用的，曾經搞過一些諸如第三黨、國社黨之類的小政黨，以及救國會、職教社之類的政治性質的團體。舉國一致的抗日戰爭爆發之後，長期實行一黨專政以黨治國的國民黨，不得不承認共產黨的合法地位，並且容許以那些小的黨派團體為代表的政治力量有較大的活動空間。在此種形勢下，一九四一年二月成立了中國民主政團同盟，後來改名為中國民主同盟。隱然是國共兩黨之外的第三大政黨了。一九四五年毛澤東提出「聯合政府」的口號，他說的聯合政府，不但包括國民黨和共產黨，也包括民主同盟在內的。（《毛澤東選集》第三卷，第一〇六七頁）

由於對國民黨的作為越來越不滿，在國共兩黨的爭執中，民主同盟越來越站在共產黨一邊。當內戰大打起來，國民黨中斷同共產黨的和談之後，也宣布民主同盟為非法團體，強令解散。一九四八年初，民盟領導人沈鈞儒、章伯鈞等人在香港宣布重建民盟領導機關，宣言與中國共產黨攜手合作。新華社當即發表了中共中央發言人就此事發表的談話，聲稱「我們歡迎民主同盟重建其領導機關，我們歡迎國民黨革命委員會的成立，我們願意在新民主主義的革命事業中，和所有一切反帝反封建的民主團體一道，為著共同目的而攜手前進。」（見《中共中央文件選集》第十七冊，第八十七頁，中共中央黨校出版社一九九二年版）

有著推翻國民黨統治的共同目的，當然只得攜手前進，但是，就是在共同奮鬥當中，也不是沒有矛盾的。只是這時大敵當前，有矛盾也只好隱忍，以最溫和的態度求得解決。一九四八年一月十四日中共中央《關於對中間派和中產階級右翼分子政策的指示》中說：

> 對民主同盟的恢復活動，對李濟深等國民黨反蔣派，對在美的馮玉祥，對一切可以爭取的中間派，不管他們言論行動中包含多少動搖性及錯誤成分，我們應採積極爭取與合作態度，對他們的錯誤缺點，採取口頭的善意的批評態度。[1]（見《中共中央文件選集》第十七冊，第十三頁，中共中央黨校出版社一九九二年版）

為了戰勝強大的敵人國民黨，民主同盟這一類政治力量的支持是重要的。為了團結，不得不採取一種克制的忍讓的態度。有不滿，也只能積累在心裡。蘇聯解體之後，從公開的秘密檔案中可以看到一九四七年十一月三十日毛澤東致史達林的電報，其中明確提出：「在中國革命取得徹底勝利的時期，要像蘇聯和南斯拉夫那樣，所有政黨，除中共之外，都應離開政治舞臺，這樣做會大大鞏固中國革命。」（見《中共黨史研究》二

1 又見《毛澤東文集》第五卷，人民出版社一九九二年版，第十五頁。

〇〇二年第一期第八十六頁）史達林在一九四八年四月二十日的覆電表示：「我們不同意這種看法，我們認為，中國各在野政黨代表著中國居民中的中間階層，並且它們反對國民黨集團，它們還將長期存在，中共將不得不同它們合作，反對中國的反動派和帝國主義列強，同時要保留自己的領導權，也就是領導地位。可能還需要讓這些政黨的一些代表參加中國人民民主政府，而政府本身要宣布為聯合政府，從而擴大它在居民中的基礎和孤立帝國主義者及其國民黨代理人。要考慮到，中國人民解放軍取得勝利後的中國政府，按其政策，至少在勝利後的時期（這個時期多長現在很難確定）將是民族革命民主政府，而不是共產主義政府。這意味著，暫時不實行所有土地國有化，不廢除土地私有制，不沒收全部大小工商資產階級的財產和不沒收不僅大地主而且靠雇傭勞動生活的中小地主的財產。實行這些改革還要等一個時期。應該告訴您，在南斯拉夫，除共產黨之外，還有加入人民陣線的其他黨。」（見《中共黨史研究》二〇〇二年第二期第八十九頁）可見早在一九四七年的十一月，那時國民黨還有強大兵力，戰爭勝負未分的時候，毛澤東就已經想到在勝利之後拋棄民主黨派的意思了。只是因為史達林的電報，才把這事推遲。順便說一句，史達林的電報大約是幾年之後所提出的「長期共存」這一提法的最早淵源。

也難怪毛澤東有讓民主黨派退出政治舞臺的想法。章伯鈞羅隆基他們之所以要組建黨派，正是因為他們有政治抱負、政治理想、政治主張。而他們的政治主張從根本上說卻是同共產黨的主張無法調和的。葉篤義回憶說，一九四八年十月，羅隆基以民盟留滬中委的名義，「寫了一個向中共的建議書，主要內容為：①內政上實行議會制度；②外交上採取所謂協和外交方針（即對美蘇採取同樣友好方針）；③民盟有退至合法在野黨的自由；④在盟內的共產黨員應公開身分，黨員和盟員避免交叉。」（葉篤義：《雖九死其猶未悔》，北京十月文藝出版社一九九九年版，第六十七頁）這些意見，顯然是共產黨所無法接受的。比方說，議會制度，後來毛澤東就在《關於正確處理人民內部矛盾的問題》的講話中批評了那種「以為在我們的人民民主制度下自由太少了，不如西方的議會民主制度自由多」的觀點。比方說，協和外交，不久之後毛澤東就在〈論人民民主專政〉一文中針鋒相對地提出了向蘇聯「一邊倒」的外交方針。又比如「避免交叉」問題，一九五二年六月經毛澤東修改過的《關於民主黨派工作的決定》的第二條就明確規定：

在各民主黨派內應當有一部分共產黨員和非黨的革命知識分子，他們與左翼分子結合起來，形成骨幹，共同執行團結中間分子，爭取右翼分子的任務，使各民主黨派能夠成為我黨團結教育和改造上述各階級、階層的助手。（《建國以來重要文獻選編》第三冊，中央文獻出版社一九九二年版，第二五三頁）

可見這種「交叉」是必不可少的，是組成骨幹的要件之一。難怪當羅隆基向毛澤東表示希望民盟內的中共黨員公開，毛的答覆是：「你不要在盟內清黨。」（《新華半月刊》一九五七年第十七號，第一五三頁）說的聽的當然都明白這話的分量。據吳晗在民盟中央整風座談會上揭發，「羅隆基見毛主席之後就對他的朋友說：毛主席這個人很厲害狡猾，比歷代統治人物都凶。」（同上書，第一四八頁）

就這樣，民主同盟，還有其他幾個民主黨派，就成了中國共產黨領導的統一戰線的組成部分，其領導成員都安排了適當的政府職務，不能再幻想什麼合法的在野黨，也不敢再提出什麼議會政治、協和外交等等的政治主張。這時候，為了維持這統一戰線，輪到民主同盟他們採取隱忍克制的態度了。

在一九五七年整風運動和反右派鬥爭爆發之前，中國共產黨與民主黨派之間，就是這樣一種關係。

關於「陽謀」

一九五七年七月一日《人民日報》發表毛澤東撰寫的社論〈文匯報的資產階級方向應當批判〉，其中將反右派鬥爭的策略中可以公開的部分作了概括的說明，並且稱之為「陽謀」：

在一個期間內不登或少登正面意見，對錯誤意見不作反批評，是錯了嗎？本報及一切黨報，在五月八日至六月七日這個期間，執行了中共中央的指示，正是這樣做的。其目的是讓魑魅魍魎，牛鬼蛇神「大鳴大放」，讓毒草大長特長，使人民看見，大吃一驚，原來世界上還有這些東西，以便動手殲滅這些丑類。就是說，共產黨看出了資產階級與無產階級這一場階級鬥爭是不可避免的。讓資產階級及資產階級知識分子發動這一場戰爭，報紙在一個期間內，不登或少登正面意見，對資產階級反動右派的猖狂進攻不予回擊，一切整風的機關學校的黨組織，對於這種猖狂進攻在一個時期內也一概不予回擊，使群眾看得清清楚楚，什麼人的批評是善意的，什麼人的所謂批評是惡意的，從而聚集力量，等待時機成熟，實行反擊。有人說，這是陰謀。我們說，這是陽謀。因為事先告訴了敵人：牛鬼蛇神只有讓它們出籠，才好殲滅他們，毒草只有讓它們出土，才便於鋤掉。（《毛澤東選集》第五卷，第四三六—四三七頁。）

因此有人以為「陽謀」是反右派鬥爭的專用謀略，甚至有人把「陽謀」當作反右派鬥爭的同義詞來用，例如徐鑄成寫的反右回憶錄題目就是《「陽謀」親歷記》，丁抒著的關於反右派鬥爭的專著書名就叫做《陽謀》。這樣的想法是不對的。毛澤東並不是在一九五七年才第一次用「陽謀」一語。現在已經知道的，一九四九年三月十三日他〈在中共七屆二中全會上的總結〉就曾說過：

整風運動提高了同志們的嗅覺，縮小了教條主義的市場。有人說，這是陰謀，是要取而代之。其實，這不是陰謀，而是陽謀。也是要取而代之。（《毛澤東文集》第五卷，第二六四頁）

這裡的「有人說」就是「王明說」。這篇講話是經過整理才編入《毛澤東文集》的。據王明的《中共五十年》，毛澤東的原話是這樣說的：「用王明的話來講，整風運動是一種陰謀。我說，這不是陰謀，而是『陽謀』。我當時公開說過，我想取代王明的地位，並把這寫進了〈關於若干歷史問題的決議〉；將來我還要寫歷史。怎麼能說這都是陰謀呢？我認為，所有這些統統都是陽謀」。（王明《中共五十年》，東方出版社二〇〇四年三月版，第一六〇頁）

我不知道「陽謀」一語是不是有更早的出典，就從這一處看，「陽謀」在毛澤東早就是輕車熟路的手法，他可以算是「陽謀」老手了。

一九五七：中國現代知識分子的消失

一，沉重的「消失」

「中國現代知識分子的消失」，是一個沉重的命題。不論去來今海內外，摯愛中國的人，都會為之痛心疾首；關心中國的人，都會為之蹙首扼腕；只有漠視中國的人，才會對之無動於衷。

一個個體的「消失」，可以從肉體和心靈兩個方面來考察。有肉體和心靈全歸於寂滅的，比如一九五七年反右派鬥爭當中及此前歷次政治運動中自殺或失蹤的人；也有此身雖死、薪火得傳的；還有此身雖存、而心已死的，比如經過一九五七年反右派鬥爭之後，從此就唯唯諾諾噤若寒蟬的人；更有肉身倖存、心靈異化的。

一個群體的「消失」，可以從社會結構和社會功能兩個方面來考察。有可能一個群體在一個事件之後杳無蹤跡，社會結構上出現斷裂，社會功能上從此缺位；也有可能，一個群體從社會結構中缺席，其社會功能由其他群體承擔；還有可能，一個群體整個兒地異化，或者被代用品從社會結構上取代，其社會功能從此異化。

以學養或氣節自律的個體，有可能在群體「消失」之後，還能在劫後餘生，蟄伏之中，以惺惺相惜的力量留傳薪火，還能否認「消失」的命題以存希冀，但是，如果他們的數量連瀕臨滅絕物種的恢復所需要的最低個體數量都達不到，如果他們怎麼也不能成為社會的主流，如果他們得不到社會結構的其他部分的支援，如果其真正意義上的社會功能的缺位沒有成為社會亟待解決的迫切問題，「消失」的現象就會持續一段時日。

二，「消失」的主體：中國現代知識分子

「知識分子」這個概念，是近現代才傳入中國的西方符號。在中國承載這個符號的群體，在社會結構和社會功能上異於西方知識分子，在個體的養成和群體的結構上也異於西方知識分子。

在中國傳統的社會生活當中，他們被稱為讀書人、士大夫，近代又稱為文化人。在大眾思維當中，這樣的群體稱謂在社會結構的生態比重上，與手藝人、吹鼓手、掮客的稱謂相彷彿，各自在營生的同時，承擔著各自的社會功能。在皇權社會或準皇權社會

裡，離統治階層越遠的群體，其個體的存在與消失，越不會引起社會的關注。讀書人群體，離統治階層比較近，有的個體還可以憑藉公平或者不公平的機會進入統治階層，但是，作為一個群體，讀書人與統治階層還是有隔閡的，其中的個體甚至小群體，與統治階層還會格格不入。

在近現代，隨著西方文化的衝擊，讀書人的養成、讀書人的前途、讀書人的社會功能，都大異於從前。由於西方教育制度的引入和逐漸普及，識文斷字的讀書人，成了擁有各種學歷的文化人，成了術業有專攻、承擔傳播社會良知的知識分子。

「現代知識分子」這個概念，可以有兩種理解。這個概念可能基於時間的界限，把古往今來的知識分子區分為古代的、近代的、現代的，從群體功能延續的時間邏輯上講，由古代而近代而現代，不會斷續消失，除非出現了斷裂。「現代知識分子」這個概念，也可以理解為類型的分別，有傳統知識分子，也有現代知識分子。當然也有的個體，既現代又傳統，比如魯迅、胡適；也有的個體，既非現代也非傳統，兩個方向的異化交織，使之成為知識、知識分子乃至中華民族的異數，比如毛澤東。

那麼，中華人民共和國開國之後，這片大地有真正意義上的「現代知識分子」嗎？如果沒有，本文的主題就失去了主體，那麼，這種局面是如何形成的？是怎樣的代用品被賦予了「現代知識分子」的標籤？被誰賦予的標籤？售賣標籤的人出於什麼樣的動機？

如果有，有多少？他們都在哪裡？

在共產黨執政的率土之濱普天之下，每一個社會群體的內部，都可以以黨與非黨為界限，分為共產黨黨員、非共產黨黨員兩部分。知識分子群體也可以如此區分，有黨員知識分子，也有非黨員知識分子——非黨員知識分子又分為民主黨派知識分子和無黨派知識分子；又因為知識分子要承擔社會的良知，以良知的有無，還可以把上述兩種類型的知識分子，再分為四種類型：有良知的非黨知識分子、有良知的黨員知識分子、沒有良知的非黨知識分子、沒有良知的黨員知識分子。還可以把「現代」或「傳統」作為劃分的界限，把知識分子的類型分得更細。

在中國共產黨的早期，作為百家爭鳴中的一個小的政治流派，黨致力於馬克思主義的引進，推動工人運動、農民運動，這個時候，在各種社會主張下的知識分子，都處在一種自然的狀態。到一九二七年蔣介石清黨，共產黨建立自己的武裝，從批判的武器轉變為武器的批判，嚴酷的社會現實，使得共產黨內的知識分子開始轉變、開始異化，共產黨黨內的歷次清洗，把一個由知識精英創建的黨，轉變成為一個農民為主體的黨，在某種程度上講，從中國共產黨掌握武裝起，知識分子「消失」的程序就已經啟動了。

五四時期開始的白話文運動，繼之以一九五五年由繁體字改為簡體字的漢字改革，使一般群眾撿起了批判的武器——這一知識分子的專利。漢字由上下豎排改為左右橫排，符號排列方式的變化，折射了另一個變化，古來「天地君親師」的上下等級的社會思想，逐漸演變為「我和先生一般高」的平等思想，左與右各居一端鮮明對立的印象得到了進一步的強化。在社會的潛意識中，知識分子的地位在降低；當對右派的批判一浪高過一浪時，左派和右派似是而非的分野也就更順理成章地為人所接受了。這樣，知識分子「消失」的背景更加清晰了。

當然，前面的區分方法是經不起細究的。知識分子都識文斷字，都會在各自的領域——或者偶爾越界——發出學理的或者碗筷的聲音。但是，如果知識分子就是社會的良知，那沒有了良知的——無論他是在黨不在黨、是現代的還是傳統的——他都不應該算在知識分子之列了。這樣看來，從失去良知起，這個知識分子的個體就已經「消失」了。

如果整個知識分子的群體、或者其中的某些類型，雖然把社會良知藏在心底，但是他們或者喪失了維護社會良知的勇氣，或者失去了維護社會良知的機會和力量，那他們該不該被算作「消失」了呢？

三，「消失」的時間點：一九五七年

把「一九五七」作為本文標題的一部分，只是為了指稱的簡潔，而不是強調「中國現代知識分子」就「消失」在一九五七年，這一年既不是「消失」的起點，也不是「消失」的終點。「消失」的程序在三十年前就已經啟動，「消失」的高潮在十年之後更加慘烈，「消失」的餘緒三四十年之後還在波動。

強調「一九五七」，是因為在這一年裡，發生了影響深遠的反右派鬥爭。

一九五六年二月蘇共「二十大」用「反對個人崇拜」這個提法批評史達林；一九五六年四月毛澤東提出的「長期共存，互相監督」，「百花齊放，百家爭鳴」方針，一九五六年九月中共「八大」召開，對於這些，知識分子都是歡迎的。以為這些預示了政治格局將有所變化，自己可以有一番作為了。民主同盟的領袖章伯鈞對羅隆基說：「現在我們民主黨派大有可為，可以大做特做。」（《新華半月刊》一九五七年第十五號，第一六八頁）他情緒高昂，就來考慮民主同盟和他的農工民主黨（由第三黨衍變而來）的發展組織、開展工作這些事情了。

這幾個月裡，在遙遠的東歐發生的一些事情影響了中國的政治氣候。

蘇共「二十大」，批評史達林，中國一些知識分子對此感到興奮，反應卻還是頗為平靜的。在受到蘇聯影響更大、更直接的東歐，反應要強烈得多。一九五六年六月，波蘭發生波茲南事件，軍隊鎮壓示威群眾，死七十四人，傷九百多人。十月，由曾經被整肅的哥莫爾卡取代奧哈布為黨中央第一書記。匈牙利的亂子鬧得更大，黨中央第一書記拉科西被迫下臺，最後是蘇軍出動了坦克車才把遍及全國的騷亂鎮壓下去。

中國知識分子對波匈事件的熱烈反應，使毛澤東十分反感。一九五七年一月他在省市自治區黨委書記會議上說：「黨內黨外那些捧波、匈事件的人捧得好呀！開口波茲南，閉口匈牙利。這一下就露出頭來了，螞蟻出洞了，烏龜王八都出來了。他們隨著哥莫爾卡的棍子轉，哥莫爾卡說大民主，他們也說大民主。」

從這個時候開始，在毛澤東的思慮中，可以說是有了一個「匈牙利情結」。他在考慮中國也出一場「匈牙利事件」的可能性。他認為，資產階級和地主這些敵對階級，「在匈牙利事件發生的時候，他們希望把匈牙利搞亂，也希望最好把中國搞亂。」他甚至作了這樣極端的估計：「無非是出全國性的大亂子，出『匈牙利事件』，有幾百萬人起來反對我們，佔領幾百個縣，而且打到北京來。我們無非再到延安去」。

話雖是這樣說，但他心中想的，當然是力求避免出現「匈牙利事件」。採取什麼對策來避免呢？他想到的一項對策，就是開展整風運動。中共八屆二中全會就是在蘇軍坦克開進匈牙利之後幾天召開的，波匈事件是會議的中心議題。就在這次全會上，毛澤東提出：「我們準備在明年開展整風運動。整頓三風：一整主觀主義，二整宗派主義，三整官僚主義。」這時，他所設想的整風運動是什麼意思呢？在這篇講話中，他說：「你要搞資產階級大民主，我就提出整風，就是思想改造。把學生們統統發動起來批評你，每個學校設一個關卡，你要過關，通過才算了事。所以，教授還是怕無產階級大民主的。」

事情過去幾十年之後，回頭來看這一段話，就好懂了。有兩種「大民主」：匈牙利事件那樣的群眾上街，以及不久之後右派分子的大鳴大放亂鳴亂放，是資產階級的大民主；而整風運動，人人過關，發動學生來鬥爭教授，如同前幾年行之有效的思想改造運動，或者幾個月之後的反右派鬥爭，就是無產階級的大民主。想一想他說的「整風就是思想改造」這話，就不致對他發動整風運動的初衷有什麼誤解了。由此也就可以知道：通常說的「由整風運動轉變為反右派鬥爭」這話，未免有點隔膜。在毛的思慮之中，反右派鬥爭是整風運動的實質，或者說是整風運動既定的最後階段。這裡面說不上有什麼轉變，尤其不能說有一百八十度的轉變，有些人之所以會認為是由整風運動轉變為反右派鬥爭，只是因為他們所說的整風運動並不是毛心中所想的、並且明確的說了「就是思想改造」的整風運動，而是他自己所希望出現的整風運動，那是以最大的好意去解釋《整風指示》字面的含義。看到實際出現的情況同他所希望的並不相符，於是就以為是轉變了。

發動整風就是為了避免「匈牙利事件」這意思，在毛澤東寫的一份黨內指示中說得更加明白：

現在我們主動的整風，將可能的「匈牙利事件」主動引出來，使之分割在各個機關各個學校去演習，去處理，分割為許多小「匈牙利」，而且黨政基本上不潰亂，只潰亂一小部分（這部分潰亂正好，擠出膿包），利益極大。

這一段話見於一九五七年六月八日中共中央《關於組織力量準備反擊右派分子進攻的指示》（《建國以來重要文獻選編》，第十冊，第二八五—二八六頁）。這正是反右派鬥爭公開發動的日子。這個指示是被看作宣告反右派鬥爭開始的發令槍聲的。它表明整風即反右，目標就是防止「匈牙利事件」。

毛澤東是帶著他的「匈牙利情結」進入一九五七年的。在一月舉行的省市自治區黨委書記會議上，他講了他的一些具體的思考。

一年以前，周恩來在《關於知識分子問題的報告》中談到對知識分子的安排和改造兩個方面，而側重點在改善安排。這時毛澤東的說法卻不同了，他說：「在知識分子問題上，現在有一種偏向，就是重安排不重改造，安排很多，改造很少。百花齊放、百家爭鳴一來，不敢去改造知識分子了。我們敢於改造資本家，為什麼對知識分子和民主人士不敢改造呢？」

談到民主黨派，毛澤東注意到了，「他們在波蘭、匈牙利鬧風潮的時候還沒有鬧亂子」，這當然是令人欣慰的。不過，他又說，「對於他們的這個守規矩，應當有分析。因為他們沒有本錢了，工人階級、貧下中農不聽他們的，他們腳底下是空的，如果天下有變，一個原子彈把北京、上海打得稀爛，這些人不起變化呀？那就難說了。」基於這樣一種估計，重要的是，絕不可以讓他們變得「有本錢」。於是，他提出了一個對待民主黨派和知識分子的辦法：

……我們把資本家包了下來，還給他們七年的定息。……出這麼一點錢，就買了這樣一個階級。……資本家加上跟他們有聯繫的民主人士和知識分子，文化技術知識一般比較高。我們把這個階級買過來，剝奪他們的政治資本，使他們無話可講。剝的辦法，一個是出錢買，一個是安排，給他們事做。這樣，政治資本就不在他們手裡，而在我們手裡。我們要把他們的政治資本剝奪乾淨，沒有剝奪乾淨的還要剝。

所謂出錢買，是對資本家說的，就是給定息的意思。所謂安排點事做，是對民主黨派和知識分子說的，給安排點政府機關的副職和人大代表政協委員之類的頭銜，目的也是在剝奪他們的政治資本。雖說是剝奪，這兩種辦法都是很溫和的，甚至可以說是讓人感到舒服和陶醉的。魯迅說過，「中國的人們，遇見帶有會使自己不安的徵兆的人物，向來就用兩樣法：將他壓下去，或者將他捧起來。……壓不下時，則於是乎捧，以為抬之使高，饜之使足，便可以於己稍稍無害，得以安心。」（魯迅《華蓋集・這個與那個》，見《魯迅全集》第三卷，人民文學出版社二〇〇五年版，第一五〇頁）這時毛澤東還在想用捧的辦法而不是壓的辦法。並不是壓不下，半年之後的反右派鬥爭，就是改用壓的辦法來徹底剝奪民主黨派和知識分子的政治資本，在他，似乎更加得心應手。不過，至少在一九五七年一月這個時候，他還沒有說要用壓的辦法。由此看來，似乎不能認為這時他已經在準備一場後來那種具體形式的反右派鬥爭。

使矛盾一步一步走向激化的，是一九五七年上半年出現的這樣一些因素。一個是工人鬧事。五月十三日《人民日報》發表〈談職工鬧事〉的社論透露，「近一個時期，在某些企業裡，發生了一些職工群眾請願以至罷工之類的事件。」一個是大學生動了起來。五月十九日，北京大學學生貼出了第一張大字報。接著，中國人民大學、還有其他一些學校，學生紛紛成立社團，出大字報，發表演說，發表了不少尖銳的意見。一個是報紙。徐鑄成主持的《文匯報》、儲安平主持的《光明日報》，都刊出了大量批評性質的材料。

一九五七年三月，毛澤東召開了有黨外人士參加的全國宣傳工作會議。會議期間，他分別邀了到會的教育界幹部、文藝界和新聞出版界人士座談。在同文藝界代表談話的時候，周揚提出：秦兆陽用何直的名字寫了一篇〈現實主義——廣闊的道路〉，有人批評他反對社會主義現實主義，他很緊張。毛說：「社會主義現實主義這個問題，這次會議一時不能搞清楚，不能做結論，也用不著緊張，可以研究討論。」（《毛澤東文集》，第七卷，第二五七頁）在談話中，毛還說到了假如魯迅還在世會怎樣的問題。他說：「我看魯迅在世還會寫雜文，小說恐怕寫不動了，大概是文聯主席，開會的時候講一講。這三十三個題目（引者注：指中共中央宣傳部辦公室一九五七年三月六日印發的〈有關思想工作的一些問題的彙集〉，共彙集了三十三個問題），他一講或者寫出雜文來，就解決問題。他一定有話講，他一定會講的，而且是很勇敢的。」（同上書，第二五三—二五四頁）

三月十二日，毛在宣傳工作會議上作了主題講話。在講話中，他分析了我國知識分子的情況。他說：「對於我們的國家抱著敵對情緒的知識分子，是極少數。……這是一些極端反動的人。這種人在五百萬左右的人數中間，大約只占百分之一、二、三。絕大部分的知識分子，占五百萬總數的百分之九十以上的人，都是在各種不同的程度上擁護

社會主義制度的。」（《毛澤東文集》第七卷，第二六八—二六九頁）

在這篇講話中，毛提出了一個百家爭鳴實質上即兩家爭鳴的論點。他說：「我們提倡百家爭鳴，在各個學術部門可以有許多派、許多家，可是就世界觀來說，在現代，基本上只有兩家，就是無產階級一家，資產階級一家，或者是無產階級的世界觀，或者是資產階級的世界觀。」（同上書，第二七三頁）

不知道在會場上聆聽這篇講話的人中間，是不是有誰意識到了對於「百家爭鳴」的這種新的詮釋的重要性。事後回過頭來看就完全清楚了，原來他所提倡的百家爭鳴，並不是知識分子所理解和希冀的那種不同學派的自由爭論，而是意識形態領域的階級鬥爭，是無產階級的世界觀通過這種「爭鳴」來克服資產階級的世界觀，最終達到一家獨鳴的結果。

使毛澤東震怒的，是民主黨派活躍起來了。一九五七年三月，民盟開了全國工作會議，章伯鈞在會上提出：要重新估價民主黨派的性質與任務，要大大發展組織，每個民主黨派可以發展幾十萬人，幾個民主黨派合起來可以發展一二百萬人，組織發展到縣一級。不久，民盟中央又成立四個臨時研究組，分別研究高等學校黨委制、科學體制、有職有權和長期共存、互相監督這四個問題。他們這樣做，表明他們希望民盟在國家的社會政治生活中，特別是在文教、科學這些主要是知識分子活動的領域中，有較多的發言權，起較大的作用。前兩個小組還分別提出了〈我們對於高等學校領導制度的建議〉、〈對於有關我國科學體制問題的幾點意見〉等兩個文件。《光明日報》刊出了後一個文件，同時在配發的短評中對於民主黨派作為一個組織這樣來參與國是表示了贊許。這些，就是毛澤東無法容忍的「黨要擴大，政要平權」。那樣的一場反右派鬥爭就是無可避免的了。

胡喬木為《人民日報》（一九五七年七月二十三日）撰寫的社論〈用人可以不問政治嗎？〉中，從列寧的《國家與革命》中引來了一大段話，其中宣稱：「無產階級專政，即不與任何人分掌而直接憑藉群眾武裝力量的政權。」胡喬木對列寧這話作了這樣的解釋：這意思「是說不與任何人分掌政權的領導」（《胡喬木文集》第一卷，第五七二頁）。讀了這篇社論，那些已經被安排了各級領導職位的民主人士該不會再抱怨有職無權了吧。

其實，當年毛對民盟的積極性別有警覺。羅隆基在作檢討的時候說，他的這些活動，目的只在於「擴大民盟的影響，擴大民盟的組織，提高民盟的地位，能夠在國事的決策上取得較多較大的權力來解決這些問題。我的妄想亦只此而已，絕對沒有推翻黨、推翻社會主義、恢復資本主義的陰謀。」（《新華半月刊》一九五七年第十八號，第九十九頁）這並不是為了乞求寬恕而作出的一種姿態。他真是這樣想的。就大的傾向來說，幾年以來，他久已習慣於這樣的角色了，總是持一種十分合作的態度。這裡可以舉一個例。一九五六年六月，就在陸定一作〈百花齊放，百家爭鳴〉講話之後一個月，羅隆基在全國人大一屆三次會議上的發言中，這樣談到他對百家爭鳴方針的理解，他說：

> 社會主義，集體主義時代的「百家爭鳴」，如同一個偉大的管弦樂隊。樂隊中彈琴的，吹笛的，敲鑼的，打鼓的，在樂器上各有專長，在技術上各顯神通，而這些音樂家的技術專長是相輔而行，相得益彰的。……但樂隊的目的是為人民服務的，樂隊隊員每個人的目的亦必須是為人民服務的。這樣，樂隊在為聽眾演奏的時候就必須有組織、有領導、有指揮，而後演奏出來才有和聲，有節奏。這是集體主義社會主義時代「百家爭鳴」同動亂時期春秋戰國時代的「百家爭鳴」不同的地方。
>
> （《新華半月刊》一九五六年第十三號）

羅隆基苦心孤詣分辨了兩個不同時代的「百家爭鳴」，可是他以樂隊為喻來作論證，卻不能不說是比擬不倫。一個管弦樂隊，不管是五十個人還是一百個人組成的，不管是用五種樂器還是十種樂器，當他們一同登臺演奏某一樂曲的時候，只能算是一家，而不是五十家或者一百家。每個隊員只能嚴格按照樂譜演奏，不能在樂譜的規定之外顯一點神通。他的這個不倫的比喻卻可以理解為一種政治上的表態，他在共產黨領導的統一戰線中就好比在一個管弦樂隊中，他願意在這個有組織、有領導、有指揮的樂隊裡參加「爭鳴」，他把它稱為不同於春秋戰國時代的集體主義社會主義時代的「爭鳴」，何嘗有一點反領導、反指揮的意思。

當年民盟做的許多事情，本意是想來幫點忙的，結果卻被認為是反黨反社會主義的罪行。就說六月六日民盟六教授的集會，這是直接引爆反右派鬥爭的雷管，事情究竟是怎樣的呢？當時在場的葉篤義回憶說：

> 六月初，局勢繼續發展，北京一些大學有學生鬧事的跡象，聲稱要「驅逐校黨委」，而校黨委按照黨內指示聽之任之，不做一聲，一些學校秩序大亂。出於對各大學的憂慮，六月六日民盟副主席章伯鈞、史良在南河沿文化俱樂部邀集曾昭掄、吳景超、黃藥眠、費孝通、錢偉長、陶大鏞等六教授，當時參加者還有胡愈之和我，瞭解各校情況，分析形勢。由於我們當時不知道黨內「引蛇出洞」的策略，誤以為一些大學的黨委已經癱瘓，失去控制局勢的能力。因此，擬提議由民盟出面做學生工作，使各校的局勢穩定下來，並決定次日就去北大。當晚史良因

參加國務院會議，有機會見周總理。因此叫她就便與總理商定時間，通知六教授一同去見，當面請示機宜。規定史良在取得總理的同意後，立刻用電話通知我，再由我用電話通知他們六位。我一直守在電話機旁，等到半夜，最後知道這個建議遭到總理拒絕了。這就是當時有名的「六、六、六教授」事件的全部經過。

（葉篤義《雖九死其猶未悔》，第一〇〇—一〇一頁）

民盟這樣活躍，毛澤東看在眼裡，怒在心裡。一九五七年六月八日，毛寫了〈組織力量反擊右派分子的猖狂進攻〉的秘密指示，其中提出了他預防發生「匈牙利事件」的辦法：

現在我們主動的整風，將可能的「匈牙利事件」主動引出來，使之分割在各個機關各個學校去演習，去處理，分割為許多小「匈牙利」，而且黨政基本上不潰亂，……

（《毛澤東選集》第五卷第四三二—四三三頁）

六月十日，毛又寫了題為〈中共中央關於反擊右派分子鬥爭的步驟、策略問題的指示〉的秘密文件，毛估計：

各黨派中，民革、民建、九三、民進等頗好，民盟、農工最壞。章伯鈞、羅隆基拼命做顛覆活動，野心很大，黨要擴大，政要平權，積極奪取教育權，說半年或一年，天下就將大亂。

〈組織力量反擊右派分子的猖狂進攻〉的秘密指示下達才幾天，湖北省就製造了一個馬哲民（民盟湖北省委主任委員）策劃的「小匈牙利事件」。六月十二日，漢陽縣第一中學有幾百學生因升學率問題罷課，上街遊行。八月八日《人民日報》發表以〈馬哲民策動的「小匈牙利事件」〉為題的長篇通訊，將此事大加渲染。馬哲民是中國民主同盟中央常務委員、民盟湖北省委主任委員。說這次學生鬧事是馬哲民策動的，也就是民主同盟或曰章羅同盟策動的了。要把這件事情掛在民盟的帳上，有一個困難，就是漢陽縣一中並無一個民盟的人，民盟還沒有來得及去發展組織。後來找到了這樣一個線索：縣文化館的圖書管理員楊煥堯是民盟盟員，又是漢陽縣民主黨派聯合小組長，此人曾經按照中共漢陽縣委統戰部的意見，找過漢陽一中中共支部洽商發展盟員的事，談到過發展該校副校長王建國的意向。好了，這就夠了。就憑這一點，《人民日報》的這篇文章就能夠把這一次純粹自發的學生鬧事同民盟掛起鉤來了。文章說這次學生鬧事是：

在章羅聯盟駐武漢的大員馬哲民的策動下，以漢陽縣民主黨派聯合小組長、民盟盟員楊煥堯和民盟發展對象、漢陽縣一中副校長王建國為首的反革命集團，在漢陽縣機關所在地蔡甸鎮製造的一次他們自稱的「小匈牙利事件」。

（《新華半月刊》一九五七年第十七號，第一五六頁）

楊、王二人，再加上一個被認為是王在校內的親信鍾毓文，三人不久即以反革命暴亂罪槍斃了。同案判徒刑的十人，送勞動教養的三人，還有幾十人受了其他處罰。直到一九八五年，經過中共湖北省委覆查，並報經中共中央批准，才為此案徹底平反。（蔡公〈「小匈牙利事件」真相〉，載一九九九年一月十五日《南方週末》第十版）從這一事件可以看出：當年為了打擊民主同盟，什麼傷天害理的手段都使出來了。

一九五七年六月八日，《人民日報》發表社論〈這是為什麼？〉，社論聲色俱厲地質問：

在「幫助共產黨整風」的名義之下，少數的右派分子正在向共產黨和工人階級的領導權挑戰，甚至公然叫囂要共產黨「下臺」。他們企圖乘此時機把共產黨和工人階級打翻，……這一切豈不是做得太過分了嗎？物極必反，他們難道不懂得這個真理嗎？

這篇社論宣告了反右派鬥爭的開始。

四，「消失」之前的聲音

薄一波回顧整風反右，有一句話：「我們對右派的情況，並沒有一個確實可靠的估計，而基本上是跟著群眾運動走，整出多少算多少。」（薄一波《若干重大決策與事件的回顧》修訂本，人民出版社，下卷，第六四二頁）據官方公布的數字，當年劃出的右派分子是五十五萬多人。他們每一個人被劃為右派分子的具體原因，可說是千差萬別。並不一定真要本人有什麼過失，有的僅僅是因為民盟盟員的身分，有的是因為私怨，有的甚至只是因為要湊足數目，等等等等。因為這些就可以把一個人「打成」階級敵人，也就足以表明這種政治體制可怕到什麼程度了。不過也有一些被劃為右派分子的人並沒有這樣大的冤枉，他們或者在整風鳴放的座談會上，或者在大報小報乃至壁報黑板報上發表了觸犯六條政治標準的言論。

這裡，我們就來看看當年右派分子提出了些怎樣的主張，這些主張又受到怎樣的批判。

黃紹竑在中共中央統戰部召開的座談會上說，我們的立法是落後於客觀形勢的需要的，刑法，民法，違警法，公務員懲戒法都尚未制定公布，經濟方面的法規更不完備，五年計劃快完成了，但是度量衡條例還沒有制定。他說，公務員懲戒法和各機關的組織條例辦事規則是與整風最有密切關係的法規，必須早日制定。

（《新華半月刊》一九五七年第十一號，第三十一頁）

復旦大學法律系教授楊兆龍在〈我國重要法典何以遲遲還不頒布？〉一文中說：我們過去在立法方面的努力實在跟不上實際的要求。例如，平常與人民的基本權利的保障及一般社會關係的調整最有密切關係的刑法典、刑事訴訟法典、民法典、民事訴訟法典等至今還沒有頒布。什麼是合法的，什麼是違法的，什麼不是犯罪，什麼是犯罪，以及應如何處罰等等，以致偵查、檢察、審判人員沒有一個明確的標準足資遵循，因此就發生一些無根據的控告和不應有的錯捕、錯押、錯判的情況。這篇文章指出：這種情況很可能成為製造矛盾與不安的一個重要因素。對於那種以為「如果制定一套完密的法律，難免限制政府機關的應付事情的靈活性」的意見，這篇文章反駁說：政府機關那種無明確的法律限制的辦事的「靈活性」有時頗足以破壞社會主義的民主與法治，影響人民對政府的信仰。（一九五七年五月九日上海《新聞日報》）

最高人民法院刑事審判庭庭長賈潛說：政治是政治，法律是法律，我們是司法不是司政策。黨對法院工作的領導是通過制定法律來實現的。法律是人民的意志，也是黨的意志，審判員服從了法律，就等於服從了黨的領導。因此，審判員只需服從法律，再不必有什麼黨的領導了。黨具體過問人民法院審判工作就是違法。（一九五七年十二月十二日、二十四日《人民日報》）

這些意見，只不過是希望中國成為一個法治國家。在當年卻被認為是嚴重的反黨反社會主義的右派言論，遭到了猛烈的批判。周恩來總理在全國人大一屆四次會議上所作的政府工作報告中，就說：中華人民共和國成立以來，我們在頒布憲法前後，已經制定了許多重要的法律，並不像有些人所說「完全無法可循」。還說在過渡時期政治經濟情況變化很快，在各方面都制定帶有根本性的、長期適用的法律是有困難的。（《新華半月刊》一九五七年第十四號）二十多年之後，才有了不同的說法。一九七九年鄧小平在會見日本客人的時候說：「我們好多年實際上沒有法，沒有可遵循的東西。這次全國人大開會制定了七個法律。（引者注：其中有《刑法》和《刑事訴訟法》）……這次會議以後，要接著制定一系列的法律。我們的民法還沒有，要制定；經濟方面的很多法律，比如工廠法等等，也要制定。我們的法律是太少了，成百個法律總要有的，這方面有很多工作要做，現在只是開端。」（《鄧小平文選》第二卷，第一八九頁）

在剛才摘引過的黃紹竑的那次發言中，在表示尊重共產黨的領導權的同時，提出了一個領導方法的問題，他認為，由黨直接向人民發號施令，會造成很多的官僚主義、宗派主義、主觀主義問題。章乃器在〈從「牆」和「溝」的思想基礎說起〉一文中也提到了這個「以黨代政」的問題。以為不少黨員對國家機構的作用還沒有足夠的認識，以為有些事情如果先讓行政負責處理，黨組織加以指導和支援，情況就會更好一些。（《章乃器文集》下卷，第五六六—五六七頁）譚惕吾在民革中央小組會議上的發言中，也談到共產黨領導國家的方式問題，直接向人民發號施令的問題。她認為黨中央和國務院聯合發指示，是由於國務院單獨發指示不起作用。她問：既然我們的國家是工人階級領導的，為什麼自己專政的機構不用，而要削弱其職權，另在政權之外來搞一套黨的系統呢？她提出：共產黨必須遵守憲法。她把這以法治國的問題提得很高，尖銳地反問道：共產

黨今天是想使國家長治久安呢？還是自己搗自己的亂？（《新華半月刊》一九五七年第十三號，第八十五頁）

為了批判這些意見，《人民日報》專門發了一篇社論〈黨不能發號施令嗎？〉（一九五七年七月十日），說這些意見的實質「就是要取消黨對於政府工作的領導，削弱黨對於人民群眾的聯繫，就是要使得我們的政府變為真正的官僚機關，使得黨變為政府機關的可有可無的附屬品」。這篇社論還發誓要把這種發號施令的做法堅持下去：「過去是這樣，現在是這樣，將來（在黨還存在的時候）還是這樣。」

這問題後來也有了不同的講法。一九八〇年鄧小平在〈黨和國家領導制度的改革〉這篇重要講話中，批評了過去那種「不適當地、不加分析地把一切權力集中於黨委」的做法，談到他正在考慮逐步進行的重大改革，有一項是：

真正建立從國務院到地方各級政府從上到下的強有力的工作系統。今後凡屬政府職權範圍內的工作，都由國務院和地方各級政府討論、決定和發布文件，不再由黨中央和地方各級黨委發指示，作決定。（《鄧小平文選》第二卷，第三二九、三三九頁）

涉及黨對國家的領導，說得最刺激的是儲安平的「黨天下」。他說，我認為黨領導國家並不等於這個國家即為黨所有；大家擁護黨，但並沒有忘了自己也還是國家的主人。並不表示黨外人士就沒有自己的見解，就沒有自尊心和對國家的責任感。但是在全國範圍內，不論大小單位，甚至一個科一個組，都要安排一個黨員做頭兒，事無巨細，都要看黨員的顏色行事，都要黨員點了頭才算數，而很多黨員的才能和他所擔當的職務很不相稱。黨為什麼要把不相稱的黨員安置在各種崗位上呢？他認為，這個「黨天下」的思想問題是一切宗派主義現象的最終根源。（《新華半月刊》一九五七年第十二號，第二十三—二十四頁）

瀋陽師範學院張百生、黃振旅合寫的文章也談到了黨把自己擺在國家之上、人民之上的問題，說中國不只是一千二百萬共產黨員的中國，而是六萬萬人的中國，難道百分之九十八的非黨同志都無德無才，應當絕對服從百分之二的人的主張，當這百分之二人的「順民」麼。文章還主張把黨從「人大」與政府之上拿下來，使「人大」成為真正的權力機關，「人大」代表必須經普遍的競選產生。（一九五七年六月十日《瀋陽日報》）

南京大學中文系講師劉地生的文章認為，絕不能說一千二百萬黨員的利益就是六億人民的利益，更不能說一千二百萬黨員的利益應該超過六億人民的利益。應該改變以往把黨放在國家之上，以黨的利益代替甚至超過國家利益的做法。這篇文章還主張，在學校裡的黨派，可以在教員當中活動，不需要在學生中活動，特別在中小學，應取消少先隊和青年團的組織。大學裡的政治課自由選讀，以免阻礙培養青年獨立思考的能力。（一九五七年六月二十二日《人民日報》）

這些，在當年，是最犯忌諱的言論。周恩來在一屆四次全國人大所作的政府工作報告中有一大段對此進行了批判，說「有些右派分子把共產黨對國家政治生活中的領導地位說成是什麼『黨天下』，這完全是惡意的誹謗。」這篇報告所批判的種種右派謬論中，還有一條「各黨派輪流執政」。似乎不見有哪個右派頭面人物發表過這樣的意見，在我接觸到的材料中，只見天津一個中學教師黃心平在座談會上說了：「如果不要共產黨一黨執政，而要共產黨和各民主黨派通過競選來輪流執政，由各黨各派提出不同的政綱來，由群眾自由的選擇，這就好得多。因為這樣做，可以刺激共產黨和各民主黨派不得不努力克服缺點來博得選民的選票，為人民服務。（一九五七年五月二十七日《天津日報》）

一些人還提到共產黨員的特權問題。張雲川說，在工作上、待遇上、工資上，都表現了共產黨員不是吃苦在前，享福在後，而是相反，形成特權。（一九五七年五月三十一日《人民日報》）當時毛澤東起草的一個黨內指示也認為確實存在這種情況，他說：「黨員評級、評薪、提拔和待遇等事均有特權，黨員高一等，黨外低一等。」（轉引自薄一波《若干重大決策與事件的回顧》下卷，人民出版社一九九七年版，第六三二頁）整風鳴放中，不少人都提到了這個問題。前面引過的張百生、黃振旅的文章把反對特權和純潔黨的組織加強黨的領導聯繫了起來。文章說：「取消了黨員的特權之後，只有真正的共產主義者才要求入黨了，為了藉此向上爬的卑鄙的個人主義者用八抬大轎請他他也不希望入黨了，因為入黨以後無利可圖，反而處處需要帶頭，起模範作用。這樣一來，黨的組織才能純潔，黨才能通過黨員的模範作用去影響人民，才能通過他的正確的主張去領導國家，才能根除『三害』，才能拆『牆』平『溝』，才能團結全國人民，才能推動歷史的前進。」

前面所引，如黃紹竑、譚惕吾、儲安平這幾位，都屬於民主黨派的頭面人物，他們的這些主張，不免是聯繫政治權利的分配來考慮的。像儲安平關於「黨天下」的那次發言中就直接提出了為什麼國務院副總理中沒有一個黨外人士。當然，他們的這種考慮，也不能認為單是為了個人利祿，像章伯鈞就說過，他想「抬高自己的政治地位，不是為作官，是為了實現我的政治主張」（一九五七年七月四日《人民日報》）。而當年在校大學生中劃出的右派分子，正如北京大學錢理群教授指出的，「這是一些尚未涉世的青年，因此他們的探索的熱情，並非源自利益的驅動，而純是（或基本上是）出於對『真理』的追求」（錢理群〈不容抹煞的思想遺產〉，見《原上草》，經濟日報出版社一九九八年版，第九頁。下文的引文後所注數字，都是該書頁碼，這些言論采自北京大學大學生的大字報）。這裡我們來看看這些年輕人發表了一些怎樣的主張吧。

「在中國人民面前，有不有一次波蘭式的變革，我覺得這才是問題的關鍵」。（譚天榮）（四十六）

「就拿肅反運動來講，我覺得這是生硬的襲用蘇聯老大哥的錯誤的經驗的結果，犯了極端教條主義的結果。就拿本校來講吧，簡直亂鬥好人，例如：將顧牧丁先生等當反革命分子來鬥，這完全是一種歇斯底里，這樣套『整個運動是正確的，但有少數偏差』，怎樣能使『良心』上得到安慰？……

「前幾年的錯誤絕不是個別的偏差，它是一次根本的路線的錯誤，其嚴重性和幾次左傾的錯誤是不相上下的，為了威信不必害怕承認錯誤吧！用紙包火總是十分危險的，史達林的錯誤總有一天會被揭發出來的，黨中央也該整風，難道掩飾錯誤、喜歡史達林的威信對革命有好處嗎？

「將香花和毒草明確分開只會影響百家爭鳴，……

「現在修正主義這個用語的意義很不明確，它和創造性的馬克思主義這個概念在某些方面有些混淆。

「具體的共產黨可以成為官僚主義的化身，例如拉科西——格羅集團，反對這種集團並不能算反對社會主義」。（嚴仲強）（第七十六－八十一頁）

「目前選舉（引者注：指學生會的選舉）方式是黨團提名介紹個人優缺點，投票選代表，再用同樣方式選舉領導機構），沒有競選活動，不說明被選人怎樣工作，代表人民當家作主的選舉，好像選模範一樣（其實並不模範），因此實質上不是人民當家作主，就是不民主」。（蔣興仁）（九十七）

「我們目前的任務是：爭取憲法的徹底實現，切實保障民主自由人權，使社會主義制度臻至完善。

「我們擁護毛主席的指示——一切離開社會主義的言論和行動都是錯誤的。但是我們反對人『挾天子以令諸侯』，他們把一切離開傳統習慣的見解都指斥為『離開社會主義』。」（陳愛文）（一〇一—一〇二）

「肅反運動……在錯誤的理論指導之下，在錯誤的領導思想和敵情的估計之下，絕大多數的鬥爭是錯了，……這樣還能說運動基本上是健康的是正常的嗎？還能背『成績是基本的，缺點是難免的』公式嗎？……肅反運動錯誤的根源，不在工作方式，而在於脫離群眾、以憲法人權為兒戲的官僚主義；以搬運公式為滿足的教條主義；以及不准阿Q革命的宗派主義。」（江文）（一〇四）

「我主張『凡長皆選』！不好就罷免，否則他們脫離群眾後，官僚主義仍可能出現。

「我們有了一個社會主義工業化，還應有個社會主義民主化。……現在是走誰的路，是史達林路線和南斯拉夫路線誰勝利的問題。鐵托、陶里亞蒂、毛澤東、赫魯雪夫是現階段的馬克思主義的代表。（龍英華）（一三一—一三二）

「現在沒有一個『制度』來保證群眾可以對領導者進行監督，我們現在的社會制度有十分嚴重的缺點，它只能在書本上，講臺上反對個人崇拜，絲毫沒有物質的力量來保證。在這個意義上講，可以說個人崇拜是制度產生的，這並不是說必須推翻這個制度，而是說必須徹底改變完備這個制度。」（群學）（一三六—一三七）

「在現階段民主既是手段也是目的。作為手段，這是因為『帝國主義的威脅還存在，我們的中心任務是建成社會主義，所以目前民主居於服從地位，但又必須充分利用民主這一有力武器，才能團結全民實現反帝建國任務』。但是也是目的。既然民主是先進的社會理想，既然共產主義社會是要建立更高類型的民主，就必須承認它也是目的。

「法制不健全不嚴肅，民主權利沒有嚴格可靠的保障，是官僚主義、主觀主義、宗派主義的溫床。」（葉於泩）（一四一—一四二）

「如果缺點只是個別人造成的，為什麼全國普遍各地都如此。關鍵是社會主義制度本身缺陷的問題。

「我們當前的任務正是要為改善社會主義政治制度而鬥爭。首先就是爭取真正的人民民主自由。人民沒有權利什麼事也辦不好，社會主義也會瓦解或出現『史達林』。

「我認為民主不僅是一種手段，而且也是目的，它是共產主義必不可少的組成部分。如果只是方法，那麼建成社會主義後，就不再要民主了。——這多荒謬！

「要民主，不能只是文字的空頭支票，必須有法律的保障，而如今，我國尚未頒布民法、刑法——等必要法律。人民的民主只是領導者的意志、恩賜——這怎麼會沒有三大主義。

「我們要求健全社會主義法制，爭取民主，保障人權和精神人格的獨立——這就是我們鬥爭的目的。」（王國鄉）（一四九—一五〇）

「我有很多問題同意南斯拉夫的看法，鐵托演說中很多是好的。我就認為個人崇拜是社會主義制度的產物。……史達林問題絕不是史達林個人的問題，……我們現在的社會主義不是真正的社會主義，……真正的社會主義應該是很民主的，但我們這裡是不民主的」。（林希翎）（一五三）

「史達林錯誤的原因是什麼呢？是因為他驕傲了。但是他可以破壞法制、進行獨裁、進行瘋狂地屠殺的保證又是什麼呢？無論是蘇聯共產黨，也無論是中國共產黨都未能作出令人滿意的答覆。因為他們都不免統治者的共同弱點，他們害怕說出問題的原因，是由於共產黨對國家政權的絕對控制，國家權力的高度集中。正是由於這種高度集中的權力，才使史達林的後期可以膽大妄為，犯出一切錯誤。如果蘇聯在國內消滅了階級的對立以後，實行高度的民主，政權不是集中在少數人手裡，則一切錯誤都是可能避免的。蘇聯共產黨或者中國共產黨，在總結這一教訓時，沒有歸之於是制度本身有毛病，而卻歸之於『人們的思想情況』，我認為是很不妥當的。

「任何時代，權力的高度集中，不論是集於個人，還是自稱為一貫光榮正確偉大的集團，都是極大的危險，而當人民群眾被麻痺被愚昧，就更加百倍的危險！」（王書瑤）（二〇四—二〇七）

「史達林錯誤，波匈事件，我國三大害，都是偶然的嗎？不，都是一個根源：不民主。

「目前除三害都停留在表面上，似乎把三害的根源只歸結到領導者的思想意識，並沒有追究三害的社會根源，我認為這是不對的，……三害的根源是缺乏人民的民主和監督。」（岑超南）（二〇九—二一一）

「從現在所反映出來的事實材料分析，『三害』幾乎都與國家在政治上經濟上集中的統一的過多有關，而這些過多又是在制度上有規定的，……『三害』的風在這種條件下就成為制度的產物了。」（應成旺）（二三五）

可引的還多，意思相近的就不引了。這些，就是當年遭到猛烈批判的反黨反社會主義的右派言論，說了或者寫了這些的，就成了右派分子。幾十年之後來看，其中的一些已經變成了人們的共識，例如法學界的一些右派論點，已經被寫入了法律條文之中。其他方面一些右派分子的主張，也在實際上被採納了。這裡可以再舉一個例。在批判經濟學家陳振漢的會上，經濟研究所副所長嚴中平說，陳振漢在十多年前就主張：在中國的外國資本和外國工廠增加的結果，並不阻礙而是幫助民族資本的積累，說是因為外國資本輸入或外國人在中國辦工廠的結果，與民族資本一樣，是增加本國人民的生產能力，也就是增加他們的所得。嚴中平認為，這是陳振漢由來已久的買辦資產階級的反動觀點。（《新華半月刊》一九五七年第二十號，第八十二頁）今天已經沒有必要來說這種批判究竟對不對了。一九八〇年鄧小平在同外國記者談話中說：「吸收外國資金、外國技術，甚至包括外國在中國建廠，可以作為我們發展社會主義生產力的補充。」（《鄧小平文選》第二卷，第三五一頁）改革開放的二十年以來，引進外資，外資企業和合資企業在我國經濟發展中所起的有目共睹的作用，已經代陳振漢作了答辯。

當年右派分子發表的主張，就其主流來說，都是為了中國成為一個法治的、民主的、富強的社會主義國家。對於這些主張，如果不是橫加批判，而是認真聽取，採納其中應該採納的部分，那麼，我們國家的政治形勢、經濟形勢、社會道德面貌都會有很大的不同，接踵而來的大躍進和文化大革命也就不會發生，總之，這幾十年的歷史就會有一個完全不同的寫法了。

一場反右派鬥爭，就主要方向來說，反的就是這些東西。這也就不難判斷這一場鬥爭究竟是正確的還是錯誤的，是必要的還是沒有更好些了。在總結這一歷史事件的時候，可是就有人不願意看這事情的主要方面，卻去死死抓住當年個別人說的情緒化的、過頭的話不放，來證明鬥爭的正確性和必要性，就好像他正在同右派分子辯論大是大非的當年的會場上一樣。就情緒或者感情來說，可以說他是把反右派鬥爭持續到了他說這話的當時了。其實，他所引以為據的那些過於激動的情緒化的話語，例如葛佩琦的「殺共產黨人」，就完全出自歪曲的、不實的新聞報導，當年葛佩琦本人就不承認，要求更正的。當葛佩琦以「中國共產黨的優秀黨員、忠誠的共產主義戰士」蓋棺論定之後，當年栽誣他的殺氣騰騰的話是不好再說了，是不是要從當年的反右報導中尋找出另外的右派言論來坐實這個論斷呢？

五，反右派鬥爭的總結

當猶太人被貼上黃色六角星，大滅絕就離他們不遠了！

當一部分中國知識分子被戴上「右派分子」的帽子，「中國現代知識分子的消失」的加速度就更快了！

在一九五七年的夏季，發生了一件當時沒有幾個人知道的小事，卻很能反映知識分子在反右派鬥爭中的命運。七月七日晚，毛澤東在上海同三十六位知識界人士圍桌閒話，羅稷南問毛：「要是魯迅今天還活著，他會怎麼樣？」這時正是反右派鬥爭白熱化的高潮之中，提出這樣一個問題，意思顯然是問：要是魯迅今天還活著，你會不會把他打成右派分子？毛澤東回答說：「要麼被關在牢裡繼續寫他的，要麼一句話也不說。」是作家魯迅，那就會不斷地寫作；如果不再寫了，他也就不再是作家魯迅，而只是自然人周樹人了。羅稷南問的，顯然是那個像活著的時候那樣，拿著一枝筆不斷向黑暗勢力挑戰的魯迅。毛澤東的回答也是明確的：如果是這樣一個魯迅，我得把他關在牢裡。這將比右派分子受到的最嚴重的處分還要嚴重；如果他不再寫文章了，也就是說魯迅不再是魯迅，而只是自然人周樹人，當然不必關起來，按照毛在三月三日說的，甚至還可以安排他當文聯主席哩（這時的文聯主席是郭沫若）。在現代知識分子中，魯迅是最受民眾尊崇、最受共產黨尊崇的一人，假如他活著，也難逃此厄，別的知識分子就不用說了。

有一種說法，這反右派鬥爭雖說是完全正確和必要的，不過也有缺點，缺點就是被嚴重的擴大化了，把一批知識分子、愛國人士和黨內幹部錯劃為「右派分子」，造成了不幸的後果。使這些被錯劃為右派分子的人多年受了委屈，不能為人民發揮他們的聰明才智，這不但是他們個人的損失，也是整個國家的損失。我們來思考一下這個意見吧。說反右派鬥爭打擊了一大批無辜者，這當然是事實。據薄一波提供的數字，「反右派鬥爭中所劃的五十五萬人中，除極少數是真右派外，絕大多數或者說百分之九十九都是錯劃的。」（薄一波《若干重大決策與事件的回顧》下卷，第六四一頁）這就給了人們一個印象，所謂擴大化，是將一擴大為一百，即擴大了一百倍。擴到這麼大，傷害了這麼多人，當然不是好事情，也可以說是錯誤或者缺點吧。

如果僅僅著眼於誤傷了多少人，那麼，在反右派鬥爭之前，一九五一年的「三反」運動，一九五五年的肅反運動，豈不同樣有嚴重的擴大化嗎？「三反」運動中，把被打為貪污犯的人稱為「老虎」，各個機關團體企業學校，在沒有任何調查線索的情況下，都被要求編制「打虎預算」，「三反」運動即據這種毫無根據的「預算」，把一大批無辜者打成貪污犯（即老虎），當年究竟打出了多少老虎，其中又打錯了多少，我沒有掌握具體數字，在印象中，錯案率很高，這是可以斷言的。肅反運動的情況是有數字的，前面已經說過，立案列入肅反對象的有一百四十餘萬人，肅錯的一百三十餘萬人，錯案率百分之九十四強。因此，可以說，三反也好，肅反也好，也無一不同反右派鬥爭一樣，是嚴重的擴大化了。所以，擴大化並不是反右派鬥爭獨有的缺點或者錯誤。那麼，反右派鬥爭有什麼不同於三反肅反這些運動的特點呢？顯而易見的一點是，三反肅反在運動行將結束之際都有一個覆查程序，一隻老虎當他經過內查外調批鬥逼供之後，仍然無法證實他有貪污行為或政治歷史問題，他經過幾個月到一年左右的折騰之後，也就解脫了。而反右派鬥爭的這個覆查程序，直到二十二年之後的一九七九年才姍姍來遲，這樣才有「多年受了委屈」一說。這還不是反右派鬥爭最重要的特色。更加重要的分別是：三反也好，肅反也好，不過是打擊人而已，並沒有同時進行大規模的思想批判，更談不上理論和路線的批判。而反右派鬥爭則不同，把一個人劃為右派分子加以打擊，通常是同批判他的思想、見解聯繫起來進行的。批判了些什麼呢？反了些什麼呢？前面已經舉出了若干有代表性的意見。當把這些有助於促進國家法治和民主建設的意見當作反動言論加以批判之後，事實上就只能從建設法治國家的目標後退了一大步。要總結歷史經驗，就要從這個角度來總結，而不要只著眼於打擊了多少人。

一九五一年批判電影《武訓傳》，一九五三年批判梁漱溟，一九五四年批判俞平伯的《紅樓夢研究》，由此轉為批判胡適，批判《文匯報》，由此又轉為批判胡風，一九五五年批判胡風文藝思想升級為肅清胡風反革命集團，這就揭開了「肅反運動」的序幕。思想批判無休無止，批判的對象，由個人到幾個人，再到小團體，株連開去，總有一天會要整到數以萬計、數以十萬計的知識分子的頭上，實質上，就是整到知識的頭上，最終整到中華民族自己的頭上。

反右派鬥爭在歷史上所起的作用，還不能不指出的一點是，它中斷了中國共產黨第八次全國代表大會的路線。鄧小平在「十二大」開幕詞中說：「八大的路線是正確的。但是，由於當時黨對於全面建設社會主義的思想準備不足，八大提出的路線和許多正確意見沒有能夠在實踐中堅持下去。」（《鄧小平文選》第三卷，第二五三─二五四頁）坦率些說，這沒有堅持下去的原因就是因為發生了這一場反右派鬥爭。在另一篇講話裡，他實際上說出了這個意思：「從一九五七年下半年開始，實際上違背了八大的路線」。（《鄧小平文選》第三卷，第二五三─二五四頁）對此，薄一波說得更加具體，他說：「八屆三中全會修改黨的八大關於我國主要矛盾的論斷，動搖了八大路線的根基，從此開始了對八大路線的偏離，助長了『左』的指導思想的發展。」（薄一波《若干重大決策與事件的回顧》下卷，第六五四頁）大家都知道，八屆三中全會是總結反右派鬥爭的會議，正是這次全會，把反右派鬥爭中的一些做法和提法，「提升」到「理論」和路線的高度。所以，要談反右派鬥爭在歷史上所起的作用，首先要談到這一點，談它改變了黨的八大路線。

還應該提到反右派鬥爭在敗壞社會道德方面所起的作用。阿諛奉承，說假話，做應聲蟲，出賣朋友，告密，落井下石這一些，受到鼓勵和獎賞；敢於直言，堅持信念，正義感，忠於友誼這一些，卻要受到打擊。這給社會風氣所造成的破壞其實是很大的。

就這樣，反右派鬥爭改變了中共八大的路線，進一步破壞了民主和法治，敗壞了社會道德，從而為文化大革命準備好了舞臺；還為它準備好了姚文元、關鋒等等幾個主要角色。而這一場文化大革命，可說是一場大大擴大了的反右派鬥爭。反右當中的「群眾創造」：大字報、大辯論，到了文化大革命中更是氾濫全國。當年右派分子攻擊的集權、特權等等這些東西更發展到登峰造極的地步。文化大革命宣布要堅持、要保衛的那些論點，也正是反右派鬥爭宣布要堅持要保衛的論點。只有一點不同：在反右派鬥爭中，任何一個共產黨員特別是領導幹部都是不能攻擊的，文化大革命中間，卻是可以去攻擊走資本主義道路的當權派了。大體上說，反右派鬥爭就是文化大革命的彩排。要總結反右派鬥爭就要這樣來總結。

在對一九五七年發生的這一事件作總結的時候，人們不應該只看上面說的這些令人心情無比沉重的事情。還應該看看當年右派分子說了些什麼，寫了些什麼。這些被錢理群稱作「不容抹煞的思想遺產」的，這些以它的作者二十二年的受難為代價，有的甚至是以生命為代價而留下的遺產，經過時間之流的淘洗，是更加光彩奪目了。他們當年的願望和要求，有一些已經實現，有一些將要實現。有一部分，此刻還不具備實現的條件，我相信日後遲早會要實現的，我有這個信心。

一九五七年的反右派鬥爭，既是此前三十年共產黨革命的果，又是此後五十年中國的狀況、中國人的狀況、中國知識分子的狀況的因。

反右派鬥爭過去之後，歷史揭開了新的一葉，大躍進開始了。一九五八年九月五日，毛澤東在第十五次最高國務會議上講話，他說：「幾億勞動群眾，工人農民，他們現在感覺得心裡通暢，搞大躍進。這就是整風反右的結果。」知識分子在反右派鬥爭中得到了教訓，這時已經噤若寒蟬，沒有人敢說一個不字。大躍進當中的那些新生事物，像全民煉鋼、全民打麻雀、高產衛星田、吃飯不要錢，等等等等，都沒有遇到任何非議地搬演了出來。一九六六年，文化大革命開始了。

有人會問，如果中華人民共和國有真正意義上的現代知識分子群體，那些史無前例、也但願史無後例的社會不正常事件，就不會發生嗎？這些事件令人痛心地發生了，就證明中國沒有了現代知識分子嗎？

中國由古國步入近代步入現代，其間的過渡也速，正如有人論說的中國資產階級的萌芽沒有來得及充分醞釀一樣，中國現代知識分子的群體也沒來得及充分發育，得以養成的知識精英，在百餘年來的興亡廢替之中，又充當著新舊權利集團之間的聯繫人和中間人。人們也許對中國的知識分子寄予了太重大的期望，中國當前的建設需要他們的妙手，中國未來的道義需要他們的鐵肩，中國過去的道義也需要他們的鐵肩。這個手無縛雞之力的人組成的群體，即使真的有肩如鐵，又能如何？肩膀能有多寬，能扛得動這老大中國前進的車輪嗎？寄厚望予某個群體、寄厚望予某個個人，正如同厚責某個群體、厚責某個個人一樣，並不能真切地總結歷史，也不能合理地展望未來。

「總結歷史」也好，「展望未來」也罷，再算上「收拾而今現在眼前目下」，說來說去，就兩個字：制度，真正的人的制度。這制度，不僅僅是落實到文字的法律，也不僅是前仆後繼的知識分子們針針見血的言論，而是時刻貫穿在每個群體每個個人的行為中的規則。中國的知識分子的責任應該是，學習真正的制度、向群眾普及真正的制度、做踐行這個真制度的表率。

宣稱「與人鬥，其樂無窮」的毛澤東發動了反右派鬥爭，共產黨跟著群眾運動走，大多數知識分子各求自保，被運動起來的群眾互相激勵互相暗示，如洪水一般席捲起五十五萬右派分子，從此五千年文明古國開始了知識就是原罪的時期。這就是一九五七年的反右派鬥爭。

六，「消失」多年以後

一九七八年四月五日，中共中央發出第十一號文件，批准中央統戰部和公安部〈關於全部摘掉右派分子帽子的請示報告〉。

同年九月十七日，中共中央發出第五十五號文件，提出受理要求改正的申請，凡不應劃右派而被錯劃的，應實事求是地予以改正。

同年十二月十八日至二十二日舉行的中共十一屆三中全會，更推動了歷史上遺留的冤假錯案的解決。在一九七九年裡，這被錯劃的右派分子，據薄一波提供的數字，占原劃右派分子百分之九十九，都得到了改正，被開除公職的恢復了公職，被開除黨籍的恢復了黨籍，大都回到原來的專業上工作了。有些人甚至擔任了比反右以前更高的職務。像朱鎔基，做到了中共中央政治局常委、國務院總理，王蒙做到了中共中央委員、文化部部長，費孝通和錢偉長都做到了全國政協副主席。

一九八六年十一月，兩個當年的右派分子許良英和劉賓雁，以及妻子是右派分子的方勵之，三個人聯名發起開一個「反右運動歷史學術討論會」，向一些人發出了邀請信。邀請信說：「一九五七年的反右運動，即將滿三十週年了。反右運動是值得研究的，因為，不瞭解反右運動，就不能全面地瞭解三十年來的歷史，也就很難認識中共十一屆三中全會以來黨中央撥亂反正和推行改革的歷史性意義，也就很難深刻認識目前我們面臨的問題和我國社會中蘊藏的蓬勃生意。」曾經有媒體報導費孝通在收到邀請信之後的反應：在一九八七年一月初舉行的一次民盟的會議上，他要求民盟全體成員不要參與劉賓雁等三人發起的反右三十週年紀念活動，要大家「吸取一九五七年的教訓」，並把他收到的這封邀請信交給中共中央。

確實也有一些當年的右派分子吸取了一九五七年的教訓。一九九七年二月十九日鄧小平逝世。王蒙發表了悼文。這篇題為〈小平同志改變了我們的命運〉的文章中說：

在一九八八年秋黨的十三屆三中全會上。在會議即將結束、通過會議文件時，有一位老中顧委委員對「反對資產階級自由化」的措辭提出了一些意見。小平同志即席講話，他講得特別明確，一再強調「反對資產階級自由化是我提出來的，而且我最堅持」，在重大的原則問題上，他毫不含糊，寸步不讓，他的政治敏感，政治判斷力與政治上的堅持性頑強性，都給人留下了深刻的，應該說是凜然肅然的印象。

（見《王蒙文存》第十五卷，人民文學出版社，二〇〇三年九月版，第一六三頁）

王蒙這篇文章也會給他的讀者留下深刻的印象的。

對「社會主義現實主義」創作方法提出質疑的秦兆陽，錯劃右派問題改正之後，在人民文學出版社擔任大型文學刊物《當代》的主編。他是一位盡職盡責的主編，審稿把關一點也不含糊。作家張煒的長篇小說《九月寓言》一稿，該刊兩位副主編朱盛昌和何啟治都贊成採用，被秦否決了。他否決這部小說的理由是這樣的：

作者所寫的解放後的農村就成為無組織、無領導、無理性（社會理性和個人理性）、無社會性功能的，極端貧困、極端愚昧、極端盲目的動物式的生存狀態。……作者這樣做的目的當然是要表現農民的「原始生命力」，於是不能不提出疑問：為什麼作者不乾脆把時空放在解放前呢？……

總之，作品的問題在於：寓言的虛構與生活真實的矛盾；從哲學上講則是「抽象人性論」、「人命意識論」與歷史唯物主義的矛盾；從政治思想上講則是偏頗的思想認識的表現。

（轉引自何啟治《是是非非說「寓言」》，見《何啟治作品自選集》，廣東教育出版社二〇〇五年版，第八十四——八十五頁）

幸運的是，這部小說後來在上海大型文學刊物《收穫》發表了（一九九二年第二期）。一九九三年六月上海文藝出版社出版了單行本。一九九四年六月，更榮獲第二屆上海中長篇小說優秀作品大獎的一等獎。這不能不說秦兆陽審稿把關是太嚴了一點。他還是那一位在一九五七年質疑「社會主義現實主義」的文藝理論家嗎？

進入新的千年，受盡磨難的思想家顧准在去世三十年之後受到廣泛的推崇，出版有《顧准筆記》《顧准文稿》《顧准自述》《顧准日記》。因為「大民主小民主」得成右派的李慎之，深刻反思革命歷史，反覆強調公民教育的重要性，得到不少知識分子的重視，出版有《風雨蒼黃五十年》等文集。

一九五七年開始的反右派鬥爭結束以後，中國知識分子失去了批評的話語權，知識分子的「消失」從局部潰瘍到全國，這，成了中華文化的解構和重組的一個階段。

希望總大於沮喪。只要中國還有鮮活的人群在，只要這人群都希望過真正的人的生活，制度和規矩都會產生出來的。在這百年大計之中，中國的知識分子，不僅僅要通過他們的言論，也要通過他們的行動，發揮出他們巨大的潛力。

（本文原為二〇〇七年六月洛杉磯《中國當代知識分子的命運：反右運動五十週年國際研討會》提交的書面發言，曾發表於《當代中國研究》第三期，《隨筆》二〇〇八年第一期刊登時曾有所壓縮）

反右派鬥爭是流產的文化大革命

一、反右派鬥爭的遠因

一九五七年發生反右派鬥爭不是偶然的。第一，這是中國共產黨和知識分子的矛盾積累到極點時候的猛烈爆發；第二，這是中國共產黨和一同致力於推翻國民黨統治的其他政治力量，即以中國民主同盟為主要代表的民主黨派的矛盾積累到極點時候的猛烈爆發。

中國共產黨在取得全國政權的前夕，提出了一個對知識分子「團結、教育、改造」的方針。[1]不言而喻，這是把知識分子看成一個有待團結、有待教育、有待改造的異己的力量。這一方針的核心和重點，是「改造」這一項。一九五一年十一月三十日，毛澤

1　胡耀邦：〈為什麼對知識分子不再提團結、教育、改造的方針〉，見《知識分子問題文獻選編》，人民出版社一九八三年版，第四十五頁。

東簽發了〈中共中央關於在學校中進行思想改造和組織清理的指示〉，在全國知識界開始了歷時近一年的思想改造運動。運動的目標，就是徹底摧毀知識分子的自尊心、正義感和獨立精神，使之產生一種原罪感和負罪感，感到自己的出身、教養、經歷、社會關係和世界觀……無一不是有罪的。在運動的進行中，普遍採用侮辱人格的手段。史學家顧頡剛一九五二年的日記中記下了他在思想改造運動中的感受：

李琦同志因本組同人認識不夠，批評不真切，幫別人提意見亦不足，破口大罵，真有「到此方知獄吏尊」之感。（七月三十日）

學委會派來幹部，每盛氣凌人，一副晚爺面目，自居於征服者而迫人為被征服者。（八月八日）[2]

知識分子在思想改造運動中的感覺，就好像獄囚遇到了獄吏，被征服者遇到了征服者一樣。經過這樣一番改造，一些膽顫心驚的知識分子只好努力去做一個偽君子，以保平安。這也正是思想改造運動所要達到的目的。

2 顧頡剛：〈日記中的思想改造運動〉，見《萬象》雜誌創刊號，一九九八年十一月，遼寧教育出版社。

對知識分子更沉重的一擊是一九五五年的肅反運動。這場被稱為「肅清暗藏的反革命分子」的運動，是緊接著肅清「胡風反革命集團」這場文字獄開展的，遍及全國黨政軍機關，人民團體、大學師生、中小學教職員工、工商企業、文化團體……都在緊張進行。列入「肅反對象」的多達一百四十萬人，占當時全國五百萬知識分子四分之一以上。從胡喬木為人民日報（一九五七年七月十八日）撰寫的社論〈在肅反問題上駁斥右派〉中可以知道，在這數以百萬計的肅反對象中，查出了「現行犯有三千八百餘名之多」，另外還查出了「歷史反革命分子」八萬一千多人。所謂「歷史反革命分子」，是指一九四九年以前在舊軍政機關擔任過一定級別以上官職的人。而在占肅反對象百分之九十四以上的那一百三十多萬人，不但沒有現行問題，就是在履歷表上也沒有任何「反革命」記錄的。把他們列為肅反對象來審查，來鬥爭，只能說是鬥錯了，肅錯了。不用說，這被錯鬥錯肅的一百三十多萬人，當然是滿腔的委屈和怨恨。

肅反運動是一九五六年基本結束的。正好這時候毛澤東提出了「百花齊放，百家爭鳴」的口號，表示出一種廣開言路的姿態。於是，這一百多萬被錯鬥錯肅的人中間，就有許多人趁此機會訴說冤苦了。這表現為當年共產黨和知識分子的一個大矛盾。

概括地說，經過從思想改造運動到肅反運動這些不間斷的大大小小的政治運動，數以百萬計的知識分子受到了直接或間接的打擊。因而就形成了「黨和非黨群眾特別是非黨的知識界的某種緊張關係」[3]。

怎樣解決這一矛盾，緩解這種緊張關係呢？在知識分子這一方，希望對於在這些政治運動中所受到的無端傷害，給他一個說法，還他一個公道。他們對於中共中央關於整風運動的指示按照自己最大的好意去理解，以為肅反之類的政治運動，正是整風運動所要反對的官僚主義、宗派主義和主觀主義的集中表現，以為自己蒙冤受屈的問題可以在整風運動中得到解決。殊不知這並不符合毛澤東整風的本意，毛最終是用反右派鬥爭來解決這一矛盾，把訴說冤苦定性為猖狂進攻。由此可知，反右派鬥爭是共產黨和知識分子的矛盾積累到極點時的猛烈爆發。

中國的民主黨派是自由知識分子的政治代表，他們不滿國民黨的腐敗統治，也同共產黨保持著距離。當國共兩大黨的鬥爭激化起來，在「二者擇一」的條件之下，多數選擇了共產黨，追隨共產黨投身於推翻國民黨統治的鬥爭。共產黨在同國民黨的殊死鬥爭中，大敵當前，也很需要民主黨派的合作，至少在影響敵佔區人心向背這一點上他們能起的作用甚大。在這個時候，對他們即使有所不滿，也是採取一種忍讓克制的態度。一九四八年一月十四日中共中央〈關於對中間派和中產階級右翼分子政策的指示〉

[3] 一九五七年四月二十三日《人民日報》社論〈全黨必須認真學習正確處理人民內部的矛盾〉。

中說：

對民主同盟的恢復活動，對李濟深等國民黨反蔣派，對在美的馮玉祥，對一切可以爭取的中間派，不管他們言論行動中包含多少動搖性及錯誤成分，我們應採積極爭取與合作態度，對他們的錯誤缺點，採取口頭的善意的批評態度。

可見是十分注意不要得罪這些同路人，而在心裡卻早已打定了勝利之後跟他們分手的主意了。蘇聯解體之後，從公開的秘密檔案中可以看到一九四七年十一月三十日毛澤東致史達林的電報，其中明確提出：「在中國革命取得徹底勝利的時期，要像蘇聯和南斯拉夫那樣，所有政黨，除中共以外，都應離開政治舞臺，這樣做會大大鞏固中國革命。」[4] 史達林沒有同意這個意見，他在覆電中表示，「中國各在野政黨代表著中國居民中的中間階層，……它們還將長期存在，……可能還需要讓這些政黨的一些代表參加中國人民民主政府」[5]。這大約是幾年之後毛澤東提出「長期共存」方針的最早淵源。

4 電報全文見《中共黨史研究》二〇〇二年第一期。
5 電報全文見《中共黨史研究》二〇〇一年第二期。

中國的那些熱心政治的知識分子，是因為想要實現自己的政治抱負、政治主張，才組織民主黨派，才反對國民黨的獨裁統治，才因此和共產黨走到一起來的。當國民黨的統治即將被推翻的時候，他們曾經幻想可以實行自己的政治主張了。一九四八年十月，羅隆基以民盟留滬中委的名義，「寫了一個向中共的建議書，主要內容為：①內政上實行議會制度；②外交上採取所謂協和外交方針（即對美蘇採取同樣友好方針）；③民盟有退至合法在野黨的自由；④在盟內的共產黨員應公開身分，黨員和盟員避免交叉」。[6] 這些意見，都是共產黨所不能接受的。

國民黨被趕出了大陸，沒有了共同的敵人，共產黨和這些民主黨派的矛盾就尖銳了起來。其實，共產黨早就預計到了這一點並且決定了對策。一九四七年十二月十七日周恩來起草的一個黨內指示中說：

> 等到蔣介石及其反動集團一經打倒，我們的基本打擊方向，即應轉到使自由資產階級首先是其中的右翼孤立起來。[7]

---

6 見葉篤義：《雖九死其猶未悔》，北京十月文藝出版社一九九九年版，第六十七頁。

7 《中共中央文件選集》第十六冊，中共中央黨校出版社一九九二年版，第五七三頁。

毛澤東在審閱這個文件的時候，加寫了這樣一段：

在蔣介石打倒以後，因為自由資產階級特別是其右翼的政治傾向是反對我們的，所以我們必須在政治上打擊他們，使他們從群眾中孤立起來，即是使群眾從自由資產階級的影響下解放出來。但這並不是把他們當作地主階級和大資產階級一樣立即打倒他們，那時，還將有他們的代表參加政府，以便使群眾從經驗中認識他們特別是其右翼的反動性，而一步一步地拋棄他們。[8]

現在回頭看就很清楚了：從這個文件發出之日開始，到反右派鬥爭為止，十年之間，共產黨就是按照這個態度處理它和民主黨派的關係，一步一步實施這個既定方針。到了一九五七年，矛盾積累到了極點，終於給了他們毀滅性的一擊。這些民主黨派從此名存實亡，不再是一種多少有一點獨立性的政治力量了。

---

8 《毛澤東文集》第四卷，第三一二頁。

二、反右派鬥爭的前奏曲：整風運動

一九五七年四月二十七日，中共中央發出〈關於整風運動的指示〉，開始了整風運動。六月八日，《人民日報》發表以〈這是為什麼？〉為題的社論，同日，中共中央發出了毛澤東寫的〈關於組織力量準備反擊右派分子進攻的指示〉，開始了反右派鬥爭。就內容和性質來說，反右派鬥爭首先是算前一階段整風運動的帳，所以有「由整風轉變為反右」一說。就時間順序來說，也可以說整風是反右的前奏曲。我們在探討反右派鬥爭同文化大革命的關係之前，要先看看整風運動。

就我看到過的材料來說，最早提出要在一九五七年開展一場整風運動的，是一九五六年十一月十五日毛澤東在中共八屆二中全會上的講話：「我們準備在明年開展整風運動。整頓三風：一整主觀主義，二整宗派主義，三整官僚主義。」[9]

這次中央全會是在蘇軍坦克開進布達佩斯鎮壓起義之後幾天召開的，聽取了剛剛從蘇聯回國的劉少奇的報告，劉介紹了他如何同赫魯雪夫商討處理波匈事件特別是匈牙利

---

9 《毛澤東選集》第五卷，第三二七頁。

事件的情形。可以認為，這次中央全會就是為了討論波匈事件而召開的。匈牙利事件給了毛澤東極大的刺激，他當然極不願意在中國也出現這樣的事件。他在會上提出開展整風運動，就是為了避免在中國也出現匈牙利事件的一項措施。為什麼開展整風運動可以避免出現匈牙利事件呢？毛在一九五七年六月八日寫的發動反右的黨內指示中做了這樣的說明：

現在我們主動的整風，將可能的「匈牙利事件」主動引出來，使之分割在各個機關各個學校去演習，去處理，分割為許多小「匈牙利」，而且黨政基本上不潰亂，只潰亂一小部分（這部分潰亂正好，擠出了膿包），利益極大。[10]

後來在反右派鬥爭中即照此辦理，在一些地方製造出「許多小『匈牙利』」，最有名的一案是湖北省漢陽縣第一中學學生因升學率問題上街遊行，被人為地製造成一起民盟策劃的小匈牙利事件，處死了三個無辜者。這一案件有助於人們對毛澤東這篇文章的理解，他說的「主動整風」，原來是這麼一回事。

10　同注九，第四三二—四三三頁。

毛澤東在中共八屆二中全會上的講話中，對於這次計畫中的整風運動的性質和做法，作了十分明確的說明：

你要搞資產階級大民主，我就提出整風，就是思想改造。把學生們統統發動起來批評你，每個學校設一個關卡，你要過關，通過才算了事。所以，教授還是怕無產階級大民主的。[11]

對於人們理解整風運動的性質，這一段話真是太重要了：「整風，就是思想改造」。人們對於數年前進行的思想改造運動記憶猶新，而即將開展的整風運動原來也就是這麼一回事。具體的做法，毛澤東說了一項：發動學生鬥教員，人人過關。他把匈牙利那種群眾上街的情形稱為資產階級大民主，那麼與之對立的無產階級大民主就是思想改造運動，以及反右派鬥爭這些了。

毛決定開展整風運動，不僅是因為匈牙利事件的影響，也有國內甚至更是黨內的原因。他在一九五八年三月十九日為重印一批按語寫的說明中說：

11 同注九，第三二六頁。

我們沒有預料到一九五六年國際方面會發生那樣大的風浪，也沒有預料到一九五六年國內方面會發生打擊群眾積極性的「反冒進」事件。這兩件事，都給右派猖狂進攻以相當的影響。[12]

他說的「國際方面的風浪」，指的是蘇共「二十大」和波匈事件；「國內方面」的「反冒進」事件，顯然更是他希望通過整風運動解決的問題。

一九五五年十二月二十七日，毛澤東為他主編的《中國農村的社會主義高潮》一書寫了第二篇〈序言〉，談到在這年的下半年，「幾個月時間，就有五千幾百萬農戶加入了合作社」。毛說，「這是一件了不起的大事」：

這件事告訴我們，中國的工業化的規模和速度、科學、文化、教育、衛生等項事業的發展的規模和速度，已經不能完全按照原來所想的那個樣子去做了，這些都應當適當地擴大和加快。[13]

12　同注九，第二二六頁題注。

13　同注九，第二二二—二二三頁。

他就這樣吹響了各行各業全面冒進的號角。

在短短的幾個月裡，冒進的惡果大量顯現出來，劉少奇、周恩來這些比較務實的領導人感到形勢嚴峻，提出了反冒進的問題。一九五六年六月二十日《人民日報》發表社論〈要反對保守主義，也要反對急躁冒進〉，這篇遵照劉少奇的指示發表的社論宣稱：急躁冒進已經成了「嚴重的問題」，「下面的急躁冒進有很多就是上面逼出來的」，提出「要使我們的計畫、步驟符合於客觀實際的可能性」。毛澤東對這篇社論十分惱怒，在這一天的報紙上批了這樣一些話：「尖銳地針對我」，「既然使幹部走到了另一個極端，不是方針錯了嗎？」[14]

五月十一日，周恩來在國務院的一次全體會議上說：「反保守、右傾，從去年八月開始，已經七八個月，不能一直反下去了！」[15]十一月他在中共八屆二中全會上所作的〈一九五七年度國民經濟發展計畫和財政預算的控制數字〉的報告，基調也是反冒進，其中提出：發展速度「可以放慢一點」[16]。為了這事，後來毛澤東多次批評他。例如

14 《建國以來毛澤東文稿》第七冊，中央文獻出版社一九九二年版，第三十四頁。

15 《周恩來年譜》（一九四九——一九七六，上卷）中央文獻出版社，第五七五頁。

16 同注十五，第六三七頁。

一九五八年三月的成都會議上，毛調侃地說：「恩來在一九五六年二中全會的報告敢說心裡話，這一點可取，雖然是錯的。」[17]

毛澤東決定開展整風運動的目的，據報上刊登的中共中央〈關於整風運動的指示〉所宣布的，是反對官僚主義、宗派主義、主觀主義和一些黨員的特權思想，從而改善執政黨的形象，改善黨與黨外群眾特別是知識界的關係。但是從毛在這前後發表的另外一些文章和講話中可以知道，還有一個在《整風指示》裡沒有宣布的目標，就是要跟黨內那些「反冒進」的領導人算帳。

這可不是一件容易的事情。毛澤東知道，黨務系統在劉少奇手上，行政系統在周恩來手上，這些黨政機關的幹部都是他們的下屬，由誰出頭來向他們提意見呢？毛澤東想到了讓民主黨派來充當衝擊的力量。

毛澤東為什麼會這樣想呢？共產黨成了執政黨之後，中國的這些民主黨派就成了政治上的裝飾品。它的頭面人物雖說大都安排了頗高的職位，其實並沒有什麼實權，不能做什麼實際的工作，更不要說施展自己的政治抱負了。因而顯得很是消沉。在蘇共二十大之後，特別是在毛澤東提出百花齊放、百家爭鳴、長期共存、互相監督的新方針之

17　同注十四，第一一六頁。

後，民主黨派一時頗覺興奮，他們就像經過了冬眠的蛇，想要活動活動了。一九五七年三、四月間，各民主黨派中央機關紛紛開會：致公黨（三月二十一到二十三日）、民主建國會（三月二十二到二十三日）、九三學社（三月二十二到二十八日）、中國國民黨革命委員會（三月二十五到三十日）、民主同盟（三月二十二日到四月五日）、農工民主黨（四月十二日）都開了會。討論在這新氣候下的工作問題。這裡只舉民主同盟的情況為例。民盟中央委員會副主席章伯鈞在民盟中央工作會議提出要大大發展組織，每個民主黨派可以發展幾十萬人，幾個民主黨派合起來可以發展一兩百萬人，組織發展到縣一級。表示要更加廣泛的參與國是。他們的這種積極性卻是毛澤東所厭惡的。這也就是後來他在反右派鬥爭中說的「黨要擴大，政要平權」。[18]不過這時他想要打擊的還不是這些民主黨派，而是那些反冒進的領導人。他想，是不是可以來一個「化消極因素為積極因素」呢？民主黨派哇啦哇啦提意見，對於他來說當然是一種消極因素，只是如果把他們提意見的積極性加以引導，使其鋒芒針對那些反冒進的領導人，那就化為積極因素了。他懷著這樣一種願望，就來著手調動民主黨派這個力量了。

---

18 《建國以來毛澤東文稿》第六冊，中央文獻出版社，一九九二年版，第五〇三頁。

毛澤東採取的第一個行動是，在〈整風指示〉見報的前一天，一九五七年四月三十日，他約集各民主黨派負責人和無黨派人士在天安門城樓談話，黨中央的幾位副主席劉少奇、周恩來、朱德、陳雲和總書記鄧小平也都到場。毛講話的主旨就是請民主人士幫助黨整風，他說了這樣一些話：

> 目前各方面批評意見最多的是集中在高等教育部、教育部、衛生部等部門。有人很擔心，怕矛盾一揭發，一批評不得了。我們對人家提出的意見，不要害怕，應該歡迎，給人家以提意見的機會。矛盾沒有什麼不得了，到處唱對臺戲，把矛盾找出來，分分類。如文學、藝術、科學、衛生等方面，提出的問題最多，矛盾突出來了，應該攻一下，多攻一下。愈辯論愈好，愈討論愈發展，人民民主政權愈鞏固。幾年來不得解決的問題，可以在幾個月解決了。
>
> 整風主要是黨內整風，可是有黨外人士參加就更全面了。兩種元素可以起化學作用。但黨外人士不是自己搞，而是幫助共產黨整風。[19]

19　同注六，第八十九到九十一頁。

儘管他對民主黨派開的這些會並不高興，但是為了調動他們的積極性，還是誇獎了幾句。他說：

最近各民主黨派都開了一些會議，開得不錯，提出了些問題。只要黨外人士談出來了，大家一齊搞，這就更好談了。希望黨外人士對共產黨多提些意見，幫助共產黨進行工作。

召開這樣的座談會清楚地表明：毛澤東希望得到民主黨派民主人士的合作，希望他們在他劃定的範圍之內多提些意見，這就是對國務院所屬的高等教育部、教育部、衛生部這些部門，也就是總理周恩來領導下的部門的工作提意見。對共產黨多提些意見，也就對劉少奇的系統多提意見了。假如這些民主人士能夠多提意見而且符合他的意圖，毛還許諾給予一份回報。他說：

統一戰線中的矛盾是什麼呢？恐怕就是有職無權的問題吧！過去民主人士有職了，但是沒有權，所以有人講民主人士不大好當，有些惱火，現在不但應該有職，而且應該有權。因此，這次整風，在黨內對有職無權的問題也要整一整。[20]

這天毛澤東還講到改變高等學校領導體制的問題，他說，大學的管理工作如何辦？可以找些黨外人士研究一下，搞出一個辦法來。共產黨在軍隊，企業，機關學校都有黨委制。我建議，首先撤銷學校的黨委制，不要由共產黨包辦。這也是知識分子很歡迎的意見。不過，後來凡是引用這話的人都被劃成了右派分子。

整風指示公布之後的第一個重大行動，是中共中央統戰部從五月八日開始邀集各民主黨派負責人和無黨派民主人士逐日舉行座談會，聽取他們的意見。這件事進一步反映出了毛澤東借重民主人士進行黨內整風的意圖。統戰部長李維漢在會上說：在這次整風運動中，要集中地批判共產黨的缺點。因此，我們已經同各民主黨派和無黨派民主人士商量好，在一個時期以內，不要號召民主人士整風，而著重地發動黨外人士來給共產黨提批評意見，幫助共產黨整風。[21]

20　同注六，第九十三頁。

21　一九五七年五月十一日《人民日報》。

成問題的是，這些民主人士在座談會上的發言完全不符合毛澤東的意圖。他們並不在毛所劃定的範圍之內，對教育、衛生等等工作中的缺點提意見，批評這些工作中的保守主義，甚至有人在發言中還流露出反冒進的意思，例如全國工商聯主任委員陳叔通，就提出了「八年來的工作中，究竟是由於保守所造成的損失大，還是由於冒進所造成的損失大」的問題。[22] 會上的許多發言談到黨委代替行政直接發號施令、外行領導內行、肅反運動的偏差，等等問題，實際上涉及共產黨執政的根本體制問題和嚴重弊端。這些都是毛沒有料想到也絕不願意聽到的意見。

這些民主人士對於共產黨內的情況其實頗為隔膜，不知道（或很少知道）毛澤東和劉少奇、周恩來在反冒進問題上的意見根本對立，而把他們看成一個統一的領導集體，他們沒有想到在提批評意見的時候要分別對待，在批評劉少奇、周恩來工作中種種錯誤的同時要讚美毛澤東的英明正確，表示對毛澤東的尊崇擁戴。像儲安平的那篇要命的〈黨天下論〉，標題竟是荒謬的〈向毛主席和周總理提些意見〉[23]。陳銘樞甚至直接寫信給毛，批評他本人，說毛澤東「好大喜功，喜怒無常，偏聽偏信，鄙夷舊的」[24]。民

22 一九五七年五月十八日《人民日報》。
23 一九五七年六月二日《人民日報》。
24 一九五七年七月十五日《人民日報》。

主黨派民主人士的這種表現使毛澤東震怒。反右派鬥爭就從打擊民主黨派開始。

當年有機會經常接近毛澤東的李志綏在所著《毛澤東私人醫生回憶錄》中提出了這樣一個見解：

今日我的後見之明是：如果當時民主人士提的意見未涉及到毛，那麼「文化大革命」一定會提早十年，在一九五七年，而不是一九六六年發生。我們今天只記得反右派運動時對右派人士的恐怖行徑。其實毛開始時是想借用民主黨派人士來替共產黨整風，目標是「反冒進」的那些領導。毛未料到民主黨派人士竟群起質疑「社會主義路線」和「共產政權」的合法性。毛萬萬沒有想到，民主人士提的意見越來越尖銳，攻擊的矛頭逐漸指向毛本人的統治。毛被迫暫時回頭和黨內反對他的同志聯合起來。黨內領導人人自危，大家一致槍口向外，出現了大團結的局面。[25]

25　臺北時代出版公司一九九七年版，第一九五到一九六頁。

如果把毛澤東發動文化大革命的目的簡單化為就是為了打倒劉少奇打擊周恩來，李志綏的這個看法是不無道理的。我們確實知道這樣幾點：

第一、毛在發動整風運動之時確實想要同時解決反冒進的問題；

第二、為了反擊向共產黨猖狂進攻的民主黨派人士，毛澤東不得不把反冒進的問題暫時擱置起來，以求得黨內的團結一致。李志綏的回憶錄裡記下了當時林克（毛的秘書）的看法：「在當今這個局勢下，毛不得不在黨內求和解，以一致對付黨外人士。」[26] 在一九五八年五月中共八大二次會議上的講話中，毛談到為什麼「反冒進」一陣風仍然吹遍全國大多數地方的時候，他說，這是因為「黨內除右派外，有一個觀潮派，又一個促退派」[27]。可見他無意於把黨內反冒進的人全都劃為右派分子，給一些人另外準備了觀潮派和促退派這兩頂帽子，罪名輕得多了，並且接著說，「這些同志，大都是好同志，他們的錯誤，是可能改的，我們應當幫助他們」。這種不為已甚的態度當然有助於全黨團結一致去反右派。

26 同注二十五，第一九五頁。
27 同注十四，第二〇五頁。

第三、也因此，沒有能夠在整風和反右中去算反冒進的帳。這問題總是要解決的。反右派鬥爭過去之後，毛還多次提出這個問題，他在一九五七年十月的八屆三中全會上說，「去年這一年掃掉了幾個東西。一個是掃掉了多、快、好、省。……就是一個多、一個快，人家不喜歡，有些同志叫『冒』了。」[28]在一九五八年一月的南寧會議上他又說：「『反冒進』的教訓：反掉了三個東西，把一些同志拋到同右派似乎相近的地位。」[29]，他在三月的成都會議上調侃周恩來，這在上文已經引用了。[30]他在五月的八大二次會議上更說，有些同志不經合法手續，「即進行反對活動，提反冒進。在一九五六年十一月八屆二中全會上突然爆發，提出反冒進」[31]。可見他一而再再而三地提出反冒進問題。這筆帳直到後來的文化大革命之中才得到最後的清算。從這個意義上看是有理由認為反右派鬥爭是流產的文化大革命的。

28　同注九，第四七四到四七六頁。
29　同注十四，第二十七頁。
30　同注十四，第一一六頁。
31　同注二十七。

三、反右派鬥爭的戰果和遺產

前面已經引用過毛澤東在中共八屆三中全會上說的話：「整風，就是思想改造」。準確地表明了整風運動的性質。實際上也就是預告了：反右派鬥爭是整風運動的最後階段。到了八屆三中全會上，要給整風運動和反右派鬥爭作總結了，毛澤東說了這樣一段話：

> 去年下半年，階級鬥爭有過緩和，那是有意識地要緩和一下。但是，你一緩和，資產階級、資產階級知識分子、地主、富農以及一部分富裕中農，就向我們進攻，這是今年的事。我們緩和一下，他進攻，那也好，我們取得主動。正像《人民日報》一篇社論說的，「樹欲靜而風不止」。他要吹風嘛！他要吹幾級颱風。那末好，我們就搞「防護林帶」。這就是反右派，就是整風。[32]

[32] 同注九，第四七五到四七六頁。

真是說得簡明扼要：「反右派，就是整風。」整風、反右其實是一回事，要說差別，不過是時間先後的兩個階段而已」。

既然說反右派鬥爭是整風運動既定的最後階段，那麼，開展這一場反右派鬥爭當然早就在毛的成算之中。這裡就有了一個問題：當初毛表示希望黨外人士對共產黨多提些意見，究竟是真心誠意的求言呢，還是引蛇出洞或者說釣魚的一種手段，陰謀或陽謀？

人們都知道，毛澤東對知識分子的輕視和敵視是一貫的，從延安的整風和搶救到進入北京之後的思想改造和肅反，開展一場打擊知識分子的運動並不是一件什麼了不起的大事。就說這一回的整風運動，他已經明說就是思想改造。當然可以認為在決定整風之時即有釣魚之意，這事實上是整風運動的第一階段或準備階段。是知識分子不知底蘊，以自己最好的願望去解釋整風指示的文字，誤入白虎節堂，自投羅網。

毛澤東是把反右派鬥爭當作「一場大戰」[33]來指揮的，提出了要使用「誘敵深入，聚而殲之」[34]這樣的謀略。「引蛇出洞」不過是「誘敵深入」更形象化的說法，就是誘使那些將要打擊的對象充分暴露自己。他是什麼時候決定引蛇出洞的呢？在《人民日

33 同注九，第四三二頁。
34 同注九，第四二五頁。

報》七一社論〈文匯報的資產階級方向應當批判〉中，他說：

在一個期間內不登或少登正面意見，對錯誤意見不做反批評，是錯了嗎？本報及一切黨報，在五月八日至六月七日這個期間，執行了中共中央的指示，正是這樣做的。其目的是讓魑魅魍魎，牛鬼蛇神「大鳴大放」，讓毒草大長特長，使人民看見，大吃一驚，原來世界上還有這些東西，以便動手殲滅這些丑類。[35]

這裡所說的五月八日至六月七日，正是從統戰部召開的民主黨派座談會開始到工商界座談會結束的這兩個座談會期間。正是在這期間，毛澤東在具體部署反右派鬥爭了。引蛇出洞或者說誘敵深入就是戰役的第一階段。

李慎之認為，這時間應該更早一些。他在〈毛主席是什麼時候決定引蛇出洞的？〉一文中說：「毛主席引蛇出洞的決策，應該是在〔一九五六年〕十月份的波、匈事件以後開始考慮的」[36]。他引證了毛在一九五七年一月〈在省市自治區黨委書記會議上的講

35 同注九，第四三六頁。
36 李慎之：《風雨蒼黃五十年》，香港明報出版社二〇〇三年十月第三版，第一二二頁。

話〉中的一些內容，像「對民主人士，我們要讓他們唱對臺戲，放手讓他們批評。……他們講的話越錯越好，犯的錯誤越大越好，這樣他們就越孤立，就越能從反面教育人民。」[37]毛的這些話當然表示他有引蛇出洞的意思了。但是我以為，這時他還沒有下定決心開展一場後來實際進行的那樣的反右派鬥爭。我這看法有一個頗有說服力的證據，就在同一篇講話中，毛說，對於資本家加上跟他們有聯繫的民主人士和知識分子，要剝奪他們的政治資本，「剝的辦法，一個是出錢買，一個是安排，給他們事做。」[38]可見這時他還沒有想到可以採用更加爽快的第三個辦法，即給這些人戴上右派分子帽子。

李慎之在致胡績偉的一封信裡批評了我寫的《一九五七年的夏季：從百家爭鳴到兩家爭鳴》（按：此書的增訂本改名為《反右派鬥爭始末》），他說：

〔朱正〕認為毛本來是好心好意地號召鳴放，沒有料到右派分子如此猖狂，他才不得不反擊。這是我完全不能同意的。我所以在一九九七年寫〈毛主席是什麼時候決定引蛇出洞的〉實際上是對朱正的反駁。[39]

---

37 同注九，第三五五頁。
38 同注九，第三三七頁。
39 李慎之：〈對反右派鬥爭史實的一點補充〉，見自印本《李慎之文集》上冊，第一九六頁。

這裡，他不是照引我書中的原文，而是概括地轉述。在我的書裡，對毛澤東發動整風運動和反右派鬥爭的原因並不是說得這樣簡單。在他決定整風的多種動機之中，我提出毛一開始確實也包含想要消除那些太刺眼的弊端，改善一下執政黨形象的願望。這裡也有一個有說服力的證據，就是毛在五月十六日寫的一個黨內指示。這時他已經決定開展反右派鬥爭了，可是他在這指示中還是寫了這樣一段話：

從揭露出來的事實看來，不正確地甚至是完全不合理地對黨外人士發號施令，完全不信任和不尊重黨外人士，以致造成深溝、高牆，不講真話，沒有友情，隔閡得很。黨員評級評薪和提拔等事均有特權，黨員高一等，黨外低一等。黨員盛氣凌人，非黨員做小媳婦。學校我黨幹部教員助教講師教授資歷低，學問少，不向資歷高學問多的教員教授誠懇學習，反而向他們擺架子。以上情況，雖非全部，但甚普遍。這種錯誤方向，必須完全扳過來，而且越快越好。[40]

40 同注十八，第四七七頁。

從這裡可以看出來，毛即使在布置反右派鬥爭的時候，仍然提出了消除一些弊端的要求。如果不看到這一方面，就未免把複雜的事情看得太簡單了。

在五百萬知識分子中要打出多少右派分子，六月二十九日毛澤東在審閱和修改一個黨內指示的時候，寫下了他對於「右派和極右派的人數」的意見，他認為，「需要在各種範圍點名批判的」，「全國大約有四千人左右」[41]。到了八月十八日，他在修改統戰部的一個文件的時候，寫的數字增加了許多：「全國約有十萬右派分子」[42]。最後的實際戰果，「據中共十一屆三中全會後覆查統計，實際上全國共定了右派分子五十五萬兩千八百七十七人。」[43]應該指出：這是給「錯劃右派」進行「改正」之時的官方統計數字，必定比當年實際所劃的數字要少些。當年究竟劃了多少，要等到他日檔案公開的時候才知道了。不久前看到一個三百一十七萬八千四百七十的數字，我對它的準確性甚至真實性不無懷疑。這篇材料的標題是〈反右派運動檔案解密〉[44]，卻沒有說明是什麼時候由什麼機關宣布解密的，也不見檔案號。再就內容看，所提出的數字也不足信。

41　同注十八，第五二八頁。

42　同注十八，第五六二頁。

43　叢進：《曲折發展的歲月》，河南人民出版社一九八九年版，第六十一頁。

44　羅冰：〈反右運動檔案解密〉，載《爭鳴》月刊二〇〇六年一月號，第十頁。

一九五七年那時，中國「各類知識分子，包括高級知識分子和普通知識分子在內，大約五百萬左右」[45]，那麼這三百一十七萬就占知識分子總人數的百分之六十三強了。在我這個過來人的印象中，沒有這樣高的百分比。在沒有找到確證以前，暫且讓它聊備一說吧。

反右派鬥爭的災難性後果，不僅是它打出了多少右派分子，以及這許多右派分子及其親友在二十二年的漫長歲月中吃了多少苦頭。而且更重要得多的是：這是中華人民共和國歷史上的一大轉折，或者如有的作者所說的是「大逆轉」。[46]鄧小平也是把反右派鬥爭看作歷史的分水嶺的，他說，毛澤東的領導在「一九五七年反右派的鬥爭以後，錯誤就越來越多了。」[47]這一論斷是符合事實的。

緊接著反右派鬥爭而來的，是大躍進。毛澤東一九五八年九月五日在第十五次最高國務會議上的講話中說：「幾億勞動群眾，工人農民，他們現在感覺得心裡通暢，搞大躍進。這就是整風反右的結果。」[48]事情也確是如此。大躍進是反右派鬥爭的直接結果。能看出點問題，敢提點批評意見的人這時多已被打成右派分子，被剝奪了發言權。那

---

45 同注九，第四〇四頁。
46 華民著《中國大逆轉——「反右」運動史》，香港明鏡出版社，一九九六年出版。
47 《鄧小平文選》第二卷，第二九五頁。
48 同注十四，第三七九頁。

些沒有被劃為右派的知識分子和幹部眼看到不久前別人是怎樣成為右派，落到怎樣的境地，當然不敢再多說一句話。土法煉鋼，打麻雀，高產衛星田，吃飯不要錢，對於這些層出不窮的新事物，沒有誰敢說一個不字，大躍進就這樣沒有遇到一點抵抗，開展起來了。

大躍進這一場新的災難造成了持續三年的大饑荒，餓死的人以千萬計。毛澤東知道：大躍進的失敗使自己在黨內的威望大大降低，於是決心開展一場新的運動，打倒有可能向他的權威挑戰的黨內對手，重建自己的絕對權威。這時他就在準備這一場文化大革命了。

以打倒劉少奇為重要目的的文化大革命是一九六六年開始的，有材料表明：準備工作是早就在進行了。毛自己說過，六二年七千人大會就看出了問題。誰的問題？當然是劉。準備文化大革命的一項重要工作，就是收集（或者更確切地說是製造）能夠置劉少奇於死地的罪證。李冰封的〈籲天辯誣董狐篇〉一文談的是歷史學家呂振羽在一九六三年一月被秘密逮捕的事。逮捕呂振羽的目的就是要他作偽證，證明一九三五年十一月在同國民黨談判兩黨合作抗日的時候，劉少奇充當了內奸。所以李冰封認為，一九六三年就開始了文化大革命的準備。[49]

各項準備完成之後，文化大革命開始了。

49　李冰封文原載《書屋》月刊二〇〇四年十一期，收入《華胥夢醒錄》（香港天馬出版有限公司二〇〇五年出版，第五十九頁）時，改題為〈文革的準備階段當始於一九六三年〉。

四、文化大革命和反右派鬥爭的異同

毛澤東在一九六六年發動文化大革命，同他在一九五七年發動反右派鬥爭一樣，最根本的目的都是為了增強他本人的權力和地位，打擊有可能向他的權力地位挑戰的對手。

在一九五七年，毛原來想借助為衝擊力量的民主黨派人士不明瞭他內心深處的想法，不分老和尚小和尚一律批評，不但出現了對他本人的批評，甚至還涉及到有關共產黨領導地位的根本問題。他原本就認為民主黨派懷有二心，這時候更感覺到雖然八年來經過各種政治運動打壓和主流意識形態教化，民主黨派仍未歸順。面對著這種七嘴八舌紛紛議論的局面，他感到當務之急不是跟那些反冒進的黨內對手算帳，而是趕快把被他放了出來的那個魔鬼重新收進瓶子裡去。於是以民主黨派為第一個打擊對象，實現了全黨一致的反右派鬥爭：反擊資產階級右派分子向共產黨的猖狂進攻。

因此，在一九五七年，任何一個基層黨組織，乃至任何一個黨員，都是不能批評的，誰批評了就是向黨進攻。因為黨不是一個抽象的概念，而是由這些具體的支部和黨員組成的。通過這樣一場鬥爭，黨的威勢大大提高了；作為黨的領袖，毛的威勢更是大大提高了。這裡我用「威勢」一詞，不說「威信」。因為有人說過，反右派鬥爭使共產黨立了威，卻失了信。

到了一九六六年發動文化大革命的時候，從一開始，毛就明確告訴人們：絕不可把共產黨看做一個統一體。在宣告文化大革命開始的第一個文件〈五一六通知〉中，毛就寫下了「批判混進黨裡、政府裡、軍隊裡和文化領域的各界裡的資產階級代表人物，清洗這些人」的話。在中共八屆十一中全會通過的〈關於無產階級文化大革命的決定〉（即〈十六條〉）中更明確宣稱：「這次運動的重點，是整黨內那些走資本主義道路的當權派。」過來人都記得，當年那些大大小小的黨內領導人幾乎無一不被戴上「走資派」的帽子而受到衝擊，這就同一九五七年的做法完全相反，不過毛澤東的個人威望卻是進一步大大提高了。

一九五七年發動整風運動的時候，毛還頗有一些自信。這時他執政八年，工作中積累的錯誤，群眾中積累的不滿，都不算太多。有錯誤，他以為也不過是某些黨員的主觀主義、宗派主義、官僚主義和特權思想造成的，無損於整個黨的偉大、光榮、正確。只要按照整風指示說的，讓大家在和風細雨中批評批評就可以了。

到了反右派鬥爭中，甚至連這三個「主義」也不承認了。誰批評教條主義，就是攻擊馬克思主義，批評宗派主義，就是攻擊黨的領導……如此等等。用一頂右派帽子把一切批評都擋了回去。

時間又過去了九年，到了一九六六年，工作中積累的錯誤就更多了。其中還包括大躍進這樣的絕大錯誤，甚至應該說是滔天罪行，遠不是可以用「三大主義」那樣的輕描淡寫能夠解釋過去的。這時，人們對大饑荒記憶猶新，心裡都在想：這些錯誤乃至罪行是怎樣造成的？應該由誰來承擔罪責？對於這個無法迴避的問題，在文化大革命中是這樣解決的：有一條和毛主席的無產階級革命路線相對立的，劉少奇鄧小平的資產階級反動路線。這十七年間的一切成就，都歸功於毛主席的革命路線；一切錯誤，災難和罪行，都歸罪於劉鄧路線。毛要打擊的一切黨內對手，一切大大小小的走資派，都歸屬於劉鄧路線。這樣強調黨內的路線鬥爭，是一九五七年沒有提出也不必提出的。

在一九五七年，毛原來想要利用的衝擊力量是民主黨派人士，可是他們太不識相，有負厚望，因而受到沉重的一擊，早已潰不成軍，尸居餘氣。到一九六六年時已經不成其為一種力量，毫無使用價值了。這一回被毛澤東找來作為衝擊力量的，是大學生和中學生。看來這是他因為有了一九五七的記憶而作出的決定。

在一九五七年部署整風和反右的時候，最開始，毛並沒有想到學生。是五月十九日北京大學的學生貼出了第一張大字報，轟轟烈烈地掀起了他們自豪地稱為「五・一九運動」之後，才引起了毛的重視。在五月十九日以前，毛澤東寫的有關整風和反右的文件中都沒有提到學生[50]，是北京大學，中國人民大學和別的一些大學的學生們，出大字報，辦民主論壇，鬧哄哄，使毛澤東大傷腦筋，給他留下了極深的印象。他在醞釀文化大革命的時候，回憶起一九五七年這些娃娃們為了自己認準的「理」而奮不顧身的勇氣，覺得可以用來作為發動文化大革命的衝擊力量。於是所謂「紅衛兵」就應運而生。他們之中多是大學生、高中生，甚至還有初中生。他們更年幼無知、更輕信、更容易被煽惑。他們不但不知道上下五千年的歷史，就連中共執政以來十七年的歷史也不甚了了。他們中的一些人從父兄的遭遇中感受到了社會的不公，但被告知這是受到劉鄧路線的迫害，於是他們起來誓死保衛毛主席的革命路線了。他們成群結隊，四處抄家，打死老師，破四舊，鬧得烏煙瘴氣。他們的這種種無法無天的胡作非為，都被稱讚為革命行動，受到鼓勵。在他們的衝擊之下，各地黨委在很短時期內就癱瘓了。「紅衛兵」做到了毛希望他們做的事。

文化大革命當中鋪天蓋地的大字報，批鬥會，都是一九五七年經驗的直接繼承。毛在中共八屆三中全會上說：「今年這一年，群眾創造了一種革命形式，群眾鬥爭的形式，就是大鳴，大放，大辯論，大字報。……抓住了這個形式，今後的事情好辦得多

50　在《毛澤東選集》第五卷中的〈事情正在起變化〉一文中說到「有一部分有右傾思想的學生」，這篇標明為五月十五日作，其實不確。詳見拙著《反右派鬥爭全史》，秀威出版，二〇一三年。

了。大是大非也好，小是小非也好，革命的問題也好，建設的問題也好，都可以用這個鳴放辯論的形式去解決，而且會解決得比較快。……以後要把大鳴、大放、大辯論、大字報這種形式傳下去。這種形式充分發揮了社會主義民主。這種民主，只有社會主義國家才能有，資本主義國家不可能有。在這樣的民主基礎上，不是削弱集中，而是更加鞏固了集中制，加強了無產階級專政。」[51] 在文化大革命中大量採用這種革命形式就是很自然的事了。毛對這幾樣是如此喜愛，後來甚至把這些作為一種公民權利寫入《憲法》之中。直到毛澤東死後，鄧小平才有了一個新說法。他說：「『四大』，即大鳴、大放、大字報、大辯論，這是載在憲法上的。現在把歷史的經驗總結一下，不能不承認，這個『四大』的做法，作為一個整體來看，從來沒有產生積極的作用。」[52] 他說的是「從來」，就是說，這個「四大」不論在反右派鬥爭中，還是在文化大革命中都沒有起過積極的作用。

從形式上來看，文化大革命跟反右派鬥爭相似之處甚多，只是規模更大，持續的時間更長，受到衝擊的人更多，造成的破壞也更大。在這個意義上看，反右派鬥爭可以說

51 同注九，第四六七頁。
52 同注四十七，第二五七頁。

是文化大革命的彩排或預演。

在一九五七年，毛澤東把他提出的「百家爭鳴」解釋為「兩家爭鳴」：「我們提倡百家爭鳴，在各個學術部門可以有許多派、許多家，可是就世界觀來說，在現代，基本上只有兩家，就是無產階級一家，資產階級一家。」[53] 照這樣的解釋，所謂「兩家爭鳴」，實際上就是「無產階級和資產階級之間在意識形態方面的階級鬥爭」[54]。這思想後來也成了文化大革命的指導思想，在〈五一六通知〉中，就提出了「無產階級在上層建築其中包括在各個文化領域的專政」的口號。可見就指導思想而言，文化大革命是反右派鬥爭的直接延伸和發展。

毛澤東想要打倒劉少奇等黨內對手的目標，在一九五七年沒有能夠達到，直到文化大革命才達到了。在這個意義上，可以認為反右派鬥爭是一場流產的文化大革命。同一九五七年那時不同的是，隨著劉少奇及其同事在彌補大躍進災難性後果過程中威信的日益升高，打倒劉少奇的決心變得更加強烈與急迫。十年之後，「霸蠻」的毛澤東終於騰出手來，開始了他自己視為一生中在打倒蔣介石之外的第二件大事，即發動以打倒劉

53 同注九，第四〇九頁。
54 同注九，第三八九頁。

少奇為直接目的的文化大革命。

二〇〇六年二月十一日初稿，五月十八日改定。

（本篇原為提交給二〇〇六年在紐約舉行的《文化大革命：歷史真相和集體記》際研討會的書面發言）

反右派鬥爭：歷史關節

一九五七年發生的反右派鬥爭歷時不長。如果從六月八日《人民日報》發表〈這是為什麼〉的社論算起，到九月二十三日鄧小平在中共八屆三中全會上作〈關於整風運動的報告〉，宣布「鬥爭一般已經取得了決定性的勝利」，才不過三個半月的時間。可這是一個重要的歷史關節。要探究它發生的原因，就得追溯到三十年（比方說吧）之前，而對於後來歷史的進程，又發生了極其巨大的影響，這影響一直到五十年後的今天依然存在，我不能預料這影響還將存在多長的時間。深入研究這短短幾個月裡所發生的事件，不但有助於理解這以前的歷史，也有助於理解這以後以至今天所發生的許多事情。

這可以從這事的起因說起。為什麼會有這一場反右派鬥爭？我們回顧一下兩方面的情況。在發動者這一方，毛澤東從他政治生涯的開始就對知識分子有甚深的敵意，對於主張「舊民主主義」的中國民主同盟，早就有排除出政治舞臺之心。這一方面，李銳的〈毛澤東與反右派鬥爭〉一文已經根據文獻說得很清楚了。這裡只說一下對立面的情況。

這裡以羅隆基為例。一九三〇年初，他和胡適、梁實秋合作出了一本《人權論集》，主題詞是擁護人權，批評國民黨統治侵犯人權的理論和實踐。書中十篇文章，羅隆基寫了〈論人權〉、〈告壓迫言論自由者〉和〈專家政治〉三篇。在三位作者當中，要算他走得最遠，在〈論人權〉一文中他說了：

「對壓迫的反抗」是人權之一，也是法律的保護者。這就是洛克所謂革命的人權。到了人民所要的法律不能產生，或者產生了的法律失了效力的危險時候，人們就得運用他的革命的人權了。

一切的人權，都可以被人侵略，被人蹂躪，被人剝奪。只有革命的人權是永遠在人民手裡。

書中的另外兩位作者就沒有表示這樣的意見。不僅這樣，羅隆基還希望知識分子能夠形成一種獨立的政治力量，從而對國家的前途發揮自己的影響。他在一篇書評中談到中國「文人做武人的走狗」的情況：「如今國內一班聲名赫赫的長衫政治家，哪一個不是奔走匍匐於武人跟前，都是一班招之即來，揮之即去的奴才。」他「不禁為文人的身分悲，為國家的前途悲」。他設想：「倘使中國的文人，安心定分，自己早拿定主意，去創造文人的勢力，中國今日的局面，或不至此。」就是因為這個想法，他參與創建了中國民主同盟這個知識分子的政黨，隱隱然成為國民黨、共產黨之外的第三大黨，進而在推翻國民黨統治的鬥爭中，同共產黨合作，行使他說過的「革命的人權」。

毛澤東在中共第七次全國代表大會上提出「聯合政府」的口號，他說的聯合政府是由國民黨、共產黨、民主同盟和無黨派分子組成的（見《毛澤東選集》第三卷，第一〇六七頁）。不過，在這次大會的結論中，毛澤東說了這樣一個意見：「民主同盟是舊民主主義，我們是新民主主義，這是基本的區分。民主同盟可以跟我們聯合。」（《毛澤東文集》第三卷，第三八六頁）

不要小看了他說的這個「基本的區分」，它預示了最終會要同這一合作者的決裂。這裡簡單地說一說這個問題。其實，民主主義就是民主主義，並無新舊之分。陳獨秀就認為，沒有必要強調「無產階級民主」和「資產階級民主」的區別。他在一九四〇年寫的《我的根本意見》的第八條就是這樣說的：

民主主義是自從人類發生政治組織，以至政治消滅之間，各時代（希臘、羅馬，近代以至將來）多數階級的人民，反抗少數特權之旗幟。「無產階級民主」不是一個空洞名詞，其具體內容也和資產階級民主同樣要求一切公民都有集會、結社、言論、出版、罷工之自由。特別重要的是反對黨派之自由，沒有這些，議會或蘇維埃同樣一文不值。

現在把「民主主義」稱為「舊民主主義」，而另外提出一種跟它頗不相同的主張，叫做「新民主主義」的，其實就並不是民主主義了。

附帶講一下民主主義和社會主義的關係。按說，民主主義是社會主義的根本屬性和本質內容之一，不能設想有什麼不要民主反對民主的社會主義。而提出所謂新民主主義的人卻認為，這是社會主義之前的一個發展階段，因此有所謂「從新民主主義過渡到社會主義」一說。如果這裡說的是指蘇聯模式（或曰史達林模式）的社會主義，倒是合乎事實的：給民主主義加上若干限制，就成了新民主主義，再加上更多的限制，就成了蘇聯模式的社會主義了。毛晚年所推出的社會主義，就是這種東西，過來人記憶猶新。這些也確實是從他的新民主主義一步一個腳印地發展過來的。

毛澤東說得完全正確，民主同盟要的是舊民主主義，對於新民主主義改造是頗為抵觸的。到了一九五七年，這區分終於採取了猛烈爆發的形式。可以認為，這一場反右派鬥爭就是新民主主義同舊民主主義的鬥爭。

有意思的是，今天人們重讀當年《新月》雜誌上刊載的羅隆基批評國民黨的文章，有的竟同一九五七年被批判的右派言論頗為類似。例如〈我們要什麼樣的政治制度〉（第二卷第十二號）一文中，批評國民黨的「黨在國上」，說：「國民黨革命成功，可以說『黨在國上』，其他的黨革命成功，當然亦可以說『黨在國上』。這當然成了繼續不斷的『黨天下』。」這是不是可以認為是儲安平的「黨天下」論出現的預告呢？在〈我對黨務上的「盡情批評」〉（第二卷第八號）一文中，批評說：「從此以後，國家的一切官吏，考試的時候，先考黨義，一切考試官，要在黨內有深長的歷史。官吏考試以後，各機關用人，盡黨人先用；各機關裁人，盡非黨員先裁。換言之，今後的『黨治』，是以黨員治國。」而儲安平的那篇關於「黨天下」的發言中說的：「在全國範圍內，不論大小單位，甚至一個科一個組，都要安排一個黨員做頭兒，事無巨細，都要看黨員的顏色行事，都要黨員點了頭才算數」。兩人說的，只是後來儲安平的說法更形象一點。羅的這篇文章裡還說：

> 計算計算，現在國民黨員到底有多少人。國民黨員占了全國智識階級幾分之幾？占了留學生，大學畢業生，大學生，全體幾分之幾？中國人才已經是可怕的少數。國民黨內部的人才，當然又是這少數的少數了。就把全國的官吏都讓給國民黨員去做，恐怕人數也分配不下來，責任也擔當不下來。

這種現象，在儲安平的發言裡是這樣說的：

這幾年來，很多黨員的才能和他所擔當的職務很不相稱。既沒有做好工作，使國家受到損害，又不能使人心服，加劇了黨群關係的緊張，但其過不在那些黨員，而在黨為什麼要把不相稱的黨員安置在各種崗位上。

羅隆基在批評國民黨的時候，話還要說得更重一點。就說在這一篇裡吧，他還說了：「黨員治國是政治思想上的倒車，是文官制度上的反動，是整理中國吏治的死路，是國民黨以黨義治國策略上的自殺。」到了一九五七年，他也好，儲安平也好，都沒有說這樣的重話。

當毛澤東說民盟要的是不同於新民主主義的舊民主主義的時候，就是把它看作一種異己的政治力量了。一九四九年他連續撰文評論艾奇遜的《白皮書》，他知道民盟這些人就是白皮書所寄以希望的「民主個人主義者」。這以後，大小政治運動不斷。從思想改造運動開始，對電影《武訓傳》的批判，對《紅樓夢研究》的批判，對胡適思想的批判，都是針對知識分子的，而像三反、五反、土改、鎮反這些運動中，不少知識分子都受到了或深或淺的牽連。這些運動給知識分子造成的傷害，這裡只引被安排為北京師範大學副校長的數學家傅種孫的一段文章：

每一個政治運動起來，雖然這個運動名目不叫鬥爭，不管它叫學習也好，思想改造也好，肅反也好，每一運動起來，知識分子就心驚膽跳。對於統治者衷心奉承而一再受白眼、挨耳光，這是史無前例的。我想不起來有哪一個興朝盛世是這樣糟蹋知識分子的。

在這一連串的政治運動中，這裡只講一場一九五五年的肅反運動，這是反右派鬥爭之前的一場對知識分子的最大迫害。肅反運動是從反胡風引起的。胡風是一位長期追隨共產黨的左翼文藝理論家，從來沒有什麼異端的思想，竟也被視為異類了。開始是批判胡風的反動文藝思想，進而肅清胡風反革命集團，再進而擴展為遍及全國歷時一年的肅清暗藏的反革命分子的運動，即肅反運動。這一運動可以說是反右派鬥爭的重要鋪墊，與反右派鬥爭有甚深的直接的關係，這裡得稍微多說幾句。

肅反運動的打擊面廣。據胡喬木撰寫的一九五七年七月十八日《人民日報》社論提供的數字，立案審查達一百四十萬人，遍及全國黨政軍機關、工青婦團體、工商企業、大學師生、中小學教職員等等，都按一定的百分比預先確定審查對象。這類人約占當時知識分子總數的四分之一。

肅反運動的錯案率高。據前引胡喬木社論中的數字加以計算，就可以知道錯案率高達百分之九十四以上。這還是執筆撰寫社論那時的數字，實際上比這百分之九十四還要更高些。即如這篇社論中所舉出的第一個典型案例，「曾經是內務部戶政司司長的周維斌，原來是叛變投敵，做過日偽警察局長而且負有血債的反革命分子。」而在《百年潮》月刊二〇〇七年第二期上一篇署名文章指出「這是一件冤案。周維斌不是一個叛變投敵的反革命分子，而是一個為革命做了大量秘密地下工作，特別是為中共接收哈爾濱地區做出了重大貢獻的人。」至於像潘漢年、楊帆一案，胡風集團一案這些著名大案早已平反，更是大家都知道了的事。當年肅反運動所定的案，後來沒有翻過來的，想來是有也不多了。

現在法學思想中有一重要原則，就是法律不溯既往，除了根據案發以前所制定及公布的一切法律之外，法庭絕對不得判定任何人的犯法行為。而肅反運動是徹底破壞了這個「法律不溯既往」的原則，甚至創造出了一個「歷史反革命分子」的專用名詞，把在中華人民共和國成立之前在舊政權擔任官職都算作一種犯罪。如果把這一部分人除開，肅反運動的實際戰果，據前引胡喬木撰寫的社論提供的數字，「現行犯有三千八百餘名之多」，在立案審查的一百四十餘萬人中間，還不足百分之零點三。

看了這幾個數字，人們就會明白，為什麼到了一九五七年整風鳴放期間有那麼多人對肅反運動提出質疑，有那麼多人訴說在肅反運動中所受的冤苦。而這些人就成了右派分子的一大來源。

現在一些人談到反右派鬥爭，總說有多少萬人受了委屈，多少萬家庭吃足了苦頭。這種說法並沒有說到點子上。反右派鬥爭是通過打擊這批知識分子來打擊促進中國民主化、法治化、現代化的主張。我們且來看看當年批判了一些什麼「右派言論」吧。比方說，「外行不能領導內行」，這豈不就是要求幹部隊伍知識化、專業化，幹部應該懂得自己從事的專業麼？比方說，像經濟學家陳振漢主張的引進外資來中國辦工廠，經濟學家高方認為中國原來沒有高度發展的資本主義經濟，現在還要「補課」的見解；法學家楊兆龍認為立法工作進展慢，像刑法、刑事訴訟法、民法、民事訴訟法至今還沒有頒布，以致造成錯捕、錯押、錯判的情況；最高人民法院刑事審判庭庭長賈潛說的政策是政策，法律是法律，我們是司法不是司政策，黨具體過問人民法院審判工作就是違法，以及他還說了「有利被告」、「無罪推定」、「自由心證」等等法學原則。所有這些，都被當作右派言論批判掉了，從而完全顛倒了是非，使後來許多方面的工作都走了一大段彎路，多年之後才陸續有所扭轉。要談反右派鬥爭在歷史上所起的作用，首先就要從這個角度、這個層次來談。

反右派鬥爭對後來歷史進程的影響，首先一件就是導致了「大躍進」的發生。一九五八年九月五日毛澤東在第十五次最高國務會議上說：「幾億勞動群眾，工人農民，他們現在感覺得心裡通暢，搞大躍進。這就是整風反右的結果。」事實也確是這樣，能看出點問題，敢提點批評意見的人，這時多已被劃為右派，被剝奪了發言權，那些沒有劃右派的知識分子和幹部，也在反右派鬥爭的餘威震攝之下，噤若寒蟬，毛澤東的種種離奇幻想都可以毫無阻礙的付諸實施了。「大躍進」所造成的大災難，人們都知道，這裡就不多說了。

在這以後，還有十年「文革」，「文革」以後的政治風波，直到今天愈演愈烈的腐敗現象，其中都有五十年前反右派鬥爭的影響。這一切，不可能在一篇幾千字的短文裡說清楚。所以我說，這是一個有待深入研究的歷史關節。

（原載《領導者》總第十七期，二〇〇七年八月，

又載《炎黃春秋》二〇〇七年第十二期）

從郭小川看反右派鬥爭

一

一九五五年十月，郭小川從中共中央宣傳部文藝處副處長的職位上調任中國作家協會秘書長、黨組成員。在一九五六年十月至一九六〇年二、三月間，他更擔任了黨組副書記。這時，中國作家協會黨組書記是邵荃麟，原來還有一個副書記是劉白羽。劉白羽實際上是中心人物。

反右派鬥爭，正好發生在郭小川擔任黨組副書記期間。領導作家協會機關、作家協會所屬各刊物、乃至文學界的反右派鬥爭，都是他職務範圍內的事情。儘管他自己說，「反右派鬥爭中，我是積極的，而且受了很大的教育。」（《郭小川全集》第十二冊，廣西師範大學出版社，二〇〇〇年版，第十七頁）不過他給別人的印象還不是這樣。黃秋耘就說：「郭小川，他這個人是詩人氣質，不願意搞這個政治運動，況且領導上對他也不大放心。『反右派鬥爭』就主要由劉白羽抓。」（黃偉經著《文學路上六十年——老作家黃秋耘訪談錄》，廣東教育出版社一九九九年版，第五十二頁，廣州。）本文不寫郭小川本人在反右中的作為和所起的作用，這是已經有陳徒手寫過專文〈郭小川：黨組裡的一個和八個〉了（見陳著《人有病，天知否》，人民文學出版社二〇〇〇年版，第一六七—二三四頁）。本文要做的，只是介紹一些散見於《郭小川全集》中有關反右派鬥爭的材料，以加深人們對這一頁歷史的瞭解。

二

一九五七年的反右派鬥爭與一九五六年蘇聯東歐政局的動盪有明顯的關係。一九五六年二月十四日至二十五日蘇聯共產黨開了第二十次代表大會，以反對個人崇拜這個提法批評了史達林，提出了一條帶有較多自由化色彩的路線。這受到了中國知識界的歡迎，同時也給同年九月舉行的中共八大以明顯的影響。劉少奇在「八大」的政治報告中宣稱「我國的無產階級同資產階級之間的矛盾已經基本上解決」，表示了建立一個法治國家的意願。毛澤東也提出了他的十大關係、兩類矛盾、雙百方針、長期共存等一系列的新提法，表明有意試行一下有一定自由化傾向的新方針。

蘇共二十大之後，波蘭匈牙利原來史達林模式的政治受到了衝擊。波茲南工人鬧事，促使哥莫爾卡取代奧哈布成為執政黨的領袖。布達佩斯的知識份子和市民上街，推翻了以拉科西和格羅為首的勞動人民黨政權。卡達爾在蘇軍坦克車的支持下才平息了暴亂。匈牙利事件給了毛澤東極大的刺激。為了中國不發生類似的事件，他提出的對策是：「我們主動的整風，將可能的『匈牙利事件』主動引出來，使之分割在各個機關各個學校去演習，去處理，分割為許多小『匈牙利』，而且黨政基本上不潰亂。」（《毛澤東選集》第五卷，第四三二－四三三頁）

對於這些事情，郭小川的日記裡都有反映。二月二十一日：「報紙公佈了謝皮洛夫和蘇斯洛夫發言。……回家時已九點，看《內部參考》，傳米高揚批評了史達林，這事轟動了資本主義各國。」蘇共二十大的這些內容引起了他很大的注意，次日日記：「與（陳）笑雨談了好久的米高揚報告。」三月十九日日記：「到周揚同志處去聽關於青年文學創作者會議的彙報，商量一下會議的進行程序。後又談了一下史達林的問題，路透社傳說，赫魯雪夫曾在一次會議上說史達林是殺人犯，這個問題引起了全世界的震動。回來，蕙君（按：郭妻杜蕙）已睡，她把《內部參考》給我看，果然如此，弄得我長久不眠。」次日日記：「看了《內部參考》，史達林問題已經澄清了。」不知道他說的「澄清」是什麼意思，也許是說他已經弄清楚了吧。

他妻子杜蕙的反應似乎就同他有一點不同。他四月三日的日記說：「到家，蕙君就同我談起史達林的問題，她很激動，以致因為這種心情，竟到第二醫院去吵了一架，這未免太天真了。」次日日記還有「與蕙君辯論史達林的問題，十二時始睡」的記載。杜蕙的態度激動又天真，郭本人與此不同的態度又是怎樣的呢？四月四日他的日記：「上午把赫魯雪夫《關於個人崇拜及其後果》讀過了。讀後，有許多感想，又有一些憂慮，帝國主義正在利用這一事件，進行宣傳，是應該給予回擊的。」

四月五日，《人民日報》發表了〈關於無產階級專政的歷史經驗〉一文。這篇編輯部文章有禮貌地表示了對蘇共二十大路線的支持，表示接受二十大「反對個人崇拜」的提法。（此處據當時報紙引用，後來的印本「個人崇拜」都改為「個人迷信」了。）可是毛澤東在審稿中加寫了一些文字，依然說「史達林是一個偉大的馬克思列寧主義者」，並且宣稱：「有些人認為史達林完全錯了，這是嚴重的誤解。」郭小川在這篇文章發表的當天就讀了，他在日記中說，這篇文章「對史達林的問題，做了深刻的論述」。他完全贊同了《人民日報》的這種解釋，而對於不久以後蘇共中央決議中的解釋，卻表示了保留。七月八日日記：「看了蘇共中央關於克服個人崇拜及其後果的決議」，次日日記：「與（林）默涵談了一下蘇共中央的決議，顯然這個決議是有漏洞的，又很容易為帝國主義所利用。」毛澤東一九五七年一月在省市自治區黨委會議上的講話中說：「對蘇共『二十大』，我們黨內絕大多數幹部是不滿意的，這是一種正常的情緒，正常的反映。」（《毛澤東選集》第五卷，第三三四頁。）在毛澤東視野中的絕大多數幹部也都是郭小川、林默涵這一類人物，他才做出這種判斷的吧。

三

波匈事件發生，在郭小川日記裡有如下反映：

一九五六年十月二十五日：「接中宣部辦公室電話，叫去開會，……聽了（陸）定一同志談的關於波、匈兩國最近發生的事件的意見，他曾在昨天或前天與主席談了通夜。……十時看了哥莫爾卡的報告，十一時半睡。」

次日日記：「三時接（劉）白羽電話，叫去宣傳部，聽陸定一同志講話，他就波、匈事件談了很多問題。到四時半休息，與周揚、白羽、默涵一起談了一下。……坐杜芳的汽車回來，又同杜芳談了很久，據她說，少奇、小平、喬木已到蘇聯去了。主席說，九世同堂全靠一個『忍』字，對待團結問題上一定要『忍』。」

十月二十八日日記：「看見笑雨，他說：匈牙利的形勢又有些惡化，布達佩斯半數以上的軍隊都叛變了。我們的代表團已到，蘇聯很重視我們的意見，我們到後，他們才承認了哥莫爾卡。碰到（龐）季雲，他聽朱總司令說，匈牙利的納吉也很好，政治上可靠，卡達爾年青，只四十幾歲。」

十一月一日日記：「看了一下報紙和《內部參考》，匈牙利事件尚未結束，蘇聯發表了一個關於發展友誼合作的基礎的宣言」。

十一月四日晚上，郭小川寫了〈箭，要向反革命匪徒發射〉一詩，表示了他對匈牙利局勢的關切；「你的遙遠的兄弟，／簡直為你急白了頭。」還號召匈牙利人；「搶救你們那在垂危中的／社會主義共和國！」。（《郭小川全集》第一冊第二一九－二二〇頁）

十一月五日日記：「白羽來，得知匈牙利卡達爾成立工農政府，蘇軍出動援助政府平息叛亂的消息，至為欣喜。」

十二月二十九日《人民日報》發表了第二篇編輯部文章〈再論無產階級專政的歷史經驗〉，公開表示了中國共產黨對波匈事件的態度。發表的當天，郭小川就讀了一遍。一九五七年一月三日日記：「《人民日報》文章在國際上引起了很大的反響。這篇文章不管怎樣是很有力量的。它回答了在爭論中的幾乎所有的問題。」其中一個重要問題是鐵托提出來的。一九五六年十一月十一日鐵托在普拉的演說中指出：史達林的錯誤「是一種制度的產物」，「這裡不僅僅是一個個人崇拜問題，而是一種使得個人崇拜得以產生的制度問題。」為了回答鐵托，〈再論〉斷言：「史達林的錯誤並不是由社會主義制度而來；為了糾正這些錯誤，當然不需要去『糾正』社會主義制度。」

為什麼史達林的錯誤與社會主義制度無關呢？〈再論〉全文對此並沒有作出應有的論證和解釋，只是把原因歸結到史達林的個人品質上去，認為「決定的因素是人們的思想狀況。史達林後期被一連串的勝利和歌頌沖昏了頭腦，他的思想方法部分地但是嚴重地離開了辯證唯物主義，而陷入了主觀主義。」

對於一個總是抱著「認真學習，深刻領會」上級態度的好幹部來說，這篇文章當然已經足夠好了。但是對於喜歡思考問題的讀者來說，這就很少說服力了。當年北京大學物理系四年級學生譚天榮就寫了一篇〈教條主義產生的歷史必然性〉，指出〈再論〉一文的「全部論證在邏輯上不過是同語反覆，史達林之所以犯錯誤是因為史達林犯了錯誤」，「在我看來，史達林的錯誤，不能用史達林的個人品質來說明，正如落體運動不能用物質結構來說明一樣。」（見《原上草》，經濟日報出版社一九九八年版，第四十七－四十八頁）

郭小川也許是感覺到了〈再論〉一文在這個問題上缺少說服力，他想把這個問題說得更清楚更充分一點。就寫了〈官僚主義與小資產階級的偏激〉一文，把這個問題用這種形式提了出來：「還有一種論調，說：我們之所以有官僚主義，是因為我們的制度不好。好像社會主義制度，倒是產生官僚主義的基礎。……在我們的社會主義制度下，為什麼還有官僚主義？（《郭小川全集》第六冊第四八二頁）對於這個設問，他作出的回答是這樣的：「雖然我們的社會主義制度是好的，但是，我們有時還不會很好地運用這種制度來杜絕官僚主義，或者沒有隨著事業的發展及時調整這種制度，或者還沒有找到一種正確的工作方法來保證這種制度充分發揮它的作用。因此，我認為，要反對官僚主義，除了進行充分的思想教育工作以外，最有決定性環節是加強社會主義制度，既不能『糾正』這種制度，也不能取消這種制度。」（《郭小川全集》第六冊第四八三頁）

看來，郭小川寫文章的本領並不比〈再論〉的執筆者胡喬木更高些。話雖然比〈再論〉多寫幾句，可是道理還是同樣沒有說清楚，還是同樣沒有說服力。胡喬木沒有能夠做到的事情，郭小川同樣沒有做到。不過，在郭的自我感覺裡，這確是一篇得意之作。後來文化大革命中間，他在〈在兩條路線鬥爭中〉這篇檢查中說：「這篇文章，寫於東歐某些修正主義者、法國修正主義者攻擊社會主義制度以後，因此，是有一定意義的。在我看來，是一篇很重要的文章。」（《郭小川全集》第十二冊第九十四頁）甚至在寫作過程中，他就已經頗為得意了。一九五七年一月六日日記：「八時回來，又改文章，到十時三刻改完。寫這種文章倒頗使我開心，因為都是我的真心話。可以預料，這篇文章，要召來很多反映（應）的。」這篇文章發表在《中國青年》一九五七年第二期上，署名馬鐵丁。因為那時正好是大文章大事件層出不窮的時候，勢必分散人們對這篇東西的注意，在我的記憶中，它的發表，似乎並未引起作者所預期的強烈反應。不過對於反右派鬥爭來說，這一篇自有其重要性。例如文章批評了那種把「成績是主要的，缺點和錯誤是次要的」這個公式當作「八股」的人，這就是不久以後和右派分子「辯論」的一個大題目。

四

「百花齊放，百家爭鳴」的方針，最早是毛澤東在一九五六年四月二十八日在中共中央政治局擴大會議的總結講話中提出來的。（《毛澤東文集》第七卷，第五十四頁。）五月二十六日，中共中央宣傳部部長陸定一在懷仁堂以〈百花齊放，百家爭鳴〉為題，向知識界作報告。郭小川也是當時在場聽講的一人。這篇講稿經毛澤東作了一點修改並批示「此件很好，可以發表」之後，即在《人民日報》刊出。可是，一年之後，郭小川在一九五七年六月十三日日記中卻這樣記下了他重讀這一篇的印象：「感到他道理說得很不充分，邏輯性不強。」這時反右派鬥爭正在開始，這一篇主旨在於動員知識份子解除顧慮積極投入「鳴放」的舊文，顯然已經是明日黃花，不合時宜了。一九七一年十一月郭小川在〈為恢復黨的組織生活進行鬥私批修〉這篇檢查中說：「『雙百』方針是主席提出來的，但是，主席怎樣講的，我們無法直接聽到。我們看到聽到的就是陸定一的文章和周揚的一些有關報告，而他們就做了極大的歪曲和顛倒，解釋成為讓牛鬼蛇神一齊出籠的資產階級自由化的政策。這是一個極大的騙局，是打著毛主席的旗號搞的。而我，也就從資產階級世界觀出發，從修正主義思想出發，接受並貫徹了下去，而且十分賣力。」（《郭小川全集》第十二冊第二五二－二五三頁）他用攻擊這時被宣佈打倒的陸定一和周揚的辦法來表明自己此刻的新覺悟。其實，當初提出「雙百」方針，本來是明顯有著自由化傾向的。反右派鬥爭反掉了自由化傾向之後，也就在事實上放棄了「雙百」方針。這時就只能宣稱原來的闡釋是歪曲和顛倒了。這當然是事後的聰明。當初，這新方針的提出，對文藝界和學術界的許多知識份子還是很有一些吸引力的。一些人受到了鼓舞，覺得自己也應該盡一「花」一「家」的責任，決心著手創造性的工作；而另一些人面對過去沒有經驗過的局面而憂心忡忡。就是在這樣兩種反應的對峙之下，進入了知識份子的一九五七年。

當時作為這兩種傾向的代表作，一再被毛澤東並提的，前者是鍾惦棐寫的〈電影的鑼鼓〉，後者是陳其通、陳亞丁、馬寒冰、魯勒四人寫的〈我們對目前文藝工作的幾點意見〉。〈電影的鑼鼓〉是因為上海《文匯報》上「為什麼好的國產片這麼少？」的討論而寫的。討論中一些文章涉及到文化部電影局領導工作中的缺點。那時鍾惦棐在中共中央宣傳部文藝處負責電影方面的工作，這一場討論引起了他的思考，即寫了這一篇，發表在《文藝報》一九五六年第二十三期上。指出：「目前有許多有經驗的藝術家不能充分發揮出創作上的潛力，而只能唯唯聽命於行政負責人的指揮，尚未進入創作，已經畏首畏尾，如何談到電影藝術的創造？沒有創造如何談得到電影事業的繁榮？」這些話當然很使電影局的領導惱怒了。

其實，對於《文匯報》的這一場討論，毛澤東表示過贊許的態度，那是在全國宣傳工作會議期間，他在同新聞出版界代表談話中就說了，「這次對電影的批評很有益，但是電影局開門不夠，他們的文章有肯定一切的傾向，人家一批評，又把門關得死死的。我看大多批評文章提出的問題，對於改革我們的電影是很有益的。」（《毛澤東文集》第七卷，第二六一頁。）鍾惦棐的這一篇應該說是這一場討論中最有分量的文章，卻沒有料到被看作了修正主義傾向的代表作。

陳其通等四人的文章刊登在一九五七年一月七日《人民日報》上，對提出「雙百」方針以來文藝工作的狀況做了頗為悲觀的估計，說什麼「在過去的一年中，為工農兵服務的文藝方向和社會主義現實主義的創作方法，越來越很少有人提倡了。」「真正反映當前重大政治鬥爭的主題有些作家不敢寫了，也很少有人再提倡了」，「文學藝術的戰鬥性減弱了，時代的面貌模糊了，時代的聲音低沉了，社會主義建設的光輝在文學藝術這面鏡子裡光彩暗淡了。」

郭小川一九五七年一月八日日記談到這兩篇文章：「與默涵談了這些情況。又談了鍾惦棐最近的幾篇文章，他在《文藝報》上發表了〈電影的鑼鼓〉，而且是用『文藝報評論員』的署名。引起了電影界的很大波動。他的另一篇署名『朱煮竹』的文章，更引起了很大的反感。他的這些行動，已經有些無紀律了。而前一篇在《文藝報》發表前，張光年（按：《文藝報》主編）竟沒有看，真是氣人！昨天，《人民日報》上發表的陳其通等人的文章，就是對這種現象的不滿的表現。幾個月來，文藝界又在某種程度上釀成了小資產階級的風潮。」

在這兩種對立的傾向中，郭小川的態度很鮮明：反對鍾惦棐，贊同陳其通。其實，並不只他一人是這種意見，例如周揚在答《文匯報》記者問中，也認為陳其通四人文章中還有「好的，應當肯定的」內容，儘管它「實際起了一種障礙『放』和『鳴』的作用」，但造成這一錯誤的原因只不過是「作者對當前文藝狀況的考察是片面的，他們是用教條主義的眼光，帶著宗派的情緒去觀察事物的。」而鍾惦棐的這一篇呢？卻不但沒有什麼應當肯定的內容，而且他是沒有能夠「站在正確的立場，實事求是地，恰當地來批評電影工作」，「把電影的工農兵方向否定了」，「有將我們的電影事業引向資本主義道路的危險。」（《周揚文集》第二卷，人民文學出版社，一九八五年版，第四八八－四九〇頁）他這是要公開發表的字斟句酌的答記者問，不像郭小川信筆去寫的日記，但兩人的意見其實是相同的。

在開始一段時間裡，毛澤東是將〈電影的鑼鼓〉和陳其通四人文章作為兩種偏向的代表作一同拿出來批判的，而且更側重於批判四人文章。這是因為他說的這篇文章「無非是來阻止百花齊放，百家爭鳴。」（《毛澤東文集》第七卷，第二四九頁。）批判它，就是為了讓人們消除顧慮投入鳴放，只是一種動員鳴放之時的策略運用，並不是他真以為這一篇更壞些，更應該批評些。待到從動員鳴放的階段轉入反右派鬥爭階段的時候，他就在〈事情正在起變化〉一文中說出了他對二者真正的評價了：以陳其通等四人文章為代表的教條主義，「這些人大都是忠心耿耿，為黨為國的，就是看問題的方法有『左』的片面性。」而以〈電影的鑼鼓〉為代表的修正主義呢，「這些人比較危險，因為他們的思想是資產階級的思想在黨內的反映。」（《毛澤東選集》第五卷，第四二三頁。）

可是，郭小川在一段時間裡沒有能夠理解毛澤東的策略運用和真實意圖。後來在一九五九年反右傾受批評之時，他在作家協會總支黨員大會上的檢查中，談到了他的困惑：

在反右鬥爭以前，我的錯誤很多，主要表現在兩個問題上：一是中央提出百花齊放、百家爭鳴的方針以後，我在一定程度上作了資產階級的理解。……出現了〈組織部新來的青年人〉，我覺得問題嚴重了。黨組會議（由我來主持的）討論基本上否定了這篇文章。很快主席批評了陳其通等人。我當時思想混亂了，認為自己搞錯了，心想我們真是跟不上了嗎？其實，主席的意思是放手讓毒草出來，放出來再加以撲滅。我誤解了主席的指示，我的思想情緒於是更向右的方向發展。（《郭小川全集》第十二冊第十七頁）

待到反右派鬥爭公開發動，郭小川的思想當然不再混亂，也完全跟得上了。

五

剛才提到王蒙發表在《人民文學》一九五六年九月號上的〈組織部新來的青年人〉，是一篇以反對官僚主義為題材的短篇小說。發表之後立刻引起了讀者的注意，《文藝學習》上還展開了對這篇作品的討論。這也是一件使郭小川感到困惑的事。他一九五六年十二月二十日日記：「八時讀〈組織部新來的青年人〉，又翻了一下《文藝學習》對它的批評和討論，九時多蕙君回來後，我又同她爭論了好一會，對這小說、這種人（林震）我是一點也不歡喜的。」後來在文化大革命中作的檢查裡，他說了不歡喜的原因：「我為什麼又反對王蒙小說呢？這是因為反對官僚主義危及了我自己這樣一些人。匈牙利事變嚇壞了我，我怕出亂子，引起大動盪。我這個地位究竟與像王蒙這樣的一般知識份子不同的，我的個人主義，使我必然考慮和保護我的既得利益。」（《郭小川全集》第十二冊，第二〇九－二一〇頁）於是，在他的提議之下，中國作家協會黨組開會來討論這篇小說了。討論的情況，見於他一九五七年一月二十九日日記：「今天討論了一天的《組織部新來的青年人》，是黨組會，但有一些老作家參加。（張）天翼上午提了一些很好的意見，（周）立波也談到了它的自然主義傾向，艾蕪則說了一些有關批評的意見。……下午的討論，發表了一些同志的不同看法，但總的認為這小說是有毒素的。」就這樣，「基本上否定了這篇作品」。（《郭小川全集》第十二冊，第二十三頁）他把自己的態度歸結到保護既得利益問題，是一種很真誠很坦率很深刻的反省。陳其通等四人的文章，以及其他一些類似的態度，也可以這樣解釋。寬厚一點說，也許並不怎麼自覺，而只是一種潛意識的活動。在意識到的層面上，卻還自以為是在保衛什麼抽象的原則哩。這倒是郭小川的可愛之處。

郭小川沒有預料到的是毛澤東對這篇小說的態度。他一九五七年二月十六日日記：

周揚同志接喬木同志電話，叫他、默涵、光年、（嚴）文井去頤年堂，後來周揚同志叫我和荃麟也去。我們就乘車到了中南海的頤年堂。剛脫下衣服，主席就出來了。

這是意外的會見。已經太久沒有這樣近地見他了，他握了手，問了姓名，說了很多詼諧的話。以後人越來越多了，有張奚若、胡耀邦、鄧拓、胡繩、楊秀峰、北京各報的負責人。大家坐下來，他就談起來。

主要是對王蒙的小說〈組織部新來的青年人〉和對它的批評，主要是李希凡和馬寒冰對它的批評。主席特別不滿意這兩篇批評。它們是教條主義的。他指出：不要倉促應戰，不要打無準備、無把握之仗，在批評時要搜集材料，多下一番功夫。而在批評時，應當是又保護、又批評，一棍子打死的態度是錯誤。

聽了毛澤東的這一席話，郭小川於是就認為自己是錯了。他在一九六〇年寫的一篇思想總結中說：「在對待王蒙的小說《組》上面，我開始比較『左』，對這篇小說很反感，然後又受到主席的批評（主席指出不應對王蒙圍剿，小說有正確的一面），我誤解了主席的精神而轉向右傾。」（《郭小川全集》第十二冊，第四十四頁）

王蒙這篇小說發表之前經過《人民文學》編輯部的修改。這些修改有純技術性的，有些卻涉及到內容。後來引起批評的，有些並不是王蒙的原文，而是秦兆陽的修改之處。郭小川四月十四日日記：「荃麟告訴我，說毛主席看了《宣教動態》登的《人民文學》怎樣修改了〈組織部新來的青年人〉，大為震怒，說這是『缺德』、『損陰功』。……主席主張《人民文學》的這件事要公開批評，荃麟說，秦兆陽為此很緊張。」四月十六日日記：「上午是（作家協會）書記處會議，討論《人民文學》修改王蒙小說問題。大家都主張把此事公開出去，但方式是用《人民文學》發表編輯部討論會記錄的方式，同時請王蒙參加。」後來照此辦理，並在《人民日報》上公佈了這些材料。

六

人們通常都說毛澤東的〈事情正在起變化〉是表明他決定發動反右派鬥爭的第一篇文章。我在《一九五七年的夏季——從百家爭鳴到兩家爭鳴》一書中也是這樣說的。不過我對它標明的寫作日期「一九五七年五月十五日」表示了疑問。因為，對於這一場鬥爭的對象，五月二十日的〈中共中央關於加強當前運動的領導的指示〉稱呼的是「右翼分子」，還沒有採用最後確定的規範化的稱謂：「右派分子」，可見〈事情正在其變化〉的最後定稿必在五月二十號之後。看郭小川日記，六月十七日：「七時，到中南海陸（定一）部長處……在那裡看了〈事情正在起變化〉這個文件。」六月二十日：「看了中央政治研究室（實際上是毛寫的）的〈事情正在起變化〉。」六月二十一日：「又看了一遍〈事情正在起變化〉。」郭小川是六月十七日才第一次在陸定一那裡看到，可以想見它的最後定稿並向下傳達當是六月中旬的事。

反右派鬥爭的公開發動，是一九五七年六月八日，以《人民日報》出現社論〈這是為什麼？〉為標誌。同一天，還有毛澤東起草的〈中共中央關於組織力量準備反擊右派分子進攻的指示〉。人們從中央文獻出版社一九九八年版的《周恩來傳》（一九四九－一九七六）（上冊，第三六八頁）知道：《事情正在其變化》是六月十二日才在黨內印發的。郭小川的日記中說他是六月十七日才在中央宣傳部長陸定一處第一次看到這個文件的，這已經是在反右派鬥爭公開化幾天之後了。（見《郭小川全集》第九卷，第一一八頁。）《毛澤東選集》第五卷在此文題目下面所注出的五月十五日，當是寫出第一稿的日期，寫完之後又經過了修改。這當然是一篇極其重要的文章，毛在這裡正面宣佈了他如此決策的理由。他寫上的這個「一九五七年五月十五日」，大約是表示他下決心開展反右派鬥爭的日期。

原載《出版廣角》二〇〇一年三月號

修訂於二〇一三年一月二十九日

胡適和他的右派兒子胡思杜

胡適的小兒子思杜，一九二一年十二月十七日生。出生的時候，他上面有哥哥祖望和姐姐素斐，家裡都叫他小三。他四歲那年，姐姐素斐就夭折了。

一九三七年抗日戰爭爆發。九月，胡適奉命去美國作非正式的外交工作。動身之前，他九月六日寫信給妻子江冬秀，對兩個兒子做出安排：

> 我日內就要出門，走萬里路，辛苦自不用說，但比較國內安全多了。一切我自保重，你可放心。……
>
> 祖望，我要帶到武漢去，想交與武漢大學的王撫五或陳通伯，等候二次招考，或作旁聽生。他很能照管自己，你可放心。
>
> 小三，我只好交給你安排了。

胡適帶著長子祖望到了武漢。九月十一日他從漢口寫信給逃難中的妻子：

最好是你們早日南下，走青島轉濟南，轉到南京。現在有許多南京的中學堂，都搬到徽州去開學。小三到徽州可以上學。不然，就把小三留在南京，託朋友把他帶到湖南上學。你自己可以回到家鄉去住。

十月十九日，胡適從美國寫信給妻子：「小三怎麼不寫信？我盼望你們常常寫平安信來。明信片也好。」

十一月二十九日的家書又重提這事：「小三應該寫信給我，怎麼一封都沒有？」

十二月十七日的家書又問小三了：「小三肯用功嗎？」這樣催促了多次之後，小三來信了。胡適即寫了回信：

小三：

謝謝你的信。

今天是二月十二，是林肯的生日，全國都有慶祝會。

媽媽說你近來用功，我聽了很高興。你寫的字也有進步了。最好是不要寫草字。先寫規矩字，帶一點「行草」，不可太草。

我積了一些郵票，積多一點再寄給你。請你代我問候應小姐。

爸爸

不單是寫信。做爸爸的還在想能夠給兒子更多的教育。一九三八年五月五日胡適寫給妻子的信中說：「我盼望你能有多一點時候在家照管兒子；小兒子有一些壞習氣，我頗不放心，所以要你多在家照管照管兒子。」

小三有一些什麼讓胡適頗不放心的壞習氣，下面會要說到。七月三十日給妻子的信裡，胡適又談到了對小三的教育問題：「小三也有聰明，你不要太悲觀。每月給他一點買書錢，叫他多讀有用的書。英文必須補讀。」

一九三八年至一九四二年間，胡適擔任中國駐美國大使。他把長子祖望接來了美國，在自己當年留學的康奈爾大學求學。幼子思杜留在國內，可是時時想到他的學習和進步。他一九三九年六月二十五日寫給妻子的信中說：「小三能看書，可以多讓他買書。買書的錢，是值得花的。」七月二十三日，他寫信給小三，叫他看火星，並且告訴他，有接他出來上學的意思：

今夜「火星」特別光亮，紅的像紅鯽魚。再過四夜，七月二十七夜，是十五年中火星同地球最接近的一夜，所以全世界的天文家和愛看星的人們，這幾天都特別準備看那一夜的火星。

我今夜也在外邊看火星，很想著你，所以寫這封信給你。你這幾天看火星了嗎？

我盼望你好好的用功，也許我明年能接你出來上學。要用功學英文英語。要保重身體。

一九四〇年三月二十一日，胡適給妻子和小兒子兩人寫信。給妻子的信中有一段是談他對小三上學一事的想法：

我頗想小三到昆明去上學。小三要學社會科學，應該到昆明去準備考北大、清華。我此時沒有能力送兩個兒子在美國上學，所以想小三跟一位朋友到昆明去，跟著澤涵暫住；考進學堂後，搬住學校。你看怎麼樣？此事不宜遲，你們倆若贊成，就應該早早預備了。

同時寫給兒子的信裡，也把這意思對他說了：

小三：

我剛寫信給媽媽，說，我頗想叫你到昆明去上學。你心上有何意見？我此時不能叫你來美國，因為一來我沒有錢，二來我要減輕身上的累贅，使我隨時可以辭職。

你是有心學社會科學的，我看國外的大學在社會科學方面，未必全比清華、北大好。所以我勸你今年夏天早早去昆明，跟著舅舅，預備考清華、北大。上海的大學太差，你應該明白。學社會科學的人，應該到內地去看看人民的生活實況。你二十年不曾離開家庭，是你最不幸的一點。你今年二十了（十八歲半）。應該決心脫離媽媽，去嚐嚐獨立自治的生活。你敢去嗎？你把意見告訴媽媽。決定之後，不宜遲疑，望早早作預備。

爸爸　廿九・三・廿一

兩個月之後，五月二十一日他又寫信和妻子商量讓小三到昆明去上學這事了。信中說「我想叫思杜到昆明去上學，你贊成嗎？思杜贊成嗎？我離開太遠了，這種問題最好是你和小三商量決定。我絕不勉強小三。」看來他們母子商量的結果還是希望讓他也到美國留學。她寫信來，胡適同意了，就讓思杜來美國了。他一九四一年四月十日給妻子的信中說：

我曾細細想過小三的問題。我從前所以不敢叫兩個孩子都出來，正是因為我要減輕家累，可以隨時要走就走。古人說，「無官一身輕」。我要倒過來說，「一身輕才可以無官」。現在祖望還有一年半，可以畢業；假使我現在走了，我還可以給他留下一年半的學費用費。小三來了，至少有四年，我要走開，就得先替他籌畫一筆學費用費，那就不容易辦了，就得設法子去賣文章，或賣講演，替兒子籌備一點美金。所以我去年不敢叫他出來。

現在你們都說小三在上海的環境不好，我才決定叫他出來。我從現在起，要替他儲蓄一筆學費。凡我在外面講演或賣文字收入的錢，都存在這個儲蓄戶頭，作為小兒子求學的費用。

我想把小三送進一個中部的大學，讓他從第一年讀起。他若肯用功，加上三個暑假學校，也可以三年半畢業了。中部的生活程度比東部低些，用費可以節省一點。

就這樣，思杜於一九四一年五月到了美國，進了印第安那大學的海勿浮學院學歷史。在學校裡，他可不是一個用功的學生。胡適一九四四年七月一日寫給趙元任的信中說到這個兒子：

小三七月六日就上課了。我叫他選一科愛讀的歷史課，用全力去試試看，餘力去學寫中國楷書，預備替我做抄手。

他這學期五門工課，四門全不及格。大概「正途出身」，他是沒有希望了！

一九四八年八月三十日胡適日記：「思杜今天到北平圖書館去做工。」

十二月，人民解放軍已經完成了對北平的包圍。十五日，蔣介石派來專機，把時任北京大學校長的胡適從圍城中接到南京去。胡適這天的日記說：

昨晚十一點鐘，傅宜生（按：即傅作義）將軍自己打電話來說，總統（按：即蔣介石）有電話，要我南飛。飛機今早八點可到。我在電話上告訴他不能同他留守北平的歉意，他很能諒解。今天上午八點到勤政殿，但總部勸我們等待消息。直到下午兩點才起程，三點多到南苑機場。有兩機分載二十五人。我們的飛機一直飛南京，晚六點半到。有許多朋友來接。兒子思杜留在北平，沒有同行。

胡思杜沒有跟隨父母親一同到南京去，表明了他的政治選擇。他對於即將到來的新時代是持歡迎態度的。

一九四九年一月三十一日，因傅作義部接受和平改編，北平宣告解放。九月，胡思杜進了華北人民革命大學政治研究院學習，編在二班七組。學習了一年之後，提交了一篇〈思想總結〉畢業。一九五〇年九月二十二日香港《大公報》以〈對我父親——胡適的批判〉為題，刊登了這篇思想總結的部分內容。

胡思杜在這篇文章裡說，他的父親胡適，「是反動階級的忠臣，人民的敵人。」表示了要和父親劃清界線的態度：「今天，受了黨的教育，我再也不怕那座歷史的『大山』，敢於認識它，也敢於推倒它，也敢於以歷史唯物主義的天秤來衡量他對人民的作用。……在他沒有回到人民的懷抱來以前，他總是人民的敵人，也是我自己的敵人。在決心背叛自己階級的今日，我感到了在父親問題上有劃分敵我的必要。」可是，政治認識歸政治認識，親子之情畢竟是親子之情。所以他在這份思想總結裡還是坦率地承認：「我以為在思想上大致劃分了敵我，但是在感情上仍有許多不能明確割開的地方。」一個曾經留學美國的資產階級知識分子，達到這樣的認識高度，真不是一件容易的事。這真可以看作黨對知識分子的思想改造政策成功的一例吧。

一九五七年三月二十四日胡適日記：

收到小三從唐山寄來一信，是平寄的信，故經過五十日才到。這是七年來第一封信。信是寫給「媽媽」的，信凡四頁。末後說，爸爸那邊，已另有信去了。但那封信至今沒有收到。大概是他先曾奉命寫信給我，信是呈上去了，他以為已寄出了，所以偷寫這封給媽媽。殊不知中共已改變計畫了，不要他出面寫信，另叫別人（如曹聚仁之流）寫信。

這也是他收到思杜最後一封信，因為不久之後大陸就要發生反右派鬥爭了。四月二十七日，中共中央發出〈關於整風運動的指示〉，決定在全黨進行一次以正確處理人民內部矛盾為主題，以反對官僚主義、宗派主義和主觀主義為內容的整風運動。並號召黨外人士來給共產黨提批評意見，幫助共產黨整風。這時胡思杜是唐山鐵道學院馬列主義教研組的講師，同時還是唐山鐵道學院中國民主同盟支部的秘書。他積極回應了這個號召，當人民日報記者來採訪的時候，他說了不少意見。

五月二十日的《人民日報》上，以〈河北高等學校教授針對教育領導工作提出批評〉為題，發表「本報訊」，內容大半是胡思杜一個人說的。報紙上刊出了他這樣一些意見：

唐山鐵道學院講師胡思杜談到高等學校領導中的主觀主義和宗派主義。他說，三反以前，一些年長教師的資產階級思想肯定是十分嚴重的，三反中矛盾暴露了，幾年來經過許多政治運動，許多老教師的思想是進步了，而學校領導還是以老眼光看人。學校中盛行青年教師路線，而對有經驗的教師疏遠，脫離了基本群眾。而這些青年教師經驗不足，卻擔負教學改革的重責，後果實在可怕。曾經有一位機械系的教師根據部裡發下的蘇聯教學大綱壓縮修改了，交給管教務的青年同志說，這已經超過學生負荷能力六分之一，希望他到部裡去力爭縮減。結果這位青年同志不知教學甘苦，到部裡開會的結果，不僅沒有減少六分之一，倒增加了百分之八，以致從一九五三年到現在年年精簡課程，多少學生鬧病。

胡思杜還談到唐山鐵道學院四個院長、副院長都是黨員，而且都是鐵道部派來的黨員。教師們曾提出一個教授當院長，提了兩年未批准。胡思杜認為鐵道部領導不瞭解知識分子的脾氣。他們希望有一個教授當院長，就如少數民族有他們自己人當自治區主席一樣。另外，在唐山鐵道學院中有一個非黨教務長與院長發生爭論，黨員院長就聲色俱厲地說：「你堅持，你得負責！」請問這樣一位非黨教授如何負責？一句話害得他一年多抬不起頭來。

胡思杜還提出黨員教師在高等學校中的作用問題。他說共產黨員在一切工作崗位上要起帶頭作用，而高等學校一般黨員教師在業務中的帶頭作用是不夠好的。他們業務水平不高，怎麼在教學工作中起得了骨幹作用。他又指出科學研究工作在高等學校停在呼口號階段，號召多，做得少，這與會議過多有關。最近他們學校工會調查了一位擔負社會工作等情況的教授的時間：社會活動占四分之一，教學，科學研究工作占四分之一，各種會議及行政工作占二分之一。這證明他有四分之三的時間「不務正業」，只有四分之一時間放在他應有的工作上面。胡思杜建議高等學校應有「三天無會日」。

胡思杜還認為唐山鐵道學院領導上對教師的情況若明若暗，瞭解不清楚，因之許多問題解決不了。院長（兼黨委書記）很少下到系裡和教研組和教師談談心，也很少徵求教師的意見，教學工作盲目性很大。他希望這次學校中能邊整風，邊下去，作艱苦的調查研究工作，摸摸教學工作究竟存在什麼問題，教師思想有什麼矛盾。他說過去既然欠了這筆帳，愈早還愈好。他希望黨委書記親自動手，不要僅僅依賴支部同志搞。一般支部同志多是年輕人，經驗少，對高級知識分子的複雜性掌握不了，在教學工作上又無實際體會。

胡思杜在接受記者採訪的時候不可能知道，一場反右派鬥爭正在從容部署之中。五月十四日，中共中央秘密發出了〈關於報導黨外人士對黨政各方面工作的批評的指示〉，其中提出了這樣一個做法：

我們黨員對於黨外人士的錯誤的批評，特別是對於右傾分子的言論，目前不要反駁，以便使他們暢所欲言。我們各地的報紙應該繼續充分報導黨外人士的言論，特別是對於右傾分子、反共分子的言論，必須原樣地、不加粉飾地報導出來，使群眾明瞭他們的面目，這對於教育群眾、教育中間分子，有很大的好處。

（轉引自薄一波《若干重大決策與事件的回顧》修訂本，人民出版社一九九七年版，下卷，第六三五—六三六頁）

刊登在五月二十日《人民日報》上的這一篇「本報訊」，就是執行這五月十四日〈指示〉的一個行動。當我們明白了這一點之後再來看這篇文章，就可以看出作者的深心了。標題上寫的是「河北高等學校教授……」，似乎是綜述全省的事，實際上除了唐山鐵道學院的胡思杜之外，只找了河北農學院的兩個教師作為陪襯。所謂河北全省也者，不過列舉了兩所學校的三位教師。再看全文一千八百字，農學院的兩位說的合計不過六百字，而胡思杜一人說的超過了一千字。可以說這一篇就是為了胡思杜發的，就是為劃他做右派分子作準備。看來，是事先已經內定要劃胡適的兒子為右派分子，才布置這一次採訪的吧。

六月八日《人民日報》刊出題為〈這是為什麼？〉的社論，宣告反擊資產階級右派鬥爭開始，同一天，中共中央發出毛澤東起草的〈關於組織力量準備反擊右派分子進攻的指示〉，具體部署反右派鬥爭。提出：

高等學校組織教授座談，向黨提意見，儘量使右派吐出一切毒素來，登在報上。可以讓他們向學生講演，讓學生自由表示態度。最好讓反動的教授、講師、助教及學生大吐毒素，暢所欲言。

按照這個指示，新華社記者又來採訪胡思杜了。胡思杜不知是計，果然又大吐毒素。新華社唐山十四日訊：

人民日報最近開展了對反黨、反社會主義言論的鬥爭以後，唐山鐵道學院有不少教授、講師都不同意這樣的做法，發表了許多奇怪論調。

唐山鐵道學院民盟秘書、馬列主義教研室講師胡思杜（胡適的兒子）對記者說：人民日報連續發表的四篇社論、頭條新聞，各報也轉載了，這樣做是脫離時間和脫離群眾的。整風開始才不過四十來天，《人民日報》編輯部不懂得運動發展的不平衡性，只看到北京、上海鳴起來了，我們這裡十句話只說了二句，最多不過五、六句，還有四、五句話沒有講，而且這四、五句是更重要的話。他又引用一個老教授說的話：我這個鐵樹還未開花！我們擔心，人們又會用右派的法寶來壓我們。

他說：葛佩琦、王德周是反動言論，儲安平說的「黨天下」是胡說八道，但是儲安平、章乃器主要是思想毛病，應該像若干歷史決議中對王明的處理一樣，肯定其正確的一面。儲安平說的「黨天下」雖然影響極壞，但是否有值得黨吸取的地方？我看有合理的成分，應該注意「黨天下」這個趨勢。我們學院不是「黨天下」，卻有七、八成。四個院長是黨員，教研室秘書、系的助理也是黨員，黨員說了算，成了院長、秘書、助理專權專政，就連一個印刷廠也要搞一個只會摺講義的黨員當主任。十二個總理可不可以來個非黨人士的副總理，這是個問題，值得研究。

他又說：《人民日報》在第一版刊載了復旦大學的新聞，這樣會影響我們民

盟的團結，大家感覺不出共同監督的味道。（見一九五七年六月十八日新華通訊社編《內部參考》）

有了這許多材料，足夠把胡思杜劃為右派分子了。新華社唐山八月十九日電訊〈唐山鐵道學院鬥爭孫竹生使用卑鄙手段妄圖奪取學校領導權〉中，說孫竹生的許多右派活動胡思杜都有份：

唐山鐵道學院師生員工，揭露了一個圖謀篡奪學院領導權的右派分子孫竹生。孫竹生是唐山鐵道學院機械系主任，學院民盟支部副主任委員。他披著專家和學者的外衣，在大放大鳴期間，向共產黨發起了猖狂的進攻。

五月下旬，在中共唐山市委召開的座談會上，孫竹生和唐山鐵道學院另一個右派分子胡思杜（胡適的兒子、講師）把整個座談會鬧得黑雲亂翻，怪論百出。孫竹生惡毒的把黨形容成奴隸主一樣。他咒罵學院的黨是一個「獨夫」統治的宗派小集團，黨員是些唯唯諾諾的人。

孫竹生全部否定學院幾年來教學工作的成績和肅反運動的成就。他說：「唐院一切都落後了，把全國聞名的一流學校墮入三流，目前已處於生死存亡的關頭」。他向盟員布置調查對學校「三反」、「肅反」有意見的人，號召他們向民盟提出來，民盟組織替他們「伸冤」、「報仇」。孫竹生利用部分師生對在唐山建校的不滿情緒，企圖煽動群眾搞大民主。並和其他右派分子一起，迫使院委會通過成立了排斥黨委領導的「建校促進委員會」，要求把學校遷到北京。

五月底，民盟支部召開了一個支委擴大會。根據孫竹生的建議，成立了「領導思想」、「黨群關係」（包括三反、肅反）、「遷校問題」、「體制問題」等四個小組，由孫竹生本人和右派分子胡思杜等分別負責，企圖搞垮學院裡共產黨的領導。六月，孫竹生提出了他們關於學校體制問題的意見。他主張院委會可以考慮成立一個常設機構（他以後更正為常委會），決議不必經過院長批准，但可以允許院長有一次否決權。院委會還應受學校黨委會、各民主黨派、職工代表會和學生代表會的監督，對於不稱職的院長，這些監督機構（學生代表會除外）還可以建議上級把他罷免。孫竹生在提出這個反黨綱領的同時，一面公開咒罵黨委，一面密令民盟職工小組長林芷，盜竊了全院職工的職務、工資花名冊，狂妄的提出哪些人要撤職、降職、降薪的名單；並和他的心腹胡思杜擬訂了十一個教授分別負責教學工作和科學研究工作的人事安排計畫，準備攆走共產黨員，而他自己就要擔任他提出的所謂常設機構的頭頭。（一九五七年八月二十一日《人民日報》）

八月二十九日《河北日報》以〈我省各高等學校反右派鬥爭獲得初步勝利〉為題，發表「本報消息」，其中報導說：

唐山鐵道學院從開始到現在，召開過反右派鬥爭的大小會議一百多次，有的大會參加人數達到了一千多人。他們首先揪出了向黨猖狂進攻的右派急先鋒胡思杜，接著，就拖出了披著專家外衣而密謀策劃向黨進攻的右派頭目孫竹生和王柢等。這些右派分子異口同聲否定學校幾年來的巨大成就，把學校說成「一團糟」，到了「生死存亡關頭」；他們罵黨委是「死水微瀾」不能領導學校，要實行「教授治校」、「真理治校」，要建立「院務委員會」為學校最高領導；還挑撥青年教師與老年教師的團結以及黨與知識分子的關係，並聲言要搞「大民主」，作「你死我活」的鬥爭，等等。這些反動氣焰曾囂張和狂妄一時。現在，這個以孫竹生為首的右派聯盟在全院師生的連次反擊下，已經徹底攻破，他們出身於官僚資產階級家庭，一貫對黨對社會主義仇視的真面目，和企圖篡奪學校黨的領導權的陰謀，都被戳穿了。

又說：

如唐山鐵道學院素稱「鐵樹不開花」的老教授史家宜，在鬥爭中卻大膽地揭發出右派分子胡思杜、孫竹生等挑撥離間黨與知識分子關係的反動言論。

胡思杜完全沒有預料到頃刻之間這翻雲覆雨的變化。他震驚了。這時，他未必能夠預料到右派分子將承受二十二年的屈辱和折磨，但是，他厭倦了，他回想起自己一生走過來的道路，想起了爸爸和媽媽，覺得只有一死才是解脫，就在九月二十一日懸樑自盡了。

過了很久，在美國的胡適才聽到了一點傳聞，但是他不敢（或者說不願意）相信。他在一九五八年五月十二日寫給蘇雪林的覆信說：

承問及小兒思杜的消息，至感。我猜想這個去年八月自殺的消息是一種惡意的謠言，故意在「五四」前夕放出。我在今年一月間尚得友人間接傳出思杜被送東北的消息。故我不信此謠言，當日即用長途電話告知內人，叫他不要輕信此消息。

真是可憐天下父母心，連兒子存歿的確訊都沒法知道。他當然寧願這是謠言。不過長時間毫無音信，也不能不使他想到凶多吉少了。在胡頌平的《胡適之先生晚年談話錄》一九六一年四月十三日條記有：「先生也談起『思杜一九五八年上半年之後就沒有信來過，恐怕是不免了。』」看來，這時他已經想到了這並不是謠言。在不久之後的五月十四日，在胡頌平的《胡適之先生晚年談話錄》裡又記有這樣一條，胡適和他談起思杜早年的一些事情。胡適說：

一九四六年坐船由美國回來的途中。那天是六月八日（？），是美國的父親節，我想起我的第二個兒子思杜，我打一個電報給他。父親節，兒子沒有電報給我，倒由我打電報給他，他在印第安那大學讀書的。誰知道他這個學期根本沒有上課，他把我匯給他的錢全部跑馬跑光了，還欠了一身的債。結果為了兩張支票的事，險些兒被警察找去了，後來由我的一位朋友把他救出來。他的兩個衣袋裡全是當票，一張是我給他的一架打字機的當票。這個兒子五尺七寸高，比我高一寸，比大兒子高兩寸，肩膀很闊，背也厚——孟真的肩膀很闊，所以孟真特別喜歡他。後來他回來了，我也沒有責備他。

六月二十四日胡適寫給茅澤霖的信裡也提到了這個淘氣的兒子，說：

我的一個兒子在一個大學裡全部不及格，又在另一個大學裡不及格，始終不畢業。

可見這時他在言談和書信中間，都流露出對思杜深深的思念之情。在胡頌平的這本書上，到了一九六二年一月九日還記錄了這樣一條：

先生談起男人的平均高度，說：「我在美國當學生時的身高五尺六。現在標準是五尺七了。祖望比我低兩寸，思杜比我高兩寸。我的父親是很高大的，肩膀寬，背厚，思杜有點像祖父。」

可見他還在時不時想起這個失去了聯絡的兒子。不過這思念也不會很長久了，一個半月之後，一九六二年二月二十四日他就以心臟病猝發逝世於臺北。

（本篇曾發表在《萬象》月刊二〇一二年七月號，收入本書時作了一些增補。）

士可殺不可辱——電影明星石揮之死

十月二十四日，應北京魯迅博物館的邀約，到天津去參加了一項活動。二十六日，在返回的時候，東道主安排大家去參觀了楊柳青博物館。

楊柳青著名的年畫，我是早就聽說了的，也曾在畫冊上欣賞過。現在有機會前去觀光，當然是高興的事。至於年畫之外還有什麼可看的，我竟是一無所知。

到了目的地才知道，這楊柳青博物館是設在石家大院裡。這石家，自從清朝中葉以後，就是當地的大富豪，到民國初年才敗落下來。這個珠簾畫棟的大宅院雖然百多年中屢經戰爭和動亂的破壞，還分明可見當年富貴的氣象。

進門第一間陳列室裡，懸掛了不少知名人士前來參觀時的題字。我一一看去，都沒有留下多少印象。但是有一幅字立刻引起了我的注意：

一九九一年
四月七日觀

光楊柳青石
家大院懷念亡
友石揮仁兄，哀
思不已

吳祖光

看到石揮這名字，就回想起年輕時候看過他主演和導演的一些影片，當時就很欣賞他的演技的。莫非他就是從這石家大院出來的嗎？還真是這樣。在後面的一間陳列室裡，介紹了石家大院出的幾個人物，其中就有一個石揮，展出了他的相片和幾部影片中的劇照，還有簡歷，生卒年是一九一五至一九五七年，卻沒有說明他為什麼是在四十二歲的盛年去世的。

我希望知道得更多一些，就到小賣部去買了一本于煥文、王鴻逵兩位先生編寫的《楊柳青石氏家族興衰錄》，其中有這樣一段材料：

石博泉共生四子，長子石毓潯(改名石開，後又化名楊柳青)，解放後去了香港，從事影視編導工作。次子石毓濤(石揮)，民國四年(一九一五)，出生後僅四個月，就隨全家移居北京了。以後石揮在北京師範大學的附小畢業後，因其父暫時失業，僅斷斷續續地上了十二年初中，從十五歲起就獨立生活了。先在北京前門外賣過報，後又在牙科診所學徒，還在北寧鐵路列車上當過車童(服務員)，真光電影院小賣部當過售貨員。後經過一個小學時同學董世雄(影星藍馬)介紹，參加了明日劇團，曾來天津演出。幾經磨煉，石揮的演技逐漸提高，由配角到主角。在四十年代初期的上海，以演出《秋海棠》劇一炮打響，贏得了「話劇皇帝」稱號。並轉入影壇，拍攝了二十多部影片，導演了十幾部影片，更以在敵偽監視下，竟大膽拍攝蘇聯進步影片《夜店》為人稱頌，榮獲「表演藝術家」之稱。一九五七年，石揮在上海被錯劃為右派，自沉於黃浦江。

石揮是在反右派鬥爭正在進行之中，還沒有等到處理階段就自殺了的，當然不會有他本人簽字的定案材料，不知道他有些什麼「右派罪行」。只知道三月間在北京開中國共產黨全國宣傳工作會議，石揮是上海應邀赴會的一人，可見當時是把他作為電影界的一位代表人物，頗有重視之意。我手邊的剪報中，有一張從一九五七年四月三十日上海《文匯報》上剪取的，標題是：

聽了周總理講話後　上海知識界感到很大鼓舞

這篇報導中所舉出的上海知識界人士，第一個就是石揮。剪報的內容如下：

【本報訊】上海知識界人士，昨天聽了周恩來總理的講話後，感到很大鼓舞，紛紛向本報記者發表感想。

電影導演石揮：

推倒清規戒律

三個月以前，在文匯報上展開的關於電影問題的討論，是非常熱烈的。可是後來，這個討論逐漸冷了下去。好多同志不願意或不敢再發表意見了。我個人認為，這是由於有幾篇文章，是某些領導同志沒有分析這次討論的實質，而是高高地站在臺上向下看，帶著一種不很冷靜的、和相當氣憤與激動的情緒寫出的。出手就是好幾頂「帽子」向台下飛去。也許外界同志不清楚，當時在電影界內部卻是「人心頗為不安」。生怕大家又要挨整了。於是大家在剛剛開始可以討論問題的時候，又一下子沈默了下去。

教條主義、宗派主義占著上風，使電影問題的討論遇到了阻礙；而右傾機會主義的文章，實質上是抹殺一切成績，理解極端片面，但看上去卻好像是替許多人在說話，它與教條主義針鋒相對地展開了「論爭」。這就更使問題複雜化了。我們許多人夾在這中間而無所適從，混亂起來。

聽了周總理的報告，給予我的鼓舞是極大的，也鼓舞了我們許多同志更大膽的發言。我相信：存在於電影界的問題自會在這個基礎上繼續進行同志式的討論，同時也將促使今後電影創作的繁榮；推倒一切清規戒律，使「百花齊放，百家爭鳴」的方針，具體而生動地體現在電影事業上來！

在石揮的這一席話之後，這篇還報導了作家王西彥、話劇演員喬奇、上海體院院長吳蘊瑞、工程師徐開塈、五十一中學校長李楚材和優秀教師袁瑢對記者的談話。四月二十九日周恩來使上海知識界大受鼓舞的這篇講話，說了些什麼呢？在中共中央文獻研究室所編的《周恩來年譜》中，是這樣記載的：

四月二十九日在上海黨內外幹部大會上作《關於正確處理人民內部矛盾問題的解答》的報告。除講了二十四日在杭州談的內容外，還說，由於過去我們長期進行革命鬥爭，主要是處理敵我矛盾問題，很容易把兩種矛盾混同起來，這點我們必須謹慎。

《年譜》沒有記載多少這篇講話的具體內容。在這張剪報中可以看到，王西彥的談話中引用了這樣幾句：

周總理說，我們通常說社會主義制度的優越性，是與資本主義制度比較而言，是與過去的所有剝削制度比較而言；這並不是說社會主義制度下的一些具體制度就沒有一點缺點了，而這些缺點在逐步改進。

吳蘊瑞的談話中說：

在周總理的報告中，我覺得最驚奇的一句話，說黨是正確的、光榮的、偉大的，但是也難免有缺點。這樣提法，我以往沒有聽到過。

可見周的這篇講話完全是鼓勵人們提批評意見的態度。作為電影界的代表人物，在接受文匯報記者採訪的時候，石揮就談不久前文匯報關於電影工作的討論，是很自然的。他當然知道，三月間開全國宣傳工作會議那時，毛澤東表示了肯定這一討論的態度。在《毛澤東文集》第七卷裡保存了這樣一段話：

這次對電影的批評很有益，但是電影局開門不夠，他們的文章有肯定一切的傾向，人家一批評，又把門關得死死的。我看大多數批評文章提出的問題，對於改革我們的電影是很有益的。現在的電影，我就不喜歡看，當然也有好的，不要否定一切。批評凡是合乎事實的，電影局必須接受，否則電影工作不能改進。（第二六一頁）

石揮對《文匯報》記者所談的，精神同毛的這些話是一致的。特別是他還表示了反對右傾機會主義的態度，雖說他沒有點名，但可以明顯看出是針對這前後毛澤東多次點名的鍾惦棐的。他對毛澤東、周恩來說的這些，跟得多緊啊。我真無法想像，為什麼在反右派鬥爭開始以後不久，他就成了鬥爭的對象，受到了極大的衝擊和羞辱，無法忍受，以致下了輕生的決心。一位才華橫溢的電影藝術家，就這樣過早地終結了他的生命和事業。不只是一個石揮，當年幾十萬右派分子中，有幾個不是在毫無思想準備的時候禍從天降的呢。「右派分子」這頂帽子，多是像金聖歎就刑時說的那樣，「於無意中得之」的。

我又想起在這裡題字的吳祖光。他同石揮，這兩個老朋友，都是電影界的精英。就在同一時間裡，一個在北京落難，一個在上海落難。可是他，就跟太史公說的那樣，「隱忍苟活，幽於糞土之中而不辭」，在煉獄裡煎熬了二十二年，挺過來了，到今年四月九日去世。「改正」之後，又有聲有色地生活了二十四年。在這二十四年之中，他多次成為公眾注目和景仰的對象。他同他夫人新鳳霞留下了不少文字，記下了反右派鬥爭究竟是怎麼一回事，這是對歷史作出的一項永久的重大貢獻。對比起來，更覺得盛年去世的石揮可惜。當然，我沒有絲毫責備他的意思。選擇死，並不是一件輕易的事。士可殺不可辱，豈不也是古聖先賢的遺訓麼。他用死表示了對暴行和欺詐的抗議，更讓人看清了這一場鬥爭的本質。他的決定，同樣令人尊敬。

我沒有未卜先知的本領，不知道在今後的某一時間裡，還會不會發生類似反右派鬥爭的政治運動。萬一不幸運動重來，我希望受到衝擊的人不要輕生。去學吳祖光吧，不要學石揮。這代價太大了。一個民族能付得幾次呢？

原載《隨筆》二〇〇四年第一期

附記：本篇在《隨筆》刊出後，又在《讀書文摘》二〇〇四年第二期上見到散木作〈建國後中國電影界的三樁要案〉一文（選自《文史精華》二〇〇三年第六期），提供了史東山和石揮的自殺和海默在「文化大革命」中被毆打致死這三件事的情況。其中說到石揮在反右派鬥爭中被批判的事，一是他主演和導演的影片《關連長》，寫在一次戰鬥中關連長為避免傷害被敵軍用作人體盾牌的孩子，使部隊受到重大傷亡，自己也犧牲了性命。這影片就被批判為「小資產階級人道主義思想」，「嚴重歪曲了解放軍的形象」。另一部影片石揮編劇的《霧海夜航》，它「是描寫一場海難事故中乘客們互相幫助戰勝困難的內容。然而拍攝還沒有完成，『反右』運動已經開始，此部影片因為描寫了一個自私自利的幹部，就被誣衊為『醜化』黨的幹部形象，於是石揮就成為上影廠的重點右派對象而受到批判。」

石揮的結局，這篇文章說：「在第二場批判大會後他就失蹤了，從此沒有人再見到過他。後來有人在吳淞口外的海邊發現了一具男屍，因為時間已久，屍體無法辨認，經公安部門多方查驗核對，判定這具男屍就是石揮。」

這篇文章還談到：「《關連長》的編劇之一，石揮的兄長楊柳青（石毓濤），也因係右派分子而被流放到大西北的寧夏勞改農場，最後死在那裡。」

炎黃子孫不要忘記慘痛的什麼——幾個法學家的悲劇

二〇〇七年十一月十八日的《文匯報》報導了前一天在上海福壽園舉行的向哲濬、梅汝璈雕像揭幕儀式。他們兩位，都是抗日戰爭勝利後代表中國參與東京遠東國際軍事法庭審判日本戰爭罪犯的官員。向先生是檢察官，梅先生是法官。他們在這歷史性審判中付出了勞績，立座雕像作為永久的紀念是很應該的。

當年參加東京審判的十七位中國法學家中現在只有高文彬教授一人在世了，在雕像揭幕儀式的現場上，他很自然地就成了媒體關注的中心。文匯報記者周其俊以〈炎黃子孫不要忘記慘痛歷史〉為題發表報導，副題就是「聽曾參加東京審判的高文彬教授講述當年經歷」。當年高教授是向哲濬檢察官的秘書，他的工作就是把大量的中文證詞及時譯成英文。這對於給二十八名日本戰爭罪犯定罪判刑，伸張正義，作出了他的一份貢獻。他對採訪的記者說：「很多時候，當我閉上眼睛，就是我所翻譯的幾十萬字的中國人民的血淚證詞。歷史不能被遺忘，絕對不能！希望我們的子孫永遠不要忘記當年慘痛的歷史。」這話說得真好。當年日本軍國主義侵略我國，給我國億萬生靈造成深重災難的歷史，的確是千秋萬代永遠不應該忘記的。

高教授本人在東京審判之後的經歷，這篇報導也有一點很簡單的介紹：

新中國成立後，高文彬教授風華正茂，在新的工作崗位上事業有成，並立志在中國法學領域大顯身手。誰想到，一場突如其來的災難降臨到他頭上，他於一九五二年被錯誤地打成「反革命」，發配到江西勞改農場，妻子也迫不得已離他而去。

一九七九年冬天，五十六歲的高文彬回到了闊別二十八年的上海。他身上的藍色棉衣四處露出棉絮，手裡只有一個破木箱。上海海運學院（現上海海事大學）聘請了他，年近花甲的老人在這裡擁有了教授頭銜，主講國際海洋法和國際私法。

原來高教授還有過這樣一段不堪回首的苦難經歷。大家都知道，這並不是他一個人的獨特遭遇。在一九四九年以後的歷次政治運動中，法學界和司法界是重災區。就說參加過審判日本戰爭罪犯的那些中國法學家，遭災的也不是只有高文彬一人，比他地位更高名氣更大的法官梅汝璈，在外交部條法司被打成右派分子了。擔任過審判日本戰犯罪證調查室主任的法學家楊兆龍，一九五五年的肅反運動成了肅反對象，一九五七年又成了右派分子，一九七一年又被判處無期徒刑，瘐死獄中。比起這兩位，高文彬要算是命大的，他總算活著等到了自己的平反，有機會對公眾發表「不要忘記慘痛歷史」的感想。

像梅汝璈、楊兆龍、高文彬，都是法學教授，都是精通法律的法學專家，為什麼竟不能用法律來為自己討一個公道啊！「和尚打傘，無髮（法）無天」，也真太可怕了。說它可怕，還不只是多少善良的人們遭受到無端的迫害、弄到身陷冤獄妻離子散，更是它顛倒了是非，把功績看做是罪行，把那些有利於促進國家現代化、民主化、法治化的主張都當作反動觀點而加以批判。像復旦大學法律教授楊兆龍，主要就是因為〈我國重要法典何以遲遲還不頒布？〉這篇文章，提出從速制定一些重要法律而被打成右派分子的。現行《刑法》、《刑事訴訟法》已經採用的「無罪推定」的原則，當年都是大受批判的右派觀點。一批法學家被打成了反革命分子、右派分子，並不是什麼令人費解的事情，這不只是他們個人遭了災，而是建設現代法治國家的道路被粗暴地阻斷了。

高文彬希望我們的子孫永遠不要忘記當年日本侵略的慘痛歷史，這當然是完全必要的。同樣必要的是，我們的子孫也永遠不要忘記肅反、反右這一連串政治運動給國家和人民所造成的深重災難。魯迅的《半夏小集》裡有這樣一段話：

用筆和舌，將淪為異族的奴隸之苦告訴大家，自然是不錯的，但要十分小心，不可使大家得著這樣的結論：「那麼，到底還不如我們似的做自己人的奴隸好。」

這話是魯迅去世前不久寫的，可以看做他最後的遺言吧。我以為，不應該忘記日本人造成的災難，也不應忘記中國人自己造成的災難。

不要遺忘，為的是汲取教訓，把我國建設成一個法治國家。任何個人，任何黨派團體，任何政府機關，都只能在憲法和法律的規範之下活動。現在不是說要建設和諧社會嗎？法治社會就是和諧社會的前提和基礎。如果公民的權利和尊嚴不能依法得到保障，還談什麼和諧社會和現代國家呢。

要百花齊放，不要定於一尊

二〇一一年十月十八日中國共產黨第十七屆中央委員會第六次全體會議提出了「深化文化體制改革、推動社會主義文化大發展大繁榮」的任務，為此具體提出了「保證公共財政對文化建設投入的增長幅度高於財政經常性收入增長幅度，提高文化支出占財政支出比例。」很令人鼓舞。有了財政上的保證，就為「大發展大繁榮」準備了物質條件。不但有了物質的保證，還提出了方向和方針：「必須全面貫徹為人民服務、為社會主義服務的方向和百花齊放、百家爭鳴的方針。」這就更加重要了。「百花齊放、百家爭鳴」的方針是繁榮文化事業首要的必不可少的條件。如果相反，沒有百花齊放，沒有百家爭鳴，而像漢武帝獨尊儒術一樣，讓個什麼東西「定於一尊」，就不可能有什麼文化事業的大繁榮了。

在討論這個問題的時候，我們不妨重溫一下毛澤東的論述。他在〈關於正確處理人民內部矛盾的問題〉裡有一段大家都很熟悉的話：「百花齊放、百家爭鳴的方針，是促進藝術發展和科學進步的方針，是促進我國的社會主義文化繁榮的方針。藝術上不同的形式和風格可以自由發展，科學上不同的學派可以自由爭論。利用行政力量，強制推行一種風格，一種學派，禁止另一種風格，另一種學派，我們認為會有害於藝術和科學的發展。」這也就是要百花齊放，不要定於一尊的意思。六中全會文件提出：「提倡不同觀點和學派充分討論，提倡體裁、題材、形式、手段充分發展推動觀念、內容、風格、流派積極創新。」這就很好。

文件在談到網路文化的時候提出：「不為有害資訊提供傳播渠道。」這裡，對於怎樣界定什麼是「有害資訊」可得特別慎重。因為「有害」和「有益」並不總是很容易分辨清楚的。毛澤東在〈關於正確處理人民內部矛盾的問題〉裡正確地指出：「為了判斷正確的東西和錯誤的東西，常常需要有考驗的時間。歷史上新的正確的東西，在開始的時候常常得不到多數人承認，只能在鬥爭中曲折地發展。正確的東西，好的東西，人們一開始常常不承認它們是香花，反而把它們看作毒草。哥白尼關於太陽系的學說，達爾文的進化論，都曾經被看作是錯誤的東西，都曾經經歷艱苦的鬥爭。我國歷史上也有許多這樣的事例。」可見界定的時候不能不十分慎重。

毛澤東提出了很好的方針，又作了很好的論述。可惜的是沒有能夠在他的手上得到很好的貫徹。一場反右派鬥爭下來，實際上也就否定了百花齊放百家爭鳴的方針。關於反右派鬥爭，可以總結之處很多。一個大問題就是在香花和毒草的分辨上出了毛病。回想一下當年受到批判的右派言論，或者說有害言論、毒草，是一些什麼呢，像經濟學界提出的主張控制人口增長的，主張引進外國資本以發展我國經濟的；法學界提出獨立審判的，提出無罪推定論的；以及主張幹部知識化、專業化（即反對外行領導內行）的，都是有利於我國現代化、民主化、法治化的意見，卻都被認為是有害言論而加以批判，以至於遲滯了我國現代化、民主化、法治化的進程，其後果一直延續到今日。在總結了黨的歷史上正反兩個方面的經驗之後，可望不再重犯這樣的錯誤了。人們期待在百花齊放百家爭鳴方針的指引之下，出現社會主義文化大發展大繁榮的局面。

原載《炎黃春秋》二〇一一年十二期

書評和序跋

一個觀察「勞動教養」的窺視孔——《新生備忘錄》序

這一本書，是湖南省新生工程隊出的油印小報《新生快報》的選輯。反右派鬥爭中，湖南省也反出了一大批右派分子。到了一九五八年四月，要處理了，宣布了輕重不同的六類處理辦法。最重的一類勞動教養，這又分為兩個檔次，其中更加嚴重的，是在送勞動教養的同時還要開除其公職。

我不知道確數，湖南省級各機關加上各大中小學被判勞動教養的右派分子，包括開除公職和保留公職的，總有好幾千吧。因人設事，因為突然出現了這麼一支龐大的「勞動力」大軍，於是臨時組建起這個新生工程隊。

新生工程隊出的《新生快報》，每期由大隊部分發到各工區各中隊各分隊，每個小組一份。當初大約也是作為對勞教人員進行政治教育的一種手段。四十多年之後再來看，它卻成了一種有價值的史料，有助於人們瞭解當年右派分子勞動教養的情形。當年國務院〈關於勞動教養問題的決定〉中說：勞動教養是「採用勞動生產和政治教育相結合的方針」。至於是怎樣勞動、怎樣教育的呢？看看當年的這一份快報，甚至只看看這個選本，也就可以得到一個頗為清晰的印象了。從一些表揚積極勞動積極改造的材料中，可以看到冒雨勞動、打晚班這些事情，就從這種表揚、讚頌等等正面報導中，可以看到勞動量、勞動強度有多大，每天的勞動時間有多長，這對於不少沒有從事過體力勞動的知識分子，可說是真正做到了勞其筋骨餓其體膚了。從快報上的那些批評材料中可以看到，一個人只要有了怎樣的表現就會算做反改造分子。花樣翻新的政治運動沒有間隙地一個接著一個，批鬥會不斷，《新生快報》所沒有反映的，是這些批鬥會上少不了總要動手動腳，打人。在這些「交心」之類的運動中，稍一不慎，就有從勞教轉為勞改的危險。大致說來，「勞」和「教」這兩方面的情形就是如此。

讀著這份快報，我還有一個很深的印象，就是絕大多數右派分子都採取了一種非常合作的態度，一些人是真誠地認罪悔罪，另一些人心裡怎樣想的不知道，反正嘴裡總是表示認罪悔罪的。他們希望以這種態度求得寬恕，用當時的話來說，就是「爭取早日回到人民隊伍裡來」。結果卻是令人失望的。不論作怎樣的努力，跟是否「回到人民隊伍」實並無多少關係。勞動教養究竟需要多久，是這些勞教人員人人在思考的題目。《新生快報》上刊登的好些政府幹部對此所作的種種解釋，如說什麼主要取決於自己改造的好壞等等，簡直是對這些人的戲弄。

幸運的是，這一頁歷史終於翻過去了，我這個湖南省新生工程隊二工區五中隊的勞教人員，可以用這種批評的態度來談這一段往事了。這也就表明中國在進步，而且還在不斷進步的進程之中。已經有法學界人士提出：《中華人民共和國憲法》第三十七條規定了「任何公民，非經人民檢察院批准或者人民法院決定，並由公安機關執行，不受逮捕。」而《中華人民共和國刑法》第三章第一節「刑罰的種類」中，《中華人民共和國刑事訴訟法》第一編第六章「強制措施」中，都沒有「勞動教養」這個項目。認為這是沒有法律根據的剝奪和限制公民的人身自由，從而提出了勞動教養的存廢問題。可以預料，隨著我國社會主義法制日益健全和完善，相信這一問題遲早總會解決。這本《新生快報》的選本，可以讓人們看看勞動教養究竟是怎麼一回事，也許可以作為法學界討論此一問題的一種旁證材料吧。如此說來，此書的出版，不但對於後世史家是一個貢獻，就是對於推動當前的社會主義法制建設也是一個貢獻了。

一九九九年六月一日

吳祖光怎樣成為右派分子的？

——陳明遠作《吳祖光：一九五七》序

可以預言，在後世在史書上，一九五七年將是個十分重要的年份。就如同一六四四年、一八四〇年、一八九八年、一九一一年、一九一九年一樣，標誌著歷史趨向的重大轉折。這一年在史書上要記載的，是發生了一場反右派鬥爭。

對於這一場鬥爭，有人說，是完全錯了，要是它沒有發生該多好；更權威的意見卻不是這樣，以為它是完全正確和必要的，只不過也有缺點，也造成了不幸的後果。什麼不幸的後果呢？那就是「被嚴重地擴大化」了，由五個人（或者五千人吧，又怎樣呢？）擴大為五十五萬多人，使這些人遭受了多少多少苦難。我以為，如果只停留在這個層次上，討論這個題目其實是不必要的。天有不測風雲，人有旦夕禍福，意外的災禍什麼時候沒有呢？比方說，一九七六年的唐山地震，據新華社一九七九年十一月二十二日的報導，是死亡二十四萬二千多人，重傷十六萬四千多人，頃刻之間死傷人數超過四十萬。而這五十五萬多右派分子呢？在二十二年的長歲月中，不論經受了多少折磨，多數總還是讓活下來了，歷年被處死逼死折磨致死的，加起來也肯定沒有二十四萬。如果以此來衡量「不幸的後果」。那麼。一場反右派鬥爭就比唐山地震還要小得多了。可見在評論這一事件的時候，不能只著眼於多劃（錯劃）了多少個右派分子，和這些右派分子又遭了多少罪。再說，歷史不容假設，提出某一歷史事件是必要的還是不必要的，某一歷史事件假如沒有發生是不是更好一些這一類問題，是沒有什麼意思的事情。史家的任務是盡可能地弄清楚已經發生的事件，並且對它出現的原因，它的後果，作出符合事實的說明。就拿反右派鬥爭來說，當我們弄清楚了事實，看到當年執政黨、特別是執政黨的領袖是這種情況，知識分子、特別是知識分子的政治代表是這種情況，就可以知道在蘇共二十大在思想界激起的波瀾這個大背景之下，這一場衝突是無可避免地要發生了。至於說到後果，應該首先看到的還不是這五十五萬右派分子的命運，而要看到這一場鬥爭改變了中國共產黨第八次全國代表大會的路線。鄧小平也是把這看做一個分水嶺的，他說：「一九五七年以前，毛澤東同志的領導是正確的，一九五七年反右派鬥爭以後，錯誤就越來越多了。」（《鄧小平文選》第二卷，第二九四—二九五頁）從這裡，就只能走到大躍進和文化大革命去。這是關係一個黨、一個國家、一個民族命運的大事，是歷史上的一個關鍵。為什麼這一事件必須深入研究，道理就在這裡。翻過來說，為什麼對於有志於史學的人來說，這又是一個極具吸引力的題目。

敘述和研究反右派鬥爭的書籍，中國人寫的和外國人寫的，境內出版的和境外出版的，我看到過好幾種。我自己也寫了一本。預料在二十一世紀將會有更多的出版。可以斷言的是，以後這一類書籍不論是出了一百種還是一千種，陳明遠先生的這一本《吳祖光：一九五七》必定屬於最受到讀者重視中的一部。首先，它的傳主，吳祖光，早已憑他的《風雪夜歸人》等等劇本爭得了文學史上的座位。即使中國沒有發生過反右派鬥爭，或者雖有反右派鬥爭而他並沒有被劃為右派，人們也要讀他的傳記，就如同要讀關漢卿、孔尚任、莫里哀、易卜生的傳記一樣。在他的右派問題「改正」，重新回到正常的社會生活中來之後，他又是有聲有色的做人，不止一次成為公眾注視的中心，這些都值得大書特書。當然這些都不屬於本書的範圍，本書只寫他在反右派鬥爭中的這一段。就說這一段，也就夠精彩了。

吳祖光作為戲劇界右派分子最重要的代表人物，我的《一九五七年的夏季》一書中有三千字是寫他的，我只是根據報刊上的公開材料來寫，沒有能夠提供有關的背景材料和細節，而陳先生的這本書卻提供了不少獨家材料。比如說，我以贊同的態度詳細摘引了他在文聯座談會上的精彩發言，詳細摘引了他在《戲劇報》刊登的〈談戲劇工作的領導問題〉一文，在這些引文之後，我只寫了「有了這樣的發言和文章，吳祖光當然是右派分子」這樣一句。至於為什麼會有這發言和文章呢？我就不知道，也沒有說了。我的書中也寫到了中國戲劇家協會主席田漢主持的兩次鬥爭會，卻不知道田漢在整個事件中起了怎樣的作用。從陳先生這本書中我才知道：原來田漢在整風鳴放期間也發表過反對外行領導內行一類的意見，而且措詞比吳還要尖銳。但當他得知整風即將轉變為反右的時刻，田漢就同周揚夏衍陽翰笙商量出了一條計策，邀吳祖光去參加一個只有少數幾個人的座談會，並把這發言記錄拿到《文藝報》和《戲劇報》上發表。這樣，劃吳祖光為右派分子的材料就足夠了，戲劇界的反右派鬥爭就有了對象了。書中很公正的寫到：田漢在他生命的最後時刻，曾為此事追悔不已。

這不過是一個例子。書中類似的材料還多。它把吳祖光的遭遇細細寫來，讀者從其中看到的，卻是一代中國知識分子的命運。從把吳祖光劃為右派分子的過程，讀者可以更具體的看到反右派這一場鬥爭的全過程：怎樣的人需要劃為右派分子，又是用怎樣傷天害理的手段把他劃成右派分子的。這樣，讀者對這一頁歷史的印象也就深了，理解也就深了。這效果是我的書所作的那種全景掃描似的概述所無法達到的。

這本書能寫得如此之好，還因為它的作者陳先生不但是一位詩人還是一位科學家。他少年時代的詩作曾經被人認為是毛詩而流傳，這已經是當代文壇的掌故了。現在他用寫詩的筆來寫史，史籍也就成了藝術品，可是又不失科學家的嚴謹求實的精神。讀畢此書的讀者當會贊同我的這個意見吧。

高興的是，聽作者說，這本書只是他系列寫作中完成的第一部，接著他還要寫其他的人在反右派鬥爭中的遭遇。我迫切期待著接二連三看到他的新成果。

前面，我幾次提到了我的《一九五七年的夏季》一書，趁著為陳先生的書作序的機會來給自己作廣告，真不好意思。

一九九八年十二月

一個游擊隊員成了右派分子——張翅翔《西山漫憶》序

翅翔要我為他的回憶錄作序，這在我是當仁不讓的事。

我同翅翔第一次相見是在一九五〇年。去今整整五十年了。那是在郴州群眾報社，幾個年輕的新手（記得編輯部不到十個人）編一張四開的日報。大約上級對我們的工作不滿意，一天，我聽到領導報社的地委宣傳部長唐麟說，過幾天會調一個有經驗的來。他說的這人就是翅翔。一天晚飯後，只見他背了一個很小的行李捲來報到了。他來之後不久我即調離報社。匆匆一見匆匆分開，談不上有什麼交往。

相同的命運使我們再一次相聚。那是一九五八年在勞動教養集訓班，我們被編在同一個組。在接著的勞動教養中，又被編在同一個中隊，同吃同住同勞動了好些日子。等到這一場噩夢醒來，我們在同一家出版社共事。我第一次見到紺弩，就是同翅翔一道去約稿。在宿舍裡，我家住四樓，翅翔家住三樓，有十年時間，我每出入，都從他們門前經過。即使說君子之交淡如水，有這麼久這麼多的接觸，相知也就深了。近年來翅翔僑居異國，通信和見面都少了，但彼此間的思念是不斷的。

我讀翅翔這本回憶錄，特別覺得親切。我們有太多共同的經歷，他身受的往往也是我身受的。我們還有許多共同的朋友，他的一些好友也是我的好友。書中寫的許多事和許多人都是我知道的，正好借此印證一下自己的感受；當然也有許多事和許多人我原來並不知道，卻是很願意知道的。

去年我在北京大學出版社出版了兒子朱曉整理的口述自傳，送了一本給翅翔。他覆信說：「今年七月，小兒攜來你頒贈的大著《小書生大時代》，我讀得非常投入，分外親切，深感深感。你將自己的經歷娓娓道來，真實生動，深刻入微地反映了那個扼殺人才的離奇的時代。一代書生那樣的遭際，新一輩不易理解，海外人士直覺古怪。令人感慨不置。」現在是我讀他的書，竟也正是這樣的感覺。

我在《小書生大時代》的引言中，說了這樣一段話：「芸芸眾生似乎並未參與歷史事變的進程，對歷史走向的影響隱而不顯，一時甚至無法看出來，可是他們，正是歷史事變的承受者。歷史的風濤激浪，衝擊到他們身上，也就造成了他們個人經歷中的苦樂悲歡。把這些如實地記錄下來。不也可以讓讀者更具體地瞭解這些人所處的時代和他們的生活環境麼？」是的，不論我們自己是多麼渺小，多麼平凡，我們總是這一段大歷史的見證人。基於這種認識，我才願意留下一本口述自傳。同樣基於這種認識，我才總是慫恿我的朋友寫回憶錄。我的許多朋友每人都有一段獨特的經歷，對於這個時代他們每個人都是一個典型。如果大家都動筆，把自己的見聞、作為和遭遇都如實地記錄下來，豈不就可以給這個時代留下一幀接近於完整的寫真了麼。

翅翔的經歷，只說幾項大的：共產黨員、游擊隊員、文學編輯、右派分子、勞教人員、海外華僑……，起伏的幅度大，可供對比思考的材料多，今昔之比與中外之比鍛煉了他的見識。就說這本回憶錄吧，就在看似平淡的敘事之中，處處包含了他的思考和價值判斷。因此，這部書的獨特價值就在於：不但使年輕一代讀者認識過去，而且啟發他們從對過去的反思中思考未來。可以看出，他是寄希望於年輕人，寄希望於未來的。

我讀這本書，也有感到不滿足的地方，那就是寫得太簡略了。不過這也難怪，那麼豐富的經歷，如果細細寫來，一百萬字也未必打得住了。我希望現在出版的只是一個梗概，對一些重要的人和事，他日能有工筆寫出的細部。

二〇〇〇年五月十四日於長沙

一個科技知識分子的命運——《饒敦樸紀念集》序

敦樸兄是我的表姐夫。他幼名海珠，平日我們都稱他為海哥。現在啟明表姐把他遺留下來的詩文編為一集，我以為這是對他極好的紀念。

海哥比我年長六歲，是礦冶方面的專家，我跟他不同行。可是作為一個知識分子的命運，我同他卻頗有一些相同之處。在年輕的時候，我們都痛恨國民黨的腐敗統治，因而積極參加學生運動，加入了共產黨的周邊組織，算是在中華人民共和國建國前參加了革命，到老了可以享受離休待遇。

我們都曾經為新政權的成立而感到歡欣鼓舞，都以很高的積極性投入了新生活的建設。在這一方面，海哥的表現比我遠為突出，他跑到當時的重工業基地東北，在葫蘆島煉鋅廠（即今四〇一廠）發揮自己的專長，曾被評一等功，做到了代理總工程師兼生產副廠長。

可是到了一九五七年的反右派鬥爭中，我們又一個在東北一個在湖南被打成右派分子了。一下子中斷了正常的生活，報國無門，成了政治的賤民。

後來，我同海哥有過多次交往，交談過不少題目，可是一次也沒有談過各自是怎樣被打成右派的。因為，這是一個不必談的題目。要把一個人打成右派分子，難道真的要有什麼理由嗎？假如真的有理由，也就不會有改正錯劃這一說了。當年所劃的五十五萬右派分子中，據薄一波提供的數字，是百分之九十九以上屬於錯劃。海哥和我，後來都是改正了的，當然都是在這百分之九十九以上之中。所以，不論當年在我們的「定案材料」上寫上多少條，全都是誣衊不實之詞。再來談論當年劃右派的理由，有什麼必要呢？

不過，要說「理由」，還是有理由的，在當年全國五百萬知識分子中間，只劃出五十五萬右派分子。為什麼恰好劃上了這些人呢？他們，許多是不知忌諱，敢於提意見，對於工作中的缺點，提出直率的批評；有的人是因為愛打抱不平，得罪了有權勢的人；有的人是因為精通業務，為外行的領導所忌；還有的人是因為不肯落井下石，不肯出賣朋友。總之大都是因為正義感、正直而成為右派分子的吧。海哥是個正直的人，是個熱愛專業也精通專業的，憑這些，他就有被劃為右派分子的足夠的理由了。

當上了一名右派分子，就開始了二十二年政治賤民的經歷。失去了人的尊嚴，失去了工作的條件，失去了朋友，有的人甚至失去了家庭。在這一點上，海哥可以說是不幸中的幸運者。他和明姐，這一對相知相愛的患難夫妻，抵抗住了很大的政治壓力，把一個小小的家庭牢固地維繫了下來。明姐的理解和體貼，是他能夠度過那一段艱難歲月的重要支柱。他祝賀明姐六十七歲生日的詩說的：「濡沫相依四十秋」，表達了他的感激之情。

談到當一名右派分子失去些什麼，我以為文科知識分子和科技知識分子還有一點不同。一個文科知識分子被劃右派，當然失去極多，但是也有所得。有志於文學創作的從這裡得到了生活素材；有志於哲學的從這裡得到了思考的題目；有志於史學的更是得到了一個極其難得的研究和論述的對象。對於科技知識分子來說，就很難說有失有得了。他脫離了實驗室，脫離了資訊來源，無從獲悉世界上日新月異的科技進步。這樣閉目塞聽的二十二年之後，想要跟上科技進步的潮流都不容易了。這損失是多麼大啊。

可是，海哥是個要強的人，是個強人。他一九七九年改正錯劃右派問題，回到專業上來。他如饑似渴地研究國外礦冶科技的新進展，很快就做出了引人注目的成績。一九八〇年，他完成了《溶浸採礦專題情報研究報告》，第二年又在美國丹佛舉行的有關國際學術會議上發表了〈中國溶浸採礦的歷史、現狀與前瞻〉一文，受到了國內外同行的高度重視。一九八四年，他在長沙礦山研究院參與組建了我國第一個有色金屬溶浸採礦實驗室。他參與的離子型稀土礦溶浸攻關成果，被列為「八五」期間十大科技成果之一。而所有這些成績，都是在短短的幾年中間做出來的。說到這裡，就不能不想到：那當右派分子的二十二年，那精力旺盛的壯年，本來是應該做出多少成績的啊。如此看來，這一段經歷，就遠不是個人的損失，而是國家和民族的損失，小而言之，是科技進步的損失，在一個具體的領域推遲了現代化的進程；大而言之，是民主的損失，法治的損失，人權的損失。這無論從哪一個方面說，都是應該認真汲取的慘痛教訓。

啟明表姐懷著對丈夫的一片深情編了這本紀念集，是為了分贈親友，留作紀念。它不會有一個大的印數，也不會在書店發售。但是我希望，有機會得到它的人，能夠從這裡看到一個科技知識分子的命運。這是一份沉甸甸的歷史的見證，每個讀者應該都能從這裡作出自己應有的結論來。

二〇〇四年二月二十五日　朱正於北京

對知識分子的不斷傷害——趙文滔作《傷害》序

今年是反右派鬥爭的五十週年。許多人都在反思這一歷史事件。像擔任過中共中央政治局常委的胡啟立就上書要求對此重新評價，擔任過中共中央宣傳部部長的朱厚澤撰文論證反右派鬥爭對中共自身也是一場巨大的傷害。在民間，更有一些自發的紀念活動，好些地方都有當年的受難者發動簽名，或者要求經濟上的賠償，或者要求對這事的是非「給一個說法」。正好在這時候，趙文滔兄的這本回憶錄脫稿了，趕上了這五十週年紀念。

文滔兄寫的，是他個人幾十年間的遭遇、見聞，以及他對這些的思考，卻生動而且深刻地反映出了中華人民共和國歷史的主線。書中寫的第一個政治運動是反胡風和緊接著的肅反運動。這是反右派鬥爭之前的一場對知識分子的最大迫害。這一場運動打擊面廣，（據胡喬木撰寫的《人民日報》一九五七年七月十八日社論提供的數字，立案審查達一百四十萬人），錯案率高（據前引社論，錯案率高達百分之九十四以上）。到了一九五七年整風鳴放期間，對胡風一案和肅反運動的質疑就成了一個議論紛紛的熱門話題，而那些訴說冤苦的肅反對象，就成了右派分子的一大來源。

那時，文滔兄在第二機械工業部教育司工作。那裡的肅反運動是怎樣進行的呢？一位在美國留學，學兵工專業的留學生，回國以後分配在二機部所屬的學校裡任教。肅反運動中被定為「特務分子」，關起來整了好久，和他一同從美國回來的妻子經受不起這折騰，拋下丈夫和兩個年幼的孩子，自縊身亡了。在機關宿舍裡，還發生了跳樓自殺的事。

就說他們這個教育司，不過三十來個人，就「肅」出兩個「漢奸」來。文滔兄當時就提出了質疑：一九四五年日本投降以前才會有漢奸，日本投降以後就不能再有漢奸了。現在的這一名肅反對象，在一九四五年才十歲，他能當什麼漢奸呢？可是黨支部書記卻認為文滔兄的這發言「對運動起了極壞的作用」。

在肅反運動中，有一些在校大學生也受到審查。二機部決定，所屬六所院校裡學生中的肅反對象，一律強行轉學到其他非國防性質的院校去學習。有的已經三年級了，專業課都差不多學完了，也不管。這不但對這些學生是一大損害，對於國家的教育資源也是一大浪費。

就是文滔兄自己，也是很有成為一名肅反對象的危險的。教育司的黨支部書記就一心想把他做成一名胡風分子。他看見文滔兄在看契訶夫的小說，就追問：這齊合夫同胡風是什麼關係？你看過胡風的書嗎？你認識和胡風集團有關的人嗎？

文滔兄躲過了肅反運動這一關，卻沒有能躲過反右派鬥爭這一關。就憑了整風期間他寫的三張大字報，給他戴上了「極右分子」的帽子。讀者可以在本書中看到這三張大字報的存底，他都說了些什麼啊？他批評了高級幹部的特權，如用大筆公款裝修自己的住宅，考不上大學的子女可以免試入學，小幹部因「流氓行為」開除團籍者有之、判徒刑的有之。而一名副局長誘姦了二三十個女人卻還有人為他辯解。他批評了教育司肅反運動的偏差。就憑著這三張大字報，文滔兄就成了反黨反社會主義的右派分子，在這以後二十二年的漫長歲月裡，成了可以任人欺凌侮辱的政治賤民。

這頂右派分子的帽子雖說只戴在他一人的頭上，那重量卻是必須由全家分擔著的。第一個受到連累的是在北京師範大學二附中任教的妻子，學校裡給她開了幾次批鬥會，貼出了批判她的大字報，還把她的教研組長職務給撤了。正在天津大學機械系二年級的弟弟也受到了株連，一份黑材料放進了他檔案袋裡跟隨了他二十年，使他要調動工作都找不到願意接受的單位。還有原來在太原教書的姐姐，也因為弟弟是右派的緣故，在文革中下放農村，小孩跟著下去，學業也荒廢了。

文滔兄所受的處分是「開除公職，勞動教養」。這使他深思了「勞動教養」究竟是怎麼一回事。國務院《關於勞動教養問題的決定》說它是根據《中華人民共和國憲法》第一百條制定的，而《憲法》這一條的原文是：「中華人民共和國公民必須遵守憲法和法律，遵守勞動紀律，遵守公共秩序，尊重社會公德。」完全不能援引為侵犯公民人身自由的根據。國務院的這一決定是對《憲法》第一百條的文字和精神明目張膽的曲解。相反，《憲法》第八十九條規定：「中華人民共和國公民的人身自由不受侵犯。任何公民，非經人民法院決定或者人民檢察院批准，不受逮捕。」勞動教養，就是繞開法律程序剝奪公民人身自由的手段，是完全違憲的。

文滔兄在書中記下了他在清河農場三分場和于家嶺分場勞動教養的情形。每天勞動時間之長，勞動艱苦繁重的程度，書中都有很具體的描寫。他引用了德國哲學家和法律思想家黑格爾在《法哲學原理》中的一段話：

> 刑罰是一種報復。罪犯勞動，實際上主要是以懲治和折磨犯人為目的的勞役、苦役。……其勞動仍然是對肉體的摧殘，也是對精神上的折磨。因此，仍然是不符合人性的，不人道的。

我可以以當年勞教人員的資格作證，黑格爾說得十分中肯。叫我們幹的，並不是以創造財富為目的的通常意義的勞動，而完全是一種讓你不堪承受的懲罰。

就在把這些右派分子送去勞動教養的時候，「大躍進」開始了。這兩件事，不僅是在時間上是同時發生的，而且有內在的深刻的聯繫。可以說，「大躍進」是反右派鬥爭最直接的後果。毛澤東一九五八年九月五日在第十五次最高國務會議上說：「搞大躍進。這就是整風反右的結果。」事實正像他說的一樣，這時，能看出點問題，敢提點意見的幹部和知識分子，大都被劃為右派分子，剝奪了發言權。種種離奇的幻想都可以付諸實施了。文滔兄的書中舉了一個清河農場旱地改水田事例：把六千畝眼看就可以收割的小麥犁掉作肥料，不計工本地投入大量勞動把它改造成水田，播下一百萬斤稻種。結果是顆粒無收！這不過是全國許多類似事例中的一例。「大躍進」造成了對農業、畜牧業的大破壞，跟踵而來的就是大災荒，大饑饉，大死亡。在勞動教養的右派分子們，除了苦役的懲罰之外，又補充了另外一種更加難以忍受的飢餓的懲罰，真是雪上加霜。當時飢餓的程度，人們在餓死邊緣的種種反常的表現，書中都有極其具體的描寫。在農場，沒有病死的人，只有餓死的人。據估算，農場右派分子餓死的差不多有四分之一。這真是一頁慘絕人寰的歷史。

在這本書中，我們可以看到林林總總的人物群像。像郭榮昌，這時候他已經是山西省外貿局的副局長了。他經過許多周折找到了文滔兄，想幫助一下這個過去的同事改善一下處境，可是辦不到。後來文滔兄作了木工，也遇到了不少好心人，像史建德、仲連順、顧靜華、張學祿、吳士孝，……他們正直，善良，有是非之心，都給了受難中的文滔兄不少的照顧和應有的尊重。這樣的好心人，就是在農場的管教隊長中也是有的。一位張姓的隊長表示，知道這些右派分子「犯的是言論錯誤」，不過，「我當個隊長，許可權有限，有的事在我的職權範圍內的，我會幫助你。」他還真說到做到，後來總場批准一批人回家養病，他就趁此把文滔兄放回家去了。

書中也寫了另外一種人，那些喪盡天良的打手。這種人，在平日，業務工作什麼也做不好，一到政治運動來了，他們就精神百倍，像瘋狗一樣，到處咬人。就憑著這種積極表現，升官發財。像當年劃他右派的黨支部書記，後來做到了中共鄭州市委統戰部長，一位反右時給他無限上綱的打手，後來做到了北京市高教局大學處處長，另一位打手在一個什麼單位當上了人事處長。既然當打手有利可圖，當然在運動中勇於衝鋒陷陣，什麼傷天害理的事情都敢做了。這樣他們也就成了這種體制今天的社會基礎。腐敗，低效率，就是不可避免的了。要治癒這痼疾，第一件要做的事情，是辨明歷史的是非。諱疾忌醫，就無法救治了。

文滔兄是一位有歷史使命感的人，發憤寫了這本書，給歷史留下了一份真實的記錄。寫的雖然只是個人的經歷，但是從一滴水可以看見一個世界，其中包含了許多治國平天下的經驗教訓，按其這一性質來說，也可以稱為「資治通鑒」的。我希望有更多的難友也像文滔兄一樣，寫出各人的回憶和思考，作為我們對社會，對國家最後的回報。

二〇〇七年五月十八日於北京旅次

受難使人思考——趙文滔《木人的話》序

趙文滔兄前年出版了他的回憶錄《傷害》，以他一人的經歷反映出了這幾十年間，這一代中國知識分子的遭遇。特別是其中被劃為右派分子的那一部分知識分子所遭受的傷害。這是一份當事人的翔實的證詞。為後世研究中華人民共和國歷史的人提供了一份極有用的史料。

《傷害》一書的正文之後，還附錄了幾篇「網上文章」，顯示出了文滔對這一段歷史有很深的思考。他把他的思考隨時在網上發表，這一本《木人的話》就是他網上文章的一個集子，內容都是圍繞著與反右派鬥爭相關的一些問題。

比如，有好多篇說到了右派索賠問題，既然承認是「錯劃」了，給予賠償豈不是理所當然的事情嗎？為什麼《國家賠償法》不適用於反右派鬥爭呢？提出這個問題，這並不是在乎這筆錢，而是為了爭得一個是非公道的問題。聽說，拒賠的理由之一，說這將是國家財政難以承受的負擔。事實是，如果真有糾正歷史錯誤的誠意，什麼地方找不出這一筆錢來！書中談到「維穩費」，說是比國防預算還要大百分之十六（我計算是要大出百分之六到七）。如果拿出其中的百分之一來，就足夠補發五十五萬右派分子二十二年的工資了。還了這筆久欠未還的債，人們就會增加對共產黨的信任和感情，大大有利於社會的和諧與穩定，把「維穩費」用在這裡，可真是用到點子上了。

我們都看過一個德國影片《竊聽風暴》，東德建立了那麼周密竊聽機構，也許能夠「維穩」於一時，最終卻沒有能夠挽救東德作為一個國家政權的滅亡。殷鑒不遠。所以，把「維穩費」用於建立網路警察之類，恐怕也只能「維穩」於一時，最終必定是事與願違的。

文滔和我都是前勞教人員，都對「勞動教養」這個制度有切身的體驗。當時的《中華人民共和國憲法》第八十九條規定：「中華人民共和國公民的人身自由不受侵犯。任何公民，非經人民法院決定或者人民檢察院批准，不受逮捕。」而勞動教養，就是繞過法律程序剝奪公民人身自由的一種手段，完全違反了《憲法》的這一條規定，是一種無法無天的行為。可是，直到近年，還有大學教授、博士生導師發表什麼〈勞動教養的考察與反思〉為惡法辯解。文滔在書中作了反駁，指出：〈國務院關於勞動教養問題的決定〉的第一句就說，它是「根據《中華人民共和國憲法》第一百條的規定」，「作如下決定」。而《憲法》第一百條的全文是：「中華人民共和國公民必須遵守憲法和法律，遵守勞動紀律，遵守公共秩序，遵重社會公德。」其文字和精神都沒有規定甚至沒有暗示可以剝奪被指為「不遵守……，不遵重……」的人的人身自由。所以，文滔指出：這《決定》所宣布的根據，就是曲解乃至篡改《憲法》的！

文滔這本集子，精彩的議論不少，讀者不必看我的短序了，還是快去看正文吧。

二〇一〇年十月五日於長沙

一個大公報人在反右派鬥爭中的經歷

——吳永良作《雨雪霏霏》增訂本序

在毛澤東表明他決心發動反右派鬥爭的文章〈事情正在起變化〉裡，突出地提到了新聞界。他說：

> 右派的企圖，先爭局部，後爭全部。先爭新聞界、教育界、文藝界、科技界的領導權。

這篇文章還歷數了新聞界右派分子的種種罪過：

> 他們否認報紙的黨性和階級性，他們混同無產階級新聞事業與資產階級新聞事業的原則區別，他們混同反映社會主義國家集體經濟的新聞事業與反映資本主義國家無政府狀態和集團競爭的經濟的新聞事業。他們欣賞資產階級自由主義，反對

黨的領導。

這篇文章還說了：「新聞界右派還有號召工農群眾反對政府的跡象。」

在這篇文章中，再沒有對另外任何一個界別說得像新聞界這麼重，這麼多的了。就這樣，新聞界就成了反右派鬥爭的重災區。除了把徐鑄成的《文匯報》整個打成右派報紙以外，從《人民日報》起的各級黨報以及全國大大小小的黨外報紙，無不打出了一批右派。這時，在北京大公報社工作的吳永良兄，在長沙新湖南報社工作的我，就都成了新聞界的右派分子。

馬克思說的：思考使人受難，受難使人思考。我在被劃為右派分子之後，就不斷在思考一個問題：「這是為什麼？」思考這一場政治運動的前因和後果。經過幾十年的思考，特別是以改革開放以來的政策和實踐作為參照系來思考，我終於明白了：一九五七年發生這一場反右派鬥爭不是偶然的。簡單些說，這是中國共產黨和知識分子的矛盾積累到極點時候的一次猛烈的爆發，是中國共產黨和一同致力於推翻國民黨統治的其他政治力量，即以中國民主同盟為主要代表的民主黨派的矛盾積累到極點時候的一次猛烈的爆發。國際的影響當然有，那就是一九五六年的蘇共「二十大」和隨之而來的波、匈事件。可以說，毛澤東是帶著他的「匈牙利情結」進入一九五七年，發動反右派鬥爭的。

——這就是前因。

說到後果，如果只看到五十五萬個右派分子及其家庭受到了怎樣的迫害和折磨，經歷了怎樣的苦難，所見未免就淺了一點。要談反右派鬥爭在歷史上所起的作用，首先就要指出，它是通過打擊這些右派分子來反對那些有助於中國現代化、民主化、法治化的主張。當年遭到批判的許多「右派言論」，現在看來，都是利國利民的金玉良言。這完全是一場顛倒了是非的政治事件。一九五六年中共「八大」制定的集中力量發展社會生產力、發展黨內民主和人民民主的路線，反右派鬥爭之後就一筆勾銷了。後來的大躍進和文化大革命，可以說是反右派鬥爭合乎邏輯的發展。從開放改革三十年之後的今天回過頭來看，就可以看得很清楚了：反右派鬥爭遲滯了我國現代化、民主化、法治化的進程，走了一大段彎路，給歷史留下了深刻的教訓。

我就是基於這樣的認識寫了一本書，這就是一九九八年在河南人民出版社出版的《一九五七年的夏季——從百家爭鳴到兩家爭鳴》，二〇〇四年我又將它做了較多增補，以《反右派鬥爭始末》為書名，在香港明報出版社分上、下冊出版。我這部書是論述這一歷史事件的全過程，只能是粗線條的記述，缺少細節，缺少感性材料，這是體例所限，無可如何的事。人們想要得到更具體的瞭解，就得讀當事人寫的回憶錄。

吳永良兄的這一本《雨雪霏霏》，記敘的是他右派生涯中開頭三年（從一九五八年到一九六〇年）遣送黑龍江省北大荒勞動這一段時間的經歷。從開往勞動場地的火車上寫起，一直寫到在那風雪的荒原上勞累和飢餓的三年。不但寫出了煉獄般的苦難，也寫出了只有在這煉獄裡才能更加分明顯現出來的人性的美麗和尊嚴。他們，在長途的火車上，寧可自己不睡，卻把臥鋪讓給婦女和老人；在笨重的勞動中，儘量幫助體弱的難友；在伐木場上，有的人為保護大鋸，而犧牲了生命……許許多多這樣的細節，看了真令人感動。當然，書中也寫出了生活的另一面，也有人以一種冷漠的、甚至助紂為虐地對待這些落難的人們：這就是歷史的真實。

永良兄在書前〈開篇的話〉中說：

> 我想，我應該為社會留下一些資料，哪怕只反映反右運動的一鱗半爪也好。我應該告訴人們，在那風雨如晦的年代，有那麼一大群人，被冠以莫須有的罪名，成為賤民，曾經苦苦掙扎在底層，有些甚至葬身黑土地中。世世代代的中國人，請不要忘記這一段歷史。

應該說，他的這本書，是達到了這一個目的的。

從這篇〈開篇的話〉中可以知道，這本書其實是根據多年之後的回憶寫成的第二稿付印的。第一稿寫得更早，也更詳細。可是到了一九六六年六月，文化大革命開始，「在工作組入住學校的前夕，我一個人，在深夜，把那本厚厚的筆記本一頁頁撕下，收好。到第二天，分別在幾次燒水、燒飯的時候，一張張扔進煤火灶中燒掉。」「後來一些年我每逢想起，總覺得有些可惜。」我說，永良兄，不要再為這事後悔了吧。我確實知道一件事：在文化革命中湖南長沙處死的右派分子裡，有一個人的罪名，就是他記了一本日記！遺憾的是我已經記不起這位殉難者的姓名來了。毀掉了一部書稿，卻躲過了可能的殺身之禍，還是值得的。

永良兄的這本書，初版是二〇〇二年十月出版的。不久我就得到了他的贈書，立刻極有興趣地一口氣讀完了。我以為他做了一件大有意義的工作，為後世留下了一份重要的史料。許多有機會讀到它的朋友，也都充分肯定它的價值。如永良兄北大荒的難友黃苗子的夫人郁風在寫給作者的信中就說：

> 如今從各類家庭都離不開的電視中，只看到歌舞昇平，只看到清宮皇帝、武俠打鬥、或三十年代豪門綺事，再就是革命戰爭和領袖的英明……如尊著中你在北風呼嘯的北大荒夜晚，一頂帳篷中，搖曳的油燈下，看守著四具為脫胎換骨而死去

的右派同伴的屍體……這樣的畫面，是從來也看不到的。

這也確實是足以令人驚心動魄的情節了。

現在，這本書得到了增訂重版的機會。作者增寫了一些段落，修正了初版中一些不夠準確的記述（例如寫錯的個別的人名），特別是增加了幾種十分有用的附錄，內容更加豐富充實，必將受到後世史家的重視。

永良兄願意給我作序的榮譽。我就趁此機會，說了上面這些意見。其實，完全無須我的序言，讀者看了正文，必定會喜愛這本書、看重這本書的。

二〇〇九年九月二十四日於長沙

報紙是反右派鬥爭的重災區——夏和順作《老報人的故事》序

從馬克思列寧開始，共產主義運動就十分重視報紙工作，十分重視輿論導向。就說中國抗日戰爭時期，不但有延安《解放日報》、重慶《新華日報》這樣公開的機關報，還派了一些像夏衍、黎澍這樣高明的宣傳幹部去辦左傾的「民營報紙」，還要一些隱蔽的黨員去辦色彩不那麼鮮明的報紙。這樣還不夠，統一戰線工作在新聞界也起了很大的作用。像《大公報》、《文匯報》、《新民報》這些很有影響的報紙，都在或大或小的程度上（有時是在相當大的程度上）爭取到他們在輿論宣傳上的配合。能夠做到這一點，一個重要的原因是，這些報紙的負責人，直到編輯記者，許多都是有愛國心的、有正義感的、有進步傾向的，馬克思主義、共產主義對他們頗具吸引力，能夠接受共產黨的宣傳，這樣，統戰工作就奏效了。這些黨外報紙也就心甘情願地為共產黨作宣傳。例如一九四五年重慶談判期間，《新民報》首發了毛澤東的〈沁園春〉詞，為他在文化人中間吸引了一批仰慕者。內戰爆發，他們的同情在共產黨這一方，國民黨越來越看出他們的敵意，終於把他們封禁了。

當時，國民黨當局對於《新華日報》的發行寄遞竭力加以阻撓，有機會看到的人是很有限的。每日每時影響著廣大知識界（主要是青年學生）、工商界和一般市民的，是《大公報》、《文匯報》、《新民報》這些報紙。共產黨就是通過這些報紙把自己的主張透露出去。一九四九年人們對共產黨的勝利持歡迎態度，這些報紙在爭取人心方面是起了作用的。

共產黨在內戰中獲勝。原來被國民黨政府查封的報紙刊物復刊了，這當然是極可欣慰的事情。可是，要怎樣辦報才能適應新時代的問題，就擺在這許多老記者的面前來了。時代變了。環境變了。這些報人的地位會有怎樣的變化呢？這裡且舉一件小事為例。我沒有去查考過，也不知道是從哪一年開始，每年九月一日被宣布為「記者節」，好像這節日並不是國民黨政府決定的，而是記者們公議決定的。但是可以確定的說，共產黨是承認過這個節日的。某年九月一日延安《解放日報》的社論，標題就是〈紀念我們自己的節日〉。我記得，每逢記者節，就有記者們的集會，並且發表一些保障記者權益的宣言或聲明之類。新中國成立，這記者節就被取消了：大約是一九五〇年八月某日，總之是記者節前不久，報紙上刊登了一條新華社電訊宣布了這事。記不清是由中央人民政府新聞總署發言人的名義，還是由中華全國總工會發言人的名義宣布的。理由大約是說：現在解放了，新聞記者成了勞動人民的一部分，五一勞動節也就是他們的節日，不必另設記者節了。當然，幾天之後的九月一日也就無聲無息的過去了。

（前一兩年吧，又宣布定某月某日為中國記者節了。對不住，我忘記定的是哪一天了。也不見有誰去反問：在「五一」勞動節之外另定一個記者節出來，是不是說要把記者從勞動人民中間分離出來呢？我知道的只是，這個新定出來的記者節，並不是保護新聞記者權益的節日，人們也不重視它，所以定的是何月何日我也想不起來了。）

一片落葉報導了秋天的來臨。記者節的廢除標誌著新聞記者身價的跌落。老報人必須面對的新問題，是一個接一個的來到了。

一九五〇年春天，中共中央宣傳部和中央人民政府新聞總署召開了全國新聞工作會議。《文匯報》的徐鑄成在他的回憶錄裡記下了他參加會議的觀感：「從此提出報紙要反對刊載社會新聞，不得發表抒發個人感情及黃色、迷信的報導和作品；反對『資產階級辦報思想』，報紙宣傳要為黨的當前政策服務；新聞『寧可慢些』，但要『真實』。總之，一大套蘇聯模式的清規戒律確定下來了。」從這一段文字的語氣來看，他這一位老報人對這種新精神是頗為抵觸的，他明白：他多年積累的經驗、習慣、業務知識，都已經不合時宜了。

這次會議制定了一個文件：《中央人民政府新聞總署關於改進報紙工作的決定》。其實就是那「一大套蘇聯模式的清規戒律」的條文化。應該注意的是：實際上這個文件僅僅針對中央和地方各級共產黨的黨報。對於事實上還存在的少數幾家黨外報紙，文件並無一字涉及。這並不是忽略了這些報紙的特殊性，也不是起草文件的時候疏忽和遺漏。而是覺得已經沒有必要寫上這一筆了，因為這時已經確定了將這些報紙消滅的方針。如果聽任這些報紙繼續存在，對於實現「輿論一律」是頗有妨礙的了。於是儲安平的《觀察》被新辦的一本命名為《新觀察》的刊物取代了，其實從人員組成、刊物的內容、方向和原來的《觀察》毫無一點延續性，僅僅封面上的刊名還是用原來的字體。從此，那個鋒芒畢露的時評政論刊物就在中國的大地上消失了。《文匯報》呢，先是想把它改變成共青團的報紙，還是由胡喬木親自出面找徐鑄成談的。那時徐鑄成還沒有領會到上面已經下定消滅《文匯報》的決心，商談沒有成功，團中央於是創辦了一張《中國青年報》，而任《文匯報》苟延殘喘，那時《文匯報》的困境在徐鑄成的回憶錄裡有清楚的反映：例如他記下了中共上海市委派了一個黨員來擔任副總編輯，這位仁兄很坦率地對人說：我來《文匯報》，就是來消滅《文匯報》的。最後呢，就是以一紙命令將《文匯報》改為教育部管的《教師報》了。

這裡我可以插說一件我直接知道的事。一九四九年九月，我在中共湖南省委機關報新湖南報社工作。當時長沙還有一份中國民主同盟的報紙《民主報》，我是親眼看見他們在政治上經濟上承受的種種壓力，終於辦不下去，不久就停刊了。人員星散，有幾位還調到我們報社來了。

《文匯報》的復活，是在那個短暫的「不平常的春天」。毛澤東提出了「百花齊放、百家爭鳴、長期共存、互相監督」的新方針，《人民日報》由每天四版擴大為八版，《文匯報》以原班人馬在上海復刊，一時顯出有意擴大知識分子發言的空間。可是和雪萊說的不一樣，春天來了，冬天就不遠了。這個「不平常的春天」實際上是那個肅殺的冬天——反右派鬥爭的前奏曲。說來也有趣，一九五七年六月二十二日《人民日報》發表的胡喬木寫的一篇重要的反右派社論，題目就是〈不平常的春天〉，這篇文章還曾經編入中學生的語文課本裡。

對於新老報人來說，這場反右派鬥爭真正是肅殺的冬天。這是當然的，毛澤東在表明他決心發動反右派鬥爭的文章〈事情正在起變化〉裡，突出地提出了新聞界。他說：「右派的企圖，先爭局部，再爭全部。先爭新聞界、教育界、文藝界、科技界的領導權。」談到新聞界的右派分子，文章指摘說：「他們否認報紙的黨性和階級性，他們混同無產階級新聞事業與資產階級新聞事業的原則區別，他們混同反映社會主義國家集體經濟的新聞事業與反映資本主義國家無政府狀態和集團競爭的經濟的新聞事業。他們欣賞資產階級自由主義，反對黨的領導。」這罪名已經夠大了，還有更要命的呢：「新聞界右派還有號召工農群眾反對政府的跡象。」這就屬於犯罪的性質了。

在這篇文章裡，再沒有對另外任何一個界別說得像新聞界這麼重，這麼多的了。在這篇文章之後，毛澤東還發表了兩篇批判《文匯報》的文章，足見他對新聞界狀況關注之深。在一定的意義上來說，反右派鬥爭的目的之一，就是肅清報紙的資產階級方向。而這許多體現「資產階級方向」的老報人首當其衝，成了這一場鬥爭的打擊對象。像儲安平、徐鑄成、浦熙修這些人，從此脫離了新聞界，不但不再是報人，甚至不再是享有人權和尊嚴的正常的人，被劃成「右派分子」了。

這些事情，是中華人民共和國歷史的重要一章，雖說只是從新聞界這一個角度著眼，反映出來的卻是整個的歷史，這段歷史是值得深入研究的。

夏和順先生有志於此，廣泛收集資料，寫出了十二個老報人的經歷，寫出他們早年親共的態度和晚年悲慘的結局，是這段歷史最好的見證。

我原先讀過夏和順先生和他的老師易新農先生合著的《葉啟芳傳》（葉啟芳先生也是一位有著報人經歷的右派分子），十分佩服，曾經發表我的讀後感，也就因此同他有了交往。現在他的新著脫稿，給了我先讀的榮幸。並囑作序，我就趁此機會說一點自己對這一頁歷史的看法，並祝賀他新作的問世。

二〇〇九年十月二十三日於長沙

兩個家庭的一個世紀——李蔭國《走出煉獄》序

二十世紀過去十年了，已經成為史家的研究對象。我見到的幾種寫這百年歷史的著作，或簡或繁，大抵都是大事記甚至大事年表的樣子，至於這時芸芸眾生是怎樣生活的，卻很少反映。按說，一本好的歷史書是應該反映出普通老百姓的生活狀況的。

李蔭國先生的這一本《走出煉獄》卻是反映出了人民的生活狀況的。作者顯然並不是有意來寫二十世紀史，他給自己規定的任務要小得多，他只是寫他所熟知的兩個家庭的情形，一個是他父親王有福的家，另一個是同他關係更深的外婆的娘家李家，他甚至過繼給外婆的妹妹李祥琳（書中稱她為「姨祖」）為孫，所以他不姓王而姓李。

書中的故事就從外婆的父親李繁漢說起。他是清光緒三十年（一九〇四）以四十二歲的中年去世的，死時只留下兩個幼女，並無子嗣。在家族的干預下，女兒不能繼承他辛苦掙來的家業，卻由侄兒繼承了。從這裡，人們可以看到一百年前的社會風習。如果是現在，根據《中華人民共和國繼承法》，女兒和兒子享有同等的繼承權，社會確實是進步了。

在舉國一致的抗日戰爭中，王家和李家都有人投身軍旅，殺敵衛國。作者的父親王有福擔任過第三戰區幹訓團少校政治指導員，在抗日的主戰場上與日寇正面作戰。李家也有李盈笏（參軍後改名林堅木）參加了共產黨領導的新四軍，轉戰於蘇北東台、南通等地，也屬於第三戰區。他們在不同的戰場上和一個共同的敵人作戰。抗日戰爭本來就是一場不分黨派的全民戰爭嘛。可是歷史的複雜性就在這裡：經過抗日戰爭之後的那一場內戰，這兩個人的命運就大不相同了。林堅木成了一員縣團級幹部，儘管他因為富家出身，得不到提拔和重用，後來還從部隊轉業到地方工作，總還是受人尊敬的革命老幹部的身分。而王有福呢，他為國家所做的一切，都被算作反革命罪行，他成了一名通緝在案的反革命要犯，不能不棄家逃命了。

作者才一歲，就再沒有見到父親，就在一個離散的家庭裡成長，他和他母親就都成了「外逃人員家屬」，屬於文化大革命中發布的「公安六條」（一九六七年一月十三日）提出的「二十一種人」之列，也就是這個政權的法定打擊對象了。事後想起來，父親的外逃，對於留下來的他們母子還要稍微好一點。假如他們成了被殺的反革命分子家屬，那麼在「公安六條」裡的排名次序還要移前一些。

對作者母子更直接的打擊是反右派鬥爭。他的母親，小學教師劉學熙，憑著她是外逃人員的妻子，並不需要另外加上多少右派言論，也足以優先劃為右派分子了。這一年，作者才九歲。相依為命的孤兒寡母，共同經歷了這一場驟然遇到的狂風暴雨。書中說：「反右鬥爭時，我上小學三年級，跟隨母親住城關一完小，度過了心驚肉跳的八十四天。」書中寫下了一個九歲孩童眼中的漢壽縣的反右派鬥爭。這樣小小的年紀，當然完全無法理解這是為什麼，對於母親所受的委屈和苦難理解也不可能很深，可是受難促使他早熟，他懂得了許多這個年齡的孩子所不能懂得的東西。

作為一個右派分子的兒子，作者被剝奪了受教育的權利，也就是當時的《中華人民共和國憲法》第九十四條所規定的權利，三次被拒於學校門外。當年不許入學的又豈止一個李蔭國！那「二十一種人」的子弟，相當數量的一批青少年，都是如此待遇的。這不但是剝奪了這許多人的憲法權利，也是對我們民族智力資源的極大破壞。這些人裡面，不乏天分很高的人，假如有機會受到正常的教育，其中將要出多少各個方面的傑出人才！如此說來，這就不僅是他們個人的受難和不幸，也是國家和民族的災難和損失了。

作者在書中懷著深深的敬愛之心寫了他的姨祖李祥琳，她終生未婚，毀家興學，盡心盡力辦起了一個繁漢幼稚園。後來它併入公辦的七一幼稚園的時候，她將原來繁漢幼稚園的全部財物捐獻給了公家。書中寫了這樣一個細節：「幼稚園合併搬家時，建設街的幹部們認為這是他們解開繁漢幼稚園疑團的一個機會。十年來，他們一直懷疑幼稚園地下埋藏著金銀珠寶，甚至隱藏著特務的電臺。搬家的那一天，家裡來了好些幹部。他們像趕地主出屋一樣，先要姨祖空手去七一幼稚園。在搬運中，對有懷疑的東西都要打開檢查，並問個究竟。」這真寫出了那時街道基層幹部的典型形象。他們水平很低，疑心很重，自己絕不行善，也不相信世上有行善之人。也只有這樣的人才有機會被任用為基層的親民之官，讓這樣一類人按照最高指示去管理六億、七億、八億的一盤散沙。我以過來人的身分可以證明這一段描寫的真實和準確。天高皇帝遠，皇帝不可能去管那許多瑣瑣碎碎的事情，並不十分可怕，可怕的是遍佈這每一寸土地上的基層幹部。若問：那時芸芸眾生是怎樣生活的？答：就是在這些基層幹部的管理下生活的。這就是歷史的真實！

這一部令人感到沉重的書卻有一個喜劇的結尾：因為有親人在臺灣，有了「統戰」的價值，作者李蔭國和他的姨祖李祥琳都被安排為縣政協委員。不過這已經是歷史的另一頁了。

從李繁漢經營他的李洪泰商號，到作者寫成此書，涵蓋了整個二十世紀的一百年。從他書中寫的一些事情裡，讀者看到了中國老百姓在這一百年裡是怎樣生活的。

二〇一一年一月九日　於長沙

董每戡和他的時代——《董每戡集》跋

董每戡先生年輕時即投身共產主義運動，歷經艱險。後來又投身左翼文化運動，以左翼文化人的身分從事文學活動和學術活動。他是中國左翼作家聯盟和左翼戲劇家聯盟的成員。像他的劇本《C夫人肖像》，就可以看作當年左翼戲劇的一篇代表作。主角C夫人，她的愛人是一位死難的革命詩人。在這一點上說，這裡有丁玲和胡也頻的影子（C夫人就是湖南人）。在劇本裡，劇作家忍不住讓角色直接說出自己的主張：「藝術絕不是遊戲，他是一種武器」，「藝術絕不能離開社會，他應該是普遍的社會生活的反映，他應該被一般民眾理解」，反駁了說什麼藝術是人物「心靈的解放者」那樣的唯美派藝術家。這種不是通過戲劇行為來表現的傾向性，沒有能夠使這個劇本成為舞臺上的保留節目，最初的演出還是很受到觀眾的歡迎。

後來董先生致力於中國戲劇史的研究，在大學講授這方面的課程。這時，他早年的劇作家的經歷就很有益處了。大家都知道，講授唐詩宋詞的教師，自己能詩的和自己不能詩的頗不相同。自己能詩，深知作詩的甘苦，對於古人詩作領悟自要深一層。自己有編劇經驗，知道怎樣通過戲劇行為反映生活表現主題，閱讀古人劇作也就更具會心，能夠以自己的經驗來評論古人的得失。正如他在《五大名劇論‧自序》中說的：「每論一劇時，常對劇中某些場子認為應刪或可併的意見，甚而有對某一角色的性格應怎樣體會怎樣掌握和表現之類的話，不消說是我個人粗淺且未必正確的看法。」這是劇作家同行（雖然隔了幾百年）之間的切磋，往往有很精當的見解，可說是他的獨得之秘，是他論著的一大特色。王國維考宋元戲曲，精深細密，前無古人，可是這種源自作劇經驗之談，卻只好留給董先生來說了。

董先生別有《西洋戲劇簡史》的著作，他注意到了中西戲劇的比較研究。這樣，他在研究中國戲劇史的時候就有了一種世界的眼光，有了更開闊的視野和更深的深度，有了更高的學術價值和人文價值。

在政治傾向上，董先生在中年以後，在已經成為著名學者和教授以後，依然和青年時一樣堅持左傾立場。一九四七年上海的中共地下組織策劃組建了一個「上海市大學教授聯誼會」（簡稱「大教聯」）的組織，在地下黨的指揮之下進行各種反對國民黨政府的活動。時在上海大夏大學任教的董先生，被推為大教聯幹事會的一員。這事不但表明了他的政治傾向，表明了他在教授中的聲望，更表明中共地下組織把他看作可以借重的力量。

解放之後，奉行「一邊倒」的基本國策，各行各業都提出了「學習蘇聯先進經驗」

的任務，高等學校更是首當其衝。按說，中國戲曲史這門課程，似乎並無蘇聯經驗可供學習。可是不能這樣說。記得當年大學文科流傳一本蘇聯季莫菲耶夫的《文學理論原理》（中譯本書名是不是這樣，記不清楚了），其中分析俄羅斯古典作家的方法，總是可供學習的蘇聯先進經驗吧。董先生那一輩左翼文化人，一直是把蘇聯當作理想國的，能夠接受學習蘇聯的口號，並且早就自覺自願地服膺馬克思列寧主義的意識形態。這樣，在他的學術論著裡，就出現了「馬克思列寧主義的美學教導我們」這樣的提法以及季莫菲耶夫《文學理論原理》中的「階級性」「人民性」這些範疇，就用階級分析的方法評論作家和作品。引語方面，在馬、恩、列、斯和黑格爾之外，還有車爾尼雪夫斯基、別林斯基、杜布洛留波夫、高爾基，甚至馬雅可夫斯基。想來，這許多引文未必都是引自原書，有些恐怕是從《文學理論原理》這一類蘇聯教材轉引的吧，這些就顯出了時代的烙印。隨著時間的推移，意識形態的影響逐漸淡化，後世讀者讀到這些地方，將會不勝感歎的吧。

那幾年真是多事之秋。批判胡適，批判俞平伯的《紅樓夢研究》，批判胡風⋯⋯。在這種空氣之下，知識分子真是如臨深淵，如履薄冰。到了提出「百花齊放、百家爭鳴」方針的時候，就像費孝通說的一樣，感到了一種「早春天氣」，舒了一口氣。董先生覺得，這是有意營造一種比較寬鬆的政治環境了，一時也產生了一點興奮之感。他用

「俞老平安否」一句開頭，填了兩闋「以詞代簡」的〈金縷曲〉寄給三年前因《紅樓夢研究》受到圍攻的俞平伯，第二闋說：

莫負屠龍手。鬢星星壯懷未老，熱腸如舊。健筆尚存應自許，文苑猶堪騁驟，況又值爭鳴時候。轉眼春來花齊放，好江山萬里鋪新繡。生盛世，恨何有？紅樓舊夢還重究，更無妨從容論道，夜隨清晝。今日愛才非昔日，珍惜儒林老宿，勸莫學金人緘口！地北天南常懷想，獻蕪詞能獲同心否？幸賜覆，正紕謬！

從這裡，可以看出他愉快的心情，看出他對雙百方針的竭誠擁護。

整風運動開始，提出要改善共產黨和群眾之間的關係，拆掉阻隔黨群的高牆，填平阻隔黨群的深溝。董先生在《南方日報》上發表七絕四首表示擁護。後兩首是：

黨群本是一家親，矛盾生成各有因。
自古精誠能裂石，拆牆還賴築牆人。

明時少有不平者，縱有不平任汝鳴。
鳴出不平消盡氣，高牆倒後見清平。

董先生不知道，發表這詩的《南方日報》編者也不知道，這幾首詩見報的這天，一九五七年五月十四日，中共中央秘密發出了表明開展反右派鬥爭意圖的第一個文件〈關於報導黨外人士對黨政各方面工作的批評的指示〉，要求「我們各地的報紙應該繼續充分報導黨外人士的言論，特別是對於右傾分子、反共分子的言論，必須原樣地、不加粉飾地報導出來，使群眾明瞭他們的面目」。一場反右派鬥爭，從這時起進入預備階段。

中共廣東省委第一書記陶鑄出席了中山大學教授的座談會。董先生在會上說，學校的有些黨員有兩副面孔，平時是封建時代的寡婦面孔，不苟言笑（陶鑄插話：是冷若冰霜。）不去接近群眾，運動中是屠夫面孔，很兇惡，知識分子很怕他們。座談會結束的時候，陶鑄表示，黨組織是不會報復的，要大家不要怕。

陶鑄的這個「不會報復」的承諾不過是句空話。董先生還是被打成右派分子了。這時他寫了一首詩給中山大學的同事陳寅恪和詹安泰：

書生積習總難忘，酒後常疏戒履霜。
長日空懷心耿耿，連宵深悔視茫茫。
浮名已為多言誤，大錯寧成致命傷？
枕上排愁歌代哭，群蛙聲裡起彷徨。

從這詩裡可以看出他沉重的心情：深悔多言，鑄成大錯。其實，即使他一言不發，憑他是一位知名的知識分子，憑他是民盟廣東省委委員，在這一場以知識分子、以民主黨派（首先是民盟）為打擊對象的運動中，他總會是在劫難逃的。

這樣一貫左傾的、竭誠和共產黨合作的知識分子被打成右派的又豈止他一人。像當年上海大教聯幹事會中被打成右派分子的，除他之外還有孫大雨、彭文應、許傑、陳仁炳，一共五人。這些人當年都是著名的左傾人士，竟落得如此下場。這事最足以表明反右派這一場鬥爭的性質。

反右之後，董先生舉家移居長沙。這對於我個人來說倒是一件幸事。這樣我就有了經常請益的機會。他處在政治的高壓和「惡衣惡食」的困境之中，那種對國運的憂思，對事業的執著，對未來的信念，都使我深受感動。

對於董先生更加沉重的打擊是文化大革命。「一箱論稿十箱書」全被抄沒。這一箱論稿包括《中國戲劇發展史》六十萬字，《笠翁曲話論釋》二十萬字，《三國演義試論》增改稿二十萬字，《明清傳奇選論》及其他雜稿共一百二十萬字。多年心血毀於一旦！雖說他拿白居易詩「野火燒不盡，春風吹又生」來安慰自己，希望能夠把它重寫出來，終於未能如願。這是作者最後也最成熟的著作，真令人痛惜。

待到這一場噩夢醒來，已經是一九七九年了。十一月十一日的《南方日報》上，董先生發表了一篇看了廣東潮劇院四個折子戲以後寫的劇評。文章一開頭就說：「我離開廣州二十多年，此次重到南國，頗有『化鶴歸來』之感；然而我一直堅信歷史的潮流不可能逆轉，人民的意志總是壓不垮的，爛漫的群花也是掐不死的。」作為一篇劇評來說，並不一定要這樣開頭，作為一名右派分子「復出」之後亮相的第一篇文章，這個開頭真是絕妙好辭，寫出了他被打在社會底層的二十二年間的心情。正是這種歷史潮流不可逆轉、人民意志不可壓垮的信念支持著他，使他能夠在反右、文革這樣的大災大難的重壓之下硬挺了過來。正是這種藐視災星、戰勝災星的堂堂正氣，足為萬世師表，比在講壇上的傳道授業解惑更加重要得多。

董先生的一生，他的追求，他的努力，他的成就，特別是他的受難，可以說是當代中國知識分子的一個典型。感謝溫州市父老鄉親和地方長官，他們為了表彰鄉賢，保存鄉邦文獻，出資編印了這部文集。它不僅因為作者的學術成就而受到學界的珍視，更因為作者的遭遇，將作為一份歷史見證而永遠傳世。

辛卯新正初二謹跋於長沙

請入歷史的迷霧──一個「戲說」反右派鬥爭的標本

《人物》是一家辦得很嚴肅的雜誌，我是每期必看，很得到些益處。比方說吧，一九九四年第五期上趙舒先生的〈葉永烈著《胡喬木》一書指謬〉，就是一篇好文章，不只是指出了一本書的謬誤之處，而且提醒讀者注意目前出版界的一種不良傾向，「略有一點資料就可以敷衍成一部長篇傳記」。而且一望而知作者趙先生是一位真正的歷史家，從這篇字數不多的文章裡可以看出他研究工夫之深。

可是，有朋友告訴我：這篇文章可惹出麻煩來了：在一張什麼報上登著，被批評者索賠一百萬元呢！我聽了大吃一驚。因為，當我沒有零錢花了，有時也寫點書評，好弄個幾十百把塊錢稿費。今後可要小心，如果誤觸地雷，批評了招惹不起的作者，即使傾家蕩產，也湊不出一百萬元的賠款呀。

葉永烈先生的書，我讀得很少。為什麼讀得很少呢，後面再說。雖然讀得少，還是讀過一篇：〈撥開歷史的迷霧──羅隆基傳〉。讀過之後，我倒更糊塗一些了。

過來人回憶往事，當能記得，「章羅同盟」這個提法，最早是出現在一九五七年七月一日《人民日報》上，出現在毛澤東撰寫的社論〈文匯報的資產階級方向應當批判〉中間：「整個春季，中國天空上突然黑雲亂翻，其源蓋出於章羅同盟。」「風浪就是章羅同盟造起來的」。而「章羅聯盟」這個提法，最早出現在七月四日《人民日報》報導民盟整風座談會的消息中，是民盟秘書長胡愈之首先說出來的。查閱當年舊報，即可知道七月一日以前，無「章羅同盟」一語，七月四日以前，無「章羅聯盟」一語。而葉先生的文章卻說，「六月二十一日，羅隆基剛剛飛回祖國，到達昆明機場」，就看到「報上用郵票那麼大的黑體標題，印著：〈徹底批判章羅同盟〉，〈揭露章羅聯盟的罪惡活動〉」。葉先生能在六月二十一日以前找出一張這樣的報紙來麼？下面，葉先生栩栩如生的描寫的羅隆基大發脾氣，說他六月二十一日在長途電話中，六月二十二日在北京章伯鈞家中，說的那些「我什麼時候和你結成聯盟？」「今後也永遠不會跟你聯盟！」這些話似乎不必再加分析了。

羅隆基編過一個時期《新月》月刊，在上面發過不少文章，要談羅隆基就不能不提到這個刊物。葉先生說：「《新月》月刊創刊於一九二八年，是中國文學史上頗有影響的刊物。它是『新月社』主辦的」。這就真使人不好怎麼說了。你要說他沒有看過《新月》月刊嗎，他文章又引用了《新月》月刊的材料；你要說他看過嗎，刊物第一卷第一號第一篇第一段就說：

我們這月刊題名新月，不是因為曾經有個什麼「新月社」，那早已散消，也不是因為有「新月書店」，那是單獨一種營業，它和本刊的關係只是擔任印刷與發行。《新月》月刊是獨立的。

新月社是一九二三年末成立的，存在的時間不長，《新月》創刊時「早已散消」，如何能來「主辦」呢？

葉先生的文章還說：「在中華人民共和國成立之際，張瀾擔任中華人民共和國副主席，章伯鈞任政務院委員、交通部部長，羅隆基任政務院委員、森林工業部部長。」不滿三行，卻有三處與事實不符。中華人民共和國成立，張瀾是中央人民政府六位副主席中的一位。中華人民共和國副主席這個職務是一九五四年一屆一次全國人民代表大會之後才設立的。張瀾一生都沒有擔任過中華人民共和國副主席。政務院委員應該是政務院政務委員，正如現在的國務委員不能稱為國務院委員一樣。當年章伯鈞是安排當了中央人民政府委員兼交通部部長，羅隆基當初卻並沒有安排他兼部長，只單是政務委員罷了。是到了一九五六年，為了安排他，才從林業部劃出一部分業務，建立森林工業部，讓他兼了部長。反右派之後，一九五八年二月，撤銷了右派三部長（章伯鈞、章乃器、羅隆基）的職務，交通部和糧食部都任命了新部長，森林工業部卻不必宣布新的任命，部的建制也撤銷，所有業務又重新併入林業部了。

假如有一個讀者，是從葉先生的這本書裡才第一次接觸到這一段歷史，以為在一九五七年六月二十一日以前報紙就在批判「章羅同盟」或「章羅聯盟」，以為《新月》月刊是新月社主辦的，以為張瀾擔任過中華人民共和國副主席，以為中華人民共和國成立之際就有一個森林工業部……那是請他進入了歷史的迷霧，還是幫助他撥開了歷史的迷霧呢？

這裡就要說我為什麼很少讀葉先生的書了。有些事情，我一看就知道他沒有說錯，因為我從其他書報中得到的知識告訴我：確是像他說的一樣。有些事情，例如本篇中舉的幾例，我一看就知道是說錯了，這也是因為我已有了這方面的準備知識。這兩種情況都不要緊。可怕的是我沒有準備知識的部分，無法判別說對了還是說錯了。所以，他的這一本《沉重的一九五七》，我在看了這一篇之後，後面的幾篇就只好不看了。

稿子寫了當然希望發表。不過這一回我請編輯先生從嚴審稿，最好請一位律師看一下，看看葉先生是否可以索賠，並預測一下索賠金額，我好估算一下我的承受能力。

（原載一九九四年十二月二十四日《文匯讀書週報》）

請另舉一例——讀一篇吳晗的傳記材料

《吳晗傳》作者蘇雙碧、王宏志兩位先生寫的〈真誠的人犯了真誠的錯誤〉一文（見《書屋》一九九七年第三期），如實地論證了「吳晗積極參加反『右派』鬥爭，並非違心的，而是他的盲目造成的」，因為，「反『右派』擴大化，黨當時沒有發覺，吳晗更不可能發覺」。這篇文章，對於人們理解反右派鬥爭，擴大點說，對於理解一九四九年以來的中國歷史；對於理解吳晗，擴大點說，對於理解自從「五四」以來中國幾代、幾種傾向的知識份子的心態，都是很有啟發的。

因為一九五七年中國發生了一場反右派的鬥爭，從而才發生吳晗對這一場鬥爭的態度問題。那麼，為什麼發生這一場反右派鬥爭呢？蘇王文章說：

……中央統戰部從五月八日到六月三日，邀集民主黨派和黨外人士舉行座談會達十三次，國務院系統召開工商界座談會達二十五次。兩個系統的與會發言者達一百七十多人，說明黨外人士幫助黨整風熱情之高。但一些發言由於措詞激烈，或帶有情緒，把一些不可通用的政治術語，如「政治設計院」、「黨天下」，以及設立類似海德公園的自由場所等等，用來對黨和政府提意見，當然是有些偏頗的。因而，原先以為這些尖銳的批評是姑嫂吵架，現在，卻由毛澤東明確提出：「這不是姑嫂，是敵我。」這樣就把一部分較激烈提意見的人，推向黨的對立面了。五月十五日，毛澤東在〈事情正在起變化〉一文中尖銳指出：……可知，毛澤東此時已經明確要搞一場反右派鬥爭。

這個說法，有一個困難。因為，在反右派鬥爭中受到集中批判的那些最厲害的右派言論，都是在五月十五日以後出現的。如：

章伯鈞提出「政治設計院」，是在五月二十一日統戰部召開的座談會上。

羅隆基提出「平反委員會」，是在五月二十二日統戰部召開的座談會上。

儲安平提出「黨天下」，是在六月一日統戰部召開的座談會上。

這個座談會以及工商界座談或上的全部發言，都在第二天的《人民日報》上詳細報導，上述三篇發言，即分別見於五月二十二、二十三日、六月二日的《人民日報》上。至於海德公園一說，在這兩個座談會的報導中沒有反映，假如有人說了，當不會不做報導的吧。也許另有出處，我沒有找到。

五月二十日以後才出現的論點，怎可能促使毛澤東在五月十五日就定下反右派的決心呢？用這幾篇文章做例來證明這個論點，是完全不適用的，要證明這個論點，需要舉另外的例證。

原載《出版廣角》一九九七年第六期

月落烏啼霜滿天——讀《烏夜啼——「鳴放」期間雜文小品文選》

歷史是不容假設的。它已經像人們所看見的那樣發生了之後，卻去假設如果不是那樣而是這樣發生，歷史將怎樣寫，又有什麼意義呢。至於討論某一歷史事件在當時是必要還是不必要，更是過於哲學化的思辨。必要與否，這話難說得很。秦始皇焚書坑儒，這事必要嗎？去問那四百六十個儒生，他們恐怕不會承認這必要性。或者，查明其中確有一兩個其罪當坑，而另外的四百五十幾個卻不能不說是擴大化之下的枉死鬼。如果去問秦始皇，他必定強調這是完全必要的了。兩千多年之後，文化大革命評法批儒那會兒，還在說這是執行法家路線的必要措施哩。

不久前紀念了戊戌一百週年，有人惋惜政變中斷了維新之路。要是沒有發生這一場政變就好了。如果去問嚴復，他甚至以為連百日維新也沒有還更好些。要是康梁他們不這樣性急，從容等待慈禧老死，再輔佐光緒來推行新政豈不就不會有六君子被殺新政夭折這些事件了嗎。可是百日維新和接踵而來的政變是已經發生了的事情。假設它沒有發生又有什麼意義呢？

說到一九五七年的反右派鬥爭，也有人在辯論這是必要還是不必要的。我對於這種討論不感興趣。我認為，對於這樣一件已經發生了的歷史事件，歷史學家的任務只應研究它是怎樣發生的，它為什麼會發生，為什麼會顯現出這種形態，以及它對於後來事態的發展又有怎樣的影響，等等。要進行這種研究，必要的準備條件就是盡可能多地掌握第一手材料，只有閱讀了大量的原始材料，才會對當年這一場鬥爭有一個較為清晰較為完整的印象，才有可能作一個較為恰當的說明。幾年前我為了寫《一九五七年的夏季》這本書，就找來了一大堆當年的報紙和刊物，很費了不少力氣。如果現在要做，就不必如此費力了，有些出版家在做一件很有意義的工作：整理當年這些原始材料，編印成書。這樣既可以為研究者節省下收集資料之勞，更給一般讀者提供了接觸這些材料的機會。對於一般讀者來說，是很少有可能去直接閱讀這些塵封的舊報刊的。

這幾天，我讀了一本《烏夜啼——「鳴放」期間雜文小品文選》，（段躍編，中國電影出版社一九九八年十二月出版），就很受啟發。這本書選輯了一九五七年上半年反右派鬥爭正式開始以前（即通常說的整風鳴放期間）幾家重要報刊上發表的雜文和小品文，取材範圍包括《新觀察》、《長江文藝》、《新民報晚刊》、《中國青年報・辣椒專刊》、《文匯報・筆會》、《新晚報・燈下談》、《人民日報》等等。我就想：可惜這書遲出了幾年，要不然，其中的有些材料，是應該用到我的書中去的。

我讀了這些四十多年前的雜文，一個感覺是：當年這些文章反對的，是主觀主義、宗派主義和官僚主義，而今天報紙上的提法卻是反腐敗，分量是重得多了。這書中所收的文章當年是不是全部被宣布為毒草，其作者是不是全部被打成右派分子，我沒有能去作調查。我確實知道的是有一部分作品和作者是被打成了毒草和右派的。現在我們就來看看這些文章宣揚了什麼反對了什麼吧。〈輕輕一動嘴，花鈔如流水〉是批評對外貿易部在汽車費、電話費等等方面的浪費和在國外舉辦商品展覽會因計畫不周造成的損失。〈稀奇稀奇真稀奇，大雪天裡買電扇〉是批評一些單位年終突擊花錢的。〈下了舞臺之後〉是批評一些專業演員在慰問工農兵的演出中敷衍了事的。〈母與子〉是批評溺愛嬌縱兒子的。〈開會＝花錢〉是批評人民銀行總行一次先進工作者代表會，「平均一天半有一個『玩』或『吃』的節目，」「好像不把領導批准的錢花完就對不起領導似的。」〈X書記萬里搬家記〉是批評鐵道部第二設計院團委副書記的，他花掉公家一千七百多元去搬家，搬來了不值五百元的東西。諸如此類的事情，似乎現在的報紙上也在反對，不知道在當年是不是算成了毒草。

這些文章批評的一些事情，今天看來簡直是小事一樁了。〈牛處長視察記〉寫一位行政處長到他管轄的一個休養所去視察的經過，不過是坐了軟席臥鋪，下了火車有汽車接站，受到了啤酒和西餐的款待，對工作人員打了幾句官腔，休養員反映的問題一個也沒有解決……如是而已。再沒有別的了。至少沒有說他回程的時候帶走了大包小包的紀念品，也沒有誰三陪。這點事也寫文章，真要說是少見多怪了。〈新官太太〉寫一位領導幹部的妻子入學考試的分數沒有達到取錄線，就憑著丈夫的地位破格入了學，入學之後，又憑著這種身分要求教師給個好分數。這樣一位女士，讓我今天說，她恐怕應該認為是一位有上進心的賢內助了。也許她天分不甚高，學習有點吃力，但是她還是願意求學，願意有一個好分數，這就很可敬嘛。至少她沒有憑藉丈夫的職位，給自己要一個什麼董事長之類的頭銜，沒有要批條、外匯指標等等。看到她的這些小事在當年都要受到批評，真不能不為四十年間世風的變化歎息。

這本書所收的文章，早的是一九五六年九、十月間的，晚的是一九五七年六月初的。大家都知道，在《毛澤東選集》第五卷裡有一篇注明是一九五七年五月十五日的秘密文章〈事情正在起變化〉，表明他決心將正在進行的整風鳴放轉變為反右派鬥爭。在這以前的一段時間，可以說是反右派鬥爭前夕，在這時到六月八日公開發動，可以說是反右派鬥爭的準備階段。今天我們閱讀這「前夕」和「準備階段」發表的這些雜文，聯繫到即將開始的反右派鬥爭想一想，是特別有意思的事。在這裡，人們可以看到，這些作者在著筆之際，其實自律很嚴。〈人之相處，貴相知心〉一文表示：「我們舊社會出身的知識分子……必須進行思想改造」。〈請勿「透底」〉一文反對那種認為「凡引馬、恩、列、斯名言者，都有『教條』嫌疑」的「透底」的觀點。中共中央關於整風運動的指示提出了「和風細雨」的方針，就有雜文作者對此作了發揮，〈「一棍子」〉一文說：「曾經被一棍子打死的人，接受了道歉，分清了是非，也就不必反過來一棍子打死人了。對敵人要『以牙還牙』對同志就不能以『一棍子』還『一棍子』。」

這些作者們，沒有忘記自己必須進行思想改造，表示了尊崇馬恩列斯的態度，擁護按照中共中央的指示和風細雨地整風。他們以為（希望、願意）事情就這樣一路順風的發展下去，卻是並沒有預料到整風運動會突然轉變為反右派鬥爭的。我們來看看趙超構主持的《新民報晚刊》吧。三月他在北京出席了中國共產黨全國宣傳工作會議，興奮之極，回到上海後，他以「林放」這個筆名在報紙上發表了一系列文章，鼓吹鳴放。四月一日，他在〈事出有因　查無實據〉一文中，批評了那種認為「齊放爭鳴是為的引誘某些人暴露思想，等到他們的思想暴露了，然後群起而攻之。一言以斃之，給以狠狠地打擊」這樣一種說法。他不同意此說，反駁道：「齊放爭鳴的目的就是繁榮我們的文藝、學術，就是要通過放和鳴來解決我們人民內部的是非問題，求得真理。除此之外，無他目的，更談不到什麼『誘敵深入』的話。既然是齊放爭鳴，那就是預定要出現不同意見的。有批評，有反批評，這完全是正常的現象，說不上誰是『伏兵』，誰是被『誘』之『敵』。」四月十一日，他又在〈從放心到放手〉一文中對一些心存疑慮的知識分子說：「有人擔憂這是不是共產黨的『放長線，釣大魚』，『安下牢籠捕猛虎』，等到我放了之後，再痛痛的『整』我一頓？因而疑心生暗鬼，也採取留一手的態度。……一些心虛的諸子百家，也是緊張萬分的深怕碰上什麼地雷，卻不知道齊放、爭鳴本來是個不設防的城市。」以為這種顧慮是「一場誤會，一場虛驚」。到了五月二十日，已經是注明寫作日期為五月十五日的〈事情正在起變化〉幾天之後了，這篇文章裡有「誘敵深入」等等字句，這一天的《新民報晚刊》上還發表了另一位作者寫的一篇〈預言家〉，批評了他所說的那種「預言家」的論調：「什麼放呀，鳴呀，這都是放長線，釣大魚，誘魚上鉤嘛，你不信我的話，那就等著瞧吧，三五個月以後，風向一轉，就輪到整你了。」這篇文章詳細分析了這種預言為什麼是不對的，指出「怕『整』的思想，沒有必要。」我想，已經沒有必要來當事後諸葛亮，來斷定哪一種預言更靈驗一些。

李銳在本書序言中說：「幾個月前是求言詔求言，現在是言者有罪，就政治道德、政治信譽而言，當然蒙受了難以挽回的損失，直到今天還得來還這筆債。」他大約是看了這幾篇文章才寫下這幾句話的吧。

我讀了這本書，覺得自己對反右派鬥爭的認識又深了一層，故樂於向讀者推薦。我的那一本《一九五七年的夏季》，為了想介紹當年這一場鬥爭的全景，不能不寫得很概括。我希望那一本書的讀者也讀一讀這本《烏夜啼》，更可以增加感性的瞭解。這本書有兩篇序言。李銳的那篇剛才已經提到了，還有李慎之的一篇，題為〈毛主席是什麼時候決定引蛇出洞的？〉是一篇近兩萬字的嚴謹周密的論文，對這問題的分析很深刻，也很有說服力。值得細讀。就為了這兩篇序言，買這本書，也值。

（原載《博覽群書》一九九九年第三期）

聶紺弩的「運動檔案」

《聶紺弩全集》中最引人注目的是第十卷「運動檔案」。他的小說、散文、雜文、論文、舊詩和新詩，早就結集出版過了。只有這一部分是第一次公開發表的。而我，卻有幸在它公開發表之前讀到過了。大約是在一九八四年，紺弩讓我幫他編輯回憶文集《腳印》。我把散見在他各個集子裡的回憶性質的文章，以及還沒有編集的報刊上的這一類文章，收集起來。一天，他交了一大包複印的手稿給我，原來是他在一九五五年肅反運動和一九五七年反右派鬥爭中寫的檢查交代材料。他要我從裡面找找看，看有什麼適當的材料可以編到《腳印》裡去。這真是一包很珍貴的傳記材料，只是就體裁說，似乎不宜編到《腳印》那本散文集裡去。只從其中選用了〈檻房雜記〉一篇。

大手筆就是大手筆。儘管這些只不過是並非經心寫出的交代材料，可是它是出自聶紺弩的筆下，也就是好文章了。就內容說，它不但是紺弩最重要的傳記材料，而且反映出了中華人民共和國一個重要階段的歷史。這些是大有公開出版的價值的。

一九八六年三月紺弩去世。那時我正在編印「駱駝叢書」，就想把這些材料編入。

我請人用有格稿紙謄抄清楚以便發排，還擬好了《自誣和自述》做書名。不料卻因為出版《查泰萊夫人的情人》的事，我交卸了工作，這「駱駝叢書」也就沒有出下去了。現在，這一批「運動檔案」編入《聶紺弩全集》正式發表，可說是了卻了我一項多年的心願。

聶紺弩是黃埔軍校出身，在莫斯科中山大學留學時的同學之中，有蔣經國、康澤、谷正綱、鄧文儀……等人，這幾個在一九四九年初都是被列名為戰爭罪犯的。他二十六歲，就當上了國民黨中央通訊社的副主任（即副社長）。他就利用這些一般人所沒有的經歷和關係來進行革命活動。例如，一九三九年他從新四軍出來，到了金華，同邵荃麟等人編輯《東南戰線》月刊。刊物被禁，他奉派去找谷正綱疏通，谷是第三戰區政訓處主任，正管這事。他聽紺弩說明了來意，就說，「原來是來談《東南戰線》的？共產黨的刊物，沒有什麼好談的。」紺弩說：「他們不是共產黨，不過言論有時左一些。」谷說：「跟你一樣。」紺弩說：「我不是共產黨，不過在新四軍待過。」谷正綱拿他沒辦法，笑問道：「毛澤東是不是共產黨？」糾纏的結果，《東南戰線》復刊的目的雖然沒有達到，但還是同意由紺弩出面另辦一個名為《文化戰士》的刊物，讓它出了兩期。

就是一些諸如此類的經歷，加上他同胡風有過的交往，到了一九五五年的肅反運動中，這位有了二十年黨齡的共產黨員，就成了肅反對象了。從現在留下的那些反省和交代材料中，我們可以看到一個鬥爭對象的心理活動。

> 在反省的初期，我是有著抗拒的情緒的，覺得自己最多不過落後而已，何至與反革命三字有關。經過寫歷史材料，這些材料不但提供給組織，同時也提供給我自己，用真憑實據把自己證明給自己看，那些材料的每一件事對我自己都是一頓鞭打，使我在心理和生理上都起了變化，徹夜徹夜失眠，幾乎要淹死在自己流的汗裡，而同時又不可忍耐地發冷發麻，這樣經過一個相當長——一個月以上的時期，才認清了自己，啞口無言地在證據面前低頭。（《聶紺弩全集》第十卷，武漢出版社，二〇〇四年版，第一九九—二〇〇頁）

這一個肅反對象說服自己的方法，就是回想自己的全部經歷，把自己做過的每一件事，包括應該被認為是功績的事，都解釋為罪行。這裡可以舉兩個小例。一件是一九四三年下半年，他剛到重慶，沒有任何收入，生活很成問題。那時張道藩所主持的文化運動委員會，有一個辦法，即以特約名義給外地來的作家發「稿費」，每人每月兩千元。並不真要寫稿，真寫了稿去還另付真正的稿費。按當時的幣值，兩千元已經不算多，不無小補而已，茅盾、馮乃超、馮雪峰、以群等人那時都在「特約」之列。紺弩也就去見了一次張道藩，成了一名「特約」。在交談中，張提到聶曾經是國民黨員，說聶「在（國民）黨外流浪了多年」，聶馬上警覺起來，說：「原來這事是有條件的，那就不用談了吧。」張連忙說：「沒有條件沒有條件。」就這樣，他這每月兩千元的特約稿費，大約拿到一九四四年底。這麼一件簡簡單單的事情，紺弩在肅反運動中所寫的交代材料裡，是這樣認識的：「偽文化運動委員會聘請別的同志作特約和我自己進行去拿那筆錢，政治意義是剛剛相反的。」這就是說，茅盾他們拿這錢是可以的，而他自己也拿了就是一種罪行。

另一件事。一九四五年十一月紺弩寫了一首新詩〈命令你們停戰〉，發表在十一月十三日《文萃》第六期上。現在收在《聶紺弩全集》第五卷裡。這是一首反對內戰的詩。這時，抗日戰爭結束三個月了，國民黨、共產黨雙方都在準備內戰，並且不時有了些小的接觸。在共產黨這一方面，希望大規模的全面內戰盡可能遲一點爆發。十月十日國共兩黨代表（共產黨的代表是周恩來和王若飛）簽字的《雙十協定》就寫上了「堅決避免內戰」的話。甚至內戰已經打起來了之後，共產黨仍舊提出「反對內戰」的口號。到了一九四六年七月發表的〈中國共產黨中央委員會為紀念「七七」九週年宣言〉還在說國民黨當局「公開號召全國內戰，而禁止人民反對內戰」，「因為只有內戰才能壓制我國人民要求獨立民主的力量，便利於他們的軍事獨裁」，〈宣言〉提出了四條「緊急呼籲」，第一條就是立即在全國範圍內無例外無條件無限期停止軍事衝突。（見《中共中央文件選集》第十六冊，中央檔案館編，中共中央黨校出版社一九九二年版，第

二三四、二三六、二三七頁）紺弩在一九四五年十一月發表〈命令你們停戰〉這首詩，可以說正好是宣傳中共中央的這個意圖。他在一篇交代材料中說：「這首詩周總理看見過，說我喪失立場，說今天國民黨打我們你反對固然不錯，但我們是革命的，有一天國民黨不打我們，我們要打他，你也反對嗎？」（《聶紺弩全集》第十卷，第一九六頁）據我看來，紺弩本來是可以為自己作一點解釋的，因為這是一首詩，不可能如同政治文件一樣說得面面俱到。紺弩卻不曾為自己辯解，在肅反運動中寫的交代材料裡，對這首詩作了這樣的檢討：

為敵人作黨內代辦，不但表現在某些行為上，也表現在某些文字裡。……臭名昭彰的〈命令你們停戰〉，說兩黨都不要打內戰，自己站在「兩黨」之外和之上，把革命的黨和革命的戰爭與反革命的黨和反革命的戰爭等量齊觀，一齊稱之為「內戰」，這就混淆了黨和戰爭的性質，抬高了敵黨，降低了我黨，實際上盡了為敵黨宣傳辯護的任務（同上書，第一三五—一三六頁）。

紺弩跟胡風的關係甚深，他是由胡風介紹加入「左聯」的。到了一九五五年，從肅清胡風反革命集團開始的肅反運動中，這就成了他必須作重點交代的題目了。在他所寫的材料中，把他同胡風交往中一切大大小小的事情全都列舉出來。他在〈我和反革命的關係及其危害性〉這篇很長的交代材料中說：

我是胡風「理論」的體現者，他主張不要階級立場和世界觀，我正沒有立場和世界觀；他煽動作家脫離政治，脫離群眾，我正是如此；他鼓吹自發性，反對學習改造，我正是沒有經過任何學習改造，醉生夢死地過日子……諸如此類，我幾乎以為他的「理論」是以我為模特兒描畫出來的，而我的毀滅，恰好證明他的「理論」破產。

我就成了他的情報員，莊湧被捕了去找他，告訴他莊湧那裡有他的信；王任叔同志要來社了，又去詢問他對這事和這人的看法；而且藐視法紀，告訴他高饒事件的秘密。為他當情報員簡直到了赴湯蹈火的程度。

在寫了這一切之後，他不能不如實表白了自己的認識：「現在為止，我還不知道他是怎樣的反革命」（同上書，第一三四頁）。

通過這樣的反省和檢查，紺弩說服了自己，承認自己是反革命了。他檢查說，他對反革命有先天的契合，對革命有先天的抗拒，「這大概是所謂反革命階級根性，使我這裡那裡凡碰見黨群相對的地方，我總站在群眾立場，反黨立場。問題是我自己檢查來檢查去，一點主觀上的反黨反革命的意思都沒有。趕緊聲明：絕不想用這句話來企圖什麼，不過說一點內心的真話，也明知道凡是反革命，尤其是像我這樣的反革命，大概有一條規律：自己不說知道自己是反革命。」（同上書，第一三九頁）他說，他「越反省越不瞭解自己」，得到的結論是「天生的反革命」！（同上書，第一四一頁）

肅反運動結束的時候，蘇共二十大已經開過，赫魯雪夫已經開始批評史達林，政治空氣有了一點點寬鬆的趨向，因而對那一百三四十萬肅反對象的定案也就比較寬了一點。這樣，紺弩也就沒有定案為反革命分子了。後來他在一份材料中寫下了當時的心情：

> 反省結束，我被宣稱為不是反革命，但有嚴重的歷史政治問題，又被支部一致決議開除黨籍，雖未批准，但在那時期，心境還是很陰暗的。常想，既然我不是反革命，為什麼要我隔離反省呢？難道不可以用其他辦法把問題搞清楚麼？我總覺得，我自由主義，犯了嚴重錯誤，都可以整我鬥我，惟獨用反革命這名義鬥，我不完全心服。（同上書，第二九九頁）

我根據胡喬木為《人民日報》撰寫的社論〈在肅反問題上駁斥右派〉中所提供的數字，已經計算出來，肅反運動的錯案率是百分之九十四強。當年被肅錯的一百三十多萬人，大都是紺弩所說的這種心態吧。這種政治運動造成的傷害有多深，紺弩在這篇材料中說：

事後，有一次樓適夷問我在反省期間是否相信黨，我說，當我承認我是胡風分子，是反革命的時候，就是最不相信黨的時候。（同上書，第二九七頁）

一九五七年整風期間，他的妻子周穎（就是《散宜生詩》裡親昵地稱做周婆的）在中央社會主義學院學習，在紺弩幫她修改的發言稿中，有一段是描寫肅反對象的心態的：

如果他是一個冷靜的人，他就會覺得鬥爭他的人在說謊；如果他是一個有風趣的人，他就會覺得鬥爭他的人在念咒；如果他是一個急躁的人，他就會覺得恐怖、冤屈、是非顛倒、天昏地暗。總之，他會感到真理、正義不在鬥爭的人那一邊，而在他這一邊。這樣的心理，哪怕只有一秒鐘的存在，我認為也是我們光榮的、偉大的、正確的共產黨的威信的損失。（同上書，第二四八—二四九頁）

可惜的是聽不進去這樣的忠鯁之言。作這發言的周穎被劃為右派分子了。幫助妻子修改這篇發言，也成了紺弩被劃為右派分子的一條重要材料。

這些幾乎塵封了五十年的「運動檔案」得以公開出版，表明中國在這五十年裡已經有了很大的進步。今天讀它，不僅是讓人們知道，在我們的歷史上有這樣的一頁，而且提醒人們思考一下，有什麼辦法能夠保證這一類事件不再重演。

原載二〇〇四年十二月十日《文匯讀書週報》

一本令人驚心動魄的書——讀和鳳鳴著《經歷——我的一九五七年》

在我近年讀過的書裡，和鳳鳴的《經歷——我的一九五七年》（敦煌文藝出版社，二〇〇六年第二版），是最使我驚心動魄的一本。作者與我有著相似的經歷，她是在甘肅日報工作時被劃為右派分子的。在這本書裡，她把她在從一九五七年到一九六一年幾年間的遭遇細細寫出，這幾年，正好是中華人民共和國史上極其重要的一段，包括了正史上所說的反右派鬥爭、大躍進、自然災害這些史事。這本書提供了理解這一段歷史的具體個案。

反右派鬥爭在全國反出了五十五萬多名右派分子。他們是怎樣成為右派分子的呢？且從這書裡舉幾個例。

作者所在的甘肅日報社反出了十一名右派分子。為首的一名是作者的丈夫王景超。他的兩篇雜文和會上的一些發言，成了他最重要的右派罪行。而這兩篇雜文，一篇一九五七年五月二十六日見報，已在決定反右派的黨內秘密指示下達十二天以後了。一篇一九五七年六月五日見報，三天之後反右派鬥爭即公開發動。可以知道，發表之時就已經內定為

「毒草」，為供批判的靶子哩。可是為了麻痺他，還給他發了甲等稿費，領導還滿臉堆笑的動員他多寫，多發言哩。總編室有一個小青年杜紹宇，平時同王景超有些接觸。領導上找他談話了：「我知道你這個人心裡也沒啥，你嘴裡一滑，隨便啥話就都說出來了。王景超那個人，和你有本質上的不同，你要端正態度，改變立場，和王景超劃清界限，徹底揭發他。你自己到底有些啥問題，我還不清楚嗎？」杜紹宇以為這是領導上對自己的信任和開脫，於是即按照領導的要求寫了些材料。這一下好了，甘肅日報社揭發出了一個以王景超為首的「黑社」，而杜紹宇呢，就是這個「黑社」的主要成員！

編輯杜博智是個年輕的黨員，每開會都積極發言，表現出跟黨跟得很緊。他在整風學習會上說：「機關黨團支部領導是選舉的，但行政領導卻不是選舉的，如果行政領導叫選舉的話，那些脫離群眾、不按黨的政策辦事的人就選不上。」彙報上去，變成「杜博智提出選舉總編輯」。再上綱上線，就是反對黨對報紙的領導，要辦同仁報。他就這樣成了右派分子。

和鳳鳴被送到農場去勞動，在那裡，接觸到一些外單位的右派分子，他們又是怎樣成為右派的呢？張掖市醫藥公司的右派分子石天愛，是軍閥石友三的女兒。儘管她在「鳴放」中沒有什麼右派言論，還是因為這個家庭出身被劃為右派了，她自己說，她是「天生的右派」。

地質勘探隊一四五隊的徐福蓮，一個才二十歲的年輕母親，硬給正在哺乳的女嬰斷了奶，送來農場改造了。她成為右派，是因為有人揭發她同意儲安平「黨天下」的觀點，還有「教授治校」等等。其實，那時她生過小女兒不久，心都放在小女兒身上，很少看報，不知道「鳴放」是怎麼回事，更不知道「黨天下」、「教授治校」是怎麼回事。她問和鳳鳴：「我們都是因為右派問題才受處分到這兒勞動的，可我到現在也沒弄懂，右派到底是個啥問題，幹了什麼才叫右派，你是報社來的，你說說看！」和鳳鳴告訴她：右派就是資產階級反動派。這個答覆嚇得徐福蓮的臉色陡地變了，喃喃地說：「我們都是反動派……」。

這徐福蓮還不是這書中寫的最年輕的右派分子，安西縣的小學教員王桂芳，還才十八歲。她看到單位上公布的選民名單沒有自己的名字，就去問。領導上說：「你還不到十八周歲，怎麼有選舉權？你沒資格。」她回答說：「我不到十八周歲，為什麼要定我的右派？當右派我就有資格了嗎？」領導上雖然無言可對，還是把她送到農場來勞動了。

書中寫的諸如此類的個案還不少，引不勝引。看到這些個案，我就想到，當年只劃出五十多萬右派分子來，是受到了毛澤東所編預算的限制，他在〈事情正在起變化〉一文中確定的指標是「百分之一、百分之三、百分之五到百分之十」，在當年五百萬知識分子中劃出五十多萬，已對「百分之十」的上限稍有突破，夠了。假如沒有這樣一個限制，採用諸如此類的手法，要再多劃兩三百萬也是完全可以辦到的。

這一大批人，給戴上一頂右派分子的帽子，從此成了政治的賤民。他們本人，又是以一種怎樣的心態面對自己身分的這一變化呢？和鳳鳴說：「此時，由於整個社會輿論的強大作用，我和我的難友們有時也真覺得自己靈魂深處有不少污垢，遇到大風大浪未能站穩立場，所以才陷入了右派的泥坑，而勞動人民才是我們學習的榜樣。確實也想誠心誠意地通過艱苦的勞動把自己改造成新人，改造成中國共產黨所需要的人。」具體地說，就是爭取摘掉頭上的右派帽子。勞動中的也好，生活上的也好，精神上的也好，什麼困難什麼壓力都得咬著牙頂住，不這樣就怕「表現不好」，影響「摘帽子」。和鳳鳴說：「為了摘去頭上那道可恨的『金箍』，我也得像孫悟空那樣，事事順著唐僧。而我面前的『唐僧』就多了，包括那個要用繩子捆我來場部的某場長——以後我才得知他是個副場長，還有楊振英、張振英、王會計、以及來到財務科閒論的所有的股長們，我都得在他們面前低眉順眼，顯出一副恭順的樣子。在上世紀九〇年代的今天，我動手寫這段文字的時候，為當時我人格和靈魂的扭曲，還真想大哭一場。」

盼到一九五九年十月一日，作為慶祝中華人民共和國十週年國慶的應景文章，宣布給第一批改好了的右派分子摘帽子。使這些在改造中的右派分子們產生了希望，可是結果呢，她所在的這個中隊裡，四五十個右派分子只給一人摘帽，實際上只是對這些人的戲弄！在她經歷了更多苦難之後，終於想清楚了，她說：「我們當時竟還那麼執迷，錯把地獄當成了通向人間正道的必經之途。我們的忠誠被無情地戲弄。我們作為階級敵人被殘暴地打倒在地之後，自己竟還那麼執迷，真是可悲之至！」

在右派分子投入改造之後不久，「大躍進」又發動了。和鳳鳴說：「我們一個個不明不白地因『反黨反社會主義』而獲罪，在受苦受難中連做夢都想著如何爭取早日回到人民的懷抱，對於中國共產黨提出的『總路線』、『大躍進』的號召，在內心深處誰也沒想過可以打個問號，絕對地只是響應號召，絕對地只是跟著黨走。這樣，我們在勞動改造期間又成為『總路線』、『大躍進』的熱情宣傳者。」

大躍進對農業的大破壞，造成了遍及全國持續三年的大饑荒。各地都出現了成批餓死人的慘案。究竟餓死了多少人，我看見過好幾種不同的數字，這裡只引一個最少的數字。據中共中央黨史研究室著的《中國共產黨的七十年》說：「許多地區因食物營養不足而相當普遍地發生浮腫病，不少省份農村人口死亡增加。由於出生率大幅度大面積降低，死亡率顯著增高，據正式統計一九六〇年全國總人口比上年減少一千萬。突出的如河南信陽地區，一九六〇年有九個縣死亡率超百分之十，為正常年份的好幾倍。」

遇上荒年，災區的農民常常是扶老攜幼外出逃荒，以圖逃出一條活命。被改造的右派分子卻是剝奪了人身自由的，沒有外出逃荒的可能，面對饑荒，就毫無躲閃的餘地了。王景超這時，正好在酒泉夾邊溝農場勞動教養。關於這個農場，和鳳鳴說：「在反右派鬥爭之後，從省上到地區領導，他們對於在全省新出現的開除了公職的極右分子的懲罰與改造，是選擇了一個在全省首屈一指嚴酷與艱苦的所在，以夾邊溝的土地面積、氣候與生產條件，是否能讓極右分子們憑靠勞動作到養活自己，並無人想及。夾邊溝的極右分子從未吃飽過飯，貧瘠而嚴重鹽鹼化的土地其收穫物無法使終年勞動的人果腹。飢餓，成為對他們的主要懲罰手段。」

這本書以很大篇幅描繪了右派分子在飢餓中掙扎的情形。他們想盡一切方法尋找任何可以吃的東西。有的人把手錶、好一點的衣服賣掉，高價向農民買點吃的；有的人尋些野果野菜，或者抓些老鼠昆蟲來吃；有的人趁機偷一點菜，如果被發現那可不得了，就有人因為偷一點菜被吊打致死的。一些管教幹部，不但不為這些人提供維持生存最起碼的口糧，還不許他們自己動手尋找可以吃的東西。甘肅日報財貿組組長羅舒群，這時也在夾邊溝勞動教養，一次，飢餓的他偷吃了一個胡蘿蔔，被批鬥了一頓，還被關進了「嚴管班」。批鬥會上，王景超沒有發言，後來他們一次相遇的時候，王見旁邊無人，竟很認真的說：「你怎麼也成了這號人？」可敬的王景超，你怎麼這樣迂，到這份上了，你也不知道必須放棄一些過去的人生準則來適應一下這個太不正常的環境了。摩西十誡之一是不許偷盜，在這種情形之下偷點吃的，上帝也會允許的呀。你不信，可以去問上帝，他甚至會說這是他鼓勵的哩。結果是羅舒群得以生還，而王景超卻以三十六歲的壯年活活餓死了。和鳳鳴可不像她丈夫這樣迂。為了求生，她和石天愛、徐福蓮合作，偷棉子、偷麵粉弄來吃了。一個難友對她說：「現在，我們要為自己的生存而鬥爭！」這話說得真好。和鳳鳴把它記在書上，接著補充了一句：「應該說，威脅我們大家生存的那一切才是最大的犯罪。」

他們，為了生存，什麼東西都找來吃，連從來沒有出現在人類食譜中的東西都見到就吃了。你吃過貼標語用剩下的骯髒的漿糊嗎？有人把一桶清漆誤以為是可以吃的東西，搶著吃了，中毒死了兩個人！更說明他們飢餓程度的，還不是他們吃了些什麼，而是他們是怎樣吃的，一些蔬果，例如蘿蔔胡蘿蔔之類，本來是可以生吃的，可是沒有聽說過牛肉也可以生吃的，而杜紹宇和一個難友方正儒一次在半夜裡偷了農家的一頭小牛犢，方正儒先生吃了牛腦，再分吃牛脊椎上的裡脊肉，杜紹宇覺得鮮嫩非常，略帶鹹味，十分可口。和鳳鳴、石天愛她們，也是把偷來的麵粉拌到從伙房打來的飯菜中生吃的，煮熟吃怕被發現啊。在人類文明史上，發明用火是一大關鍵，使人類最終的脫離了動物界。而現在，這些右派分子們，放著火不用，倒退到和野獸共處的那個蒙昧時代了。

一批又一批的人餓得不能動彈了，於是把他們送到農場設立的「醫院」中去。和鳳鳴被派到「醫院」去燒炕。她在書中說，「我沒有見到醫生進病房，也沒見到給哪個病號吃藥，病號們的真正需要是吃飯而不是吃藥。」所謂「醫院」，只不過是把那些餓得垂死的人集中起來等死罷了。在這裡，她每天都看見死亡，那個請她把炕燒得熱一點的年輕人，那個請她幫忙把滿是蝨子的絨褲曬一曬的老頭……都一個接一個地死了。在這裡，她還知道了慘絕人寰的慘事：一些死者大腿上的肉、心肝、都被飢餓的難友割去、挖去吃了。那個吃人心肝的難友被批鬥了一場，過了兩天，他自己也餓死了。這太慘了，我不忍引用更多的細節，不說了吧。

這本書深刻的地方還在於它不是把右派分子和管教幹部簡單地當作兩個對立的群體來寫。在管教幹部中，當然有不少比雨果在《悲慘世界》中寫的沙威更可怕的人，他們從肆意折磨那些落到他們手中的不幸者中來找到樂趣，無動於衷地看著他們餓死，累死。但她的書中也寫了些頗有人性的人，在自己職權範圍之內也給這些不幸者一些照顧。像安西十工農場的場長吳玉璋，副場長鄒士傑，在大會上作起報告來，當然是聲色俱厲，義憤填膺，但是具體到對待農場裡的右派分子，卻是很富有人情味的，想辦法讓他們吃得飽一些，過得好一些。就說在傳達文件的時候，遇到說「地富反壞右」的地方，常常把這個「右」字省去不念。這使在場聆聽的右派分子們多少感到了一點寬慰。和風鳴在書中說：「我又在文化大革命中遭受各種不堪忍受的厄運時，我常在心裡默默地回憶起在十工農場曾經度過的好時光。在那階級鬥爭常抓不懈動盪不安的年代裡，十工農場曾是我心靈深處的一方樂土，它常引起我種種溫馨的回憶。」

右派分子也並不是人群中的一個品牌，個個大同小異，他們之間的氣質、德性等等，差別可大哩。特別是在那種不正常環境之下，人格全被扭曲了。托爾斯泰在《復活》中論監獄：把一些無辜者關在這裡，折磨他們，並且使他們墮落。他說得多麼中肯啊。事情難道不正是這樣嗎？把一大批右派分子集中起來，用苦役和飢餓折磨他們，於是，也不可避免的「使他們墮落」！於是，就發生了一些右派分子為了表現自己欺負難友的事情。書中寫了一個原來在公安廳工作的右派分子，表現積極，被委任為小隊長，不過是勞教人員中的一個小頭目吧。可是，「他自從當上了小隊長後，自認為摘帽有望，原來的難友，在他的眼裡便成為他表現自己的目標。他個子高大，相貌堂堂。這天，他看見了張汝雲吃胡蘿蔔，便怒不可遏地走過去，拿起張汝雲手中正在吃的胡蘿蔔，猛戳進張汝雲的嘴裡，並使勁把胡蘿蔔在張汝雲的嘴裡搖動，使張汝雲的嘴裡立即鮮血流出，血污沾得滿嘴都是」。和鳳鳴評論說：「半年多來，我的這些擔任了小隊長之類職務的同派，大部分人自認為得到領導的賞識，摘帽有望，便不惜出賣靈魂，時時捉摸管教幹部的意圖，處處仿效，對原是難友的同派橫眉怒目，由張口斥罵，逐漸發展到拳腳相加，完全是一副為虎作倀的架勢。此人在胡蘿蔔地裡的表現，只是其中的一例。」她還談到自己身受的一件事：調到四工農場之後，管教幹部要求他們相互之間經常揭發告狀，石天愛原來和她相處不錯，竟也去告她的密了。她說：「她肯定也是得到領導上的鼓勵，也許還是有誰指名要她揭發我。這樣，大家作生之掙扎，為了在這個特殊的環境裡作曠日持久的鬥爭……冷漠自私，成為人們為保護自己採取的最審慎的處世原則。我們的性格、心靈再一次被重新鑄造。……我們的靈魂都夠骯髒的了，這裡的一切已嚴重扭曲了我們原來正直純淨的靈魂。」這才是真正可怕的事情。

正如作者自己說的，她是用整個生命來寫這本書的。她說，「在經歷了這一切之後，我認為我對人民對歷史，尚可做出我特殊的奉獻，這就是用筆墨把我經歷了的這一段沉重的歷史，把我經歷了的苦難的奮爭，一代知識分子經歷了的苦難和奮爭，以我獨特的視角將它真實地再現在讀者面前，寫出我對人生的感悟，讓苦難和奮爭成為一筆精神財富警示後人，使這段沉重的歷史永遠勿再重演。」

我們這些讀者都感謝她寫了這本書。感謝她為反右派鬥爭，為大躍進，為三年自然災害留下了一部信史。至於說，要使這段沉重的歷史不再重演，那就需要我們讀者跟她一道努力了。

（原載《炎黃春秋》二〇〇七年第一期）

不止是一個人的遭遇——讀易新農、夏和順著《葉啟芳傳》

葉啟芳教授先我三十三年出生，整整長我一輩。可是他和我都在一九五七年被劃為右派分子，同時淪落為政治賤民，儘管素昧平生，很自然地我對他就有一種親切感了。我是很愛讀右派分子的傳記和自述的。這樣，我就饒有興趣地讀完了易新農、夏和順這兩位的這一本寫得很好的傳記。

這本傳記有一個副題：「從教堂孤兒到知名教授」。這副題很好地概括了他的前半生。如果這書分為上下兩卷的話，這只是上卷的副題，下卷的副題應該是「從知名教授到政治賤民」了。

葉啟芳出身於勞動人民家庭，父親曾在廣州織造工廠做工，工廠倒閉後更成了失業工人。他十一歲，就到香港一教會的附屬小學做校役，十四歲成了孤兒，一位好心的牧師送他上了教會小學念書。經過他不斷的刻苦自學，終於使他在文化、教育、新聞、出版等諸多方面嶄露頭角。先後擔任過中學的教師、校長，大學教授，好幾家報紙的總編輯，翻譯的成果更多，所譯英國洛克的《政府論》，至今還在商務印書館的「漢譯世界學術名著叢書」中出版。他在五十歲以前，就取得了這樣的成績。

到了新社會，事事都講政治，講階級路線了。像葉啟芳這樣貧苦出身的大知識分子，階級分析起來，總應該算是自已人了吧？可是不成。毛澤東《在中國共產黨全國宣傳工作會議上的講話》中，有一段專門談了這個問題：

我們現在的大多數的知識分子，是從舊社會過來的，是從非勞動人民家庭出身的。有些人即使是出身於工人農民的家庭，但是在解放以前受的是資產階級教育，世界觀基本上是資產階級的，他們還是屬於資產階級的知識分子。這些人，如果不把過去的一套去掉，換一個無產階級的世界觀，就和工人農民的觀點不同，立場不同，感情不同，就會同工人農民格格不入。

哪怕你出身再貧苦，只要你受的是資產階級教育，你就是資產階級知識分子。這就是知識分子的「原罪」。應該說，葉啟芳是已經意識到自己負有「原罪」的。一九四九年八月，已經是中央人民政府成立的前夕了，身居香港的葉啟芳就發表萬言長文〈論知識分子〉，在十七、十八日的《大公報》上連載兩天。大概這時他已經閱讀了不少「進步書刊」，已經接受了知識分子要低人一等的說教，為了適應這即將來到的時代潮流，他就寫了這篇大大貶抑知識分子的文章。他說，知識分子有三個弱點，就是投機主義、享樂主義和頹廢主義：

他們甘於頹廢主義，還算是好的。可是他們不肯安分的居多。他們在朝雖不遇于時，然而返居故鄉，仍是一名劣紳惡霸。至於留居城市，則縱慾和墮落，唯恐不至。以欺詐獲取之金錢，供應其糜爛腐化的生活。在我個人所認識的知識分子，不少曾參加過五四和大革命陣營。可是其中就有很多是中途退出或事後歸隱的。他們要不是過著糜爛生活，在京滬平津等城市狂嫖濫賭，招搖撞騙，倒行逆施，無所不為，便是憑藉餘威，武斷鄉曲，欺凌孤寡，壓榨佃農，盤剝鄉里，包攬詞訟。這些都是現代知識分子不遇於時的行徑。知識分子的沒落，還不令人大歎觀止麼？

他這樣歷數知識分子的種種惡行，就同兩三年之後知識分子思想改造運動中那些批判文章的說法頗為相似了。這時他真有點得風氣之先的樣子。

這時正面臨新舊政權交替的時刻，對於許多知識分子來說，出現了一個何去何從的問題。葉啟芳本人，是決心棄舊圖新了。他看到有的人還在猶豫，於是拉他們一把。文章最後說：

舊的生活不合理，為什麼不能夠創造新生活？舊的環境不妥當，為什麼我們不能夠適應新環境？我們以前習慣於自私和個人主義，習慣於以天下奉一人，我們今後為什麼不能夠把這種習慣和生活加以否定，在工農大眾的新社會中學習集體的新生活？我們為什麼不把我們加以徹底的改造，以人民的福利為前提？我們為什麼不去擁護新民主主義，而卻跑到異域，以一個白華的資格而生活？今天是知識分子應當抉擇的時候了。

林沖要上梁山入夥，少不得要交一份投名狀。這篇〈論知識分子〉，就是葉啟芳進入新社會的投名狀了。《葉啟芳傳》說，這篇文章可視為葉啟芳本人的革命宣言，是不錯的。這篇文章所表明的態度，也就是他後來立身行事的準則。

一九五〇年六月，葉啟芳從香港回到廣州，出任私立廣東國民大學教務長。第二年，幾所私立大學合併組成華南聯合大學，他任秘書長兼法商學院院長。次年全國高等院校院系調整，他就到了中山大學，任中文系外國文學教授。這期間，他出席了廣東省各界人民代表會議，出席了在武漢舉行的中南文藝工作者代表大會，還參加了中國民主同盟，被選為民盟廣州市委委員，可見受到相當的禮遇。他也是十分合作的態度，朝鮮戰爭爆發，他就讓自己的獨子參軍去了。

這期間，儘管他備受禮遇，可是漸漸感覺到，自己已經不能有多少作為了。例如在華南聯合大學，校長副校長都是由知名人士掛名兼職，名義上是由他這位秘書長主持日常工作的。可是實際上呢，《葉啟芳傳》說：「葉啟芳已經感覺到自己明顯沒有權力了，特別是人事權。他後來抱怨說，華南聯大無論什麼事情，教育廳都是通過一個學會計的教務長來處理，他連因經費困難解聘一批教授的事情都不知道。」在幾所大學擔任過教務長、院長之類職務的他，在院系調整之後只當了中文系的一個普通教授，大約也不會沒有點失落感吧。

其實比較起來，葉啟芳受到的待遇還要算好的。就在廣州，社會上失業的相當於大學程度的知識分子就數以千計。一九五六年十一月，在廣州市第二屆人民代表大會第一次會議上，葉啟芳作為代表的發言就是專門談這件事。十二月四日的《廣州日報》上全文刊出了他這篇題為〈使社會知識分子的才能有所發揮〉的發言，其中這樣描寫了這些人的處境：

> 在廣州市大學畢業以上的社會知識分子存在著的問題中，最突出的是他們直到現在還被人歧視，沒有得到他們應有的尊重。特別是公安機關對他們的歧視更令他們難堪。無可否認的是社會知識分子中，歷史是比較複雜的，由於這樣，有些便

被管制。其中還有在響應了周總理知識分子政策的號召後，到省政協登記，組織了學習，但在學習期間，仍被當地公安機關管制起來，這一點，從政策中對知識分子的團結教育和改造看來，是說不過去。據他們反映，他們經常被召到派出所問話，而問話裡卻實在說不出有什麼內容。這種辦法不特是無理的找麻煩，而且大大地傷害了社會知識分子的自尊心，徒然令他們加增了自卑感和消極情緒，對於發揮他們的潛力，無疑增添了困難。

在這篇發言裡，葉啟芳談到了這些社會知識分子就業之難：沒有公安機關所下的結論，用人單位不敢錄用；歷史不夠清白的也不能錄用。這樣，「機關不錄用，學校不錄用，其結果是他們『走投無路』，他們這樣說：『祖國的前途光芒萬丈，個人的前途暗淡無光』，他們不特不能夠盡力發揮他們應有的作用，他們是開始消沉，悲觀和失望了。」

那許多失業的社會知識分子在報紙看到這篇發言，感到是為他們講了話，寫信「向葉代表致敬」。正在廣州的章乃器也為此去看望他，沒有遇見，在留字中說：「您在市人大的發言，甚好。我等將給以極大的注意，以後請多反映這些情況。」

這篇關於知識分子的發言，跟七年前的那篇〈論知識分子〉，傾向是完全不同了。七年前，他的全部論點都是建立在一種激情，一種幻想之上。他的原罪感和贖罪的誠意使他把知識分子大加貶損。而現在，他是生活在現實之中，看到周遭的許多人和許多事，富有正義感的他，就成了困頓中的社會知識分子的代言人。有了這樣一種認識和覺悟，到了一九五七年他就順理成章地成為一名右派分子了。

我在一篇文章裡說過，「發生於一九五七年的反右派鬥爭並不是偶然的，這是中國共產黨和知識分子的矛盾積累到極點時候的一次猛烈的爆發；是中國共產黨和一同致力於推翻國民黨統治的其他政治力量，即以中國民主同盟為主要代表的民主黨派的矛盾積累到極點時候的一次猛烈的爆發。」葉啟芳這個大知識分子，又是民盟市委委員，被劃為右派分子，可以說是很自然的了。

在反右派鬥爭公開發動之前，還經過了一道引蛇出洞的程序。為了引蛇出洞，毛澤東親自出面，在最高國務會議上對黨內外人士大講正確處理內部矛盾，講百花齊放百家爭鳴，講長期共存互相監督，講言者無罪……宣布整風運動開始之後，各地政要也紛紛出動，按照毛的統一部署，作出種種開明的、親民的姿態。一些天真的人真以為出現了知識分子的早春天氣。《葉啟芳傳》就寫了這樣一件事：

> 五月十九日，中共廣東省委書記陶鑄親臨中山大學大禮堂，召開第一次座談會，激勵全校教職員工，積極投身運動。到會的教授、副教授、講師、助教等共約

二百五十人，座談會為時一天，上午八時三十分至十二時，下午三時至六時。據當時在地理系學習的梁必騏回憶，座談會後，陶鑄「也來到我們飯堂進餐，他同他的隨從和校領導也像我們一樣排隊領飯菜，還與同學邊吃邊聊天，毫無領導架子」。

陶鑄的這一活動，省內外報紙都作了廣泛報導，五月二十日上海《文匯報》的報導，副題就是「陶鑄連日同中大、華南師院教授座談」，其中說：「陶鑄兩天在兩所學校的座談會中，懇切要求教授們幫助共產黨整風，消除顧慮，大膽講話。陶鑄說，今天沒有誰是舊知識分子了，舊社會過來的知識分子，經過這七年，黨和大家已互相瞭解，疾風知勁草，大家都是擁護黨和社會主義的。」六月八日，陶鑄再次到中山大學參加座談會，據六月十一日《廣州日報》報導，「陶鑄同志在八日的座談會結束時，鼓勵大家繼續大放大鳴。他說，希望大家今後繼續大放特放，大鳴特鳴，有什麼講什麼，講到大家把心裡話講完為止。只有徹底揭露矛盾，才能更好地改進工作。他說，『放』就是民主，我國永遠要民主，因此，沒有『收』的問題，是永遠的『放』。但是你要『放』，也要允許不同意你的意見的人『放』，這才是真正的民主。」

對於陶鑄的這些講話，《葉啟芳傳》的評語是：「中央高深莫測的意圖甚至連陶鑄這樣的封疆大吏也不一定清楚」，「陶鑄的反應慢了一拍」。這恐怕應該說是過於天真的書生之見，對黨務系統運轉的速度估計太低了。黨中央表明反右意圖的第一個電報是五月十四日發出的〈關於報導黨外人士對黨政各方面工作的批評的指示〉，其中用的是「右傾分子」一詞，接著，五月十六日發出了第二個電報，即毛澤東親筆起草的〈中央關於對待當前黨外人士批評的指示〉，其中並用了「右翼分子」和「右派」這兩個詞。廣東省委收到中央的密電，難道能夠不立刻送給第一書記陶鑄去看嗎？五月十九日他去中山大學參加座談會，已經在收到中央密電幾天之後了，此刻他已經完全明瞭中央的意圖，成竹在胸，會上所說的那一番十分動聽的話，除了是在引蛇出洞之外，還能有什麼別的解釋呢？特別是六月八日他到中山大學去。這一天《人民日報》發表了〈這是為什麼？〉的社論，它實際上是宣布反右派鬥爭開始的發令槍。同一天，中央發出了毛澤東親筆起草的〈關於組織力量反擊右派分子的猖狂進攻的指示〉，在黨內部署反右派鬥爭。就在這個宣告反右派鬥爭正式開始的文件裡，還布置了繼續引蛇出洞的任務：「高等學校組織教授座談，向黨提意見，儘量使右派吐出一切毒素來，登在報上。……最好讓反動的教授、講師、助教及學生大吐毒素，暢所欲言。」六月八日中山大學召開的座談會，以及陶鑄在座談結束時的講話，看來完全符合這個指示的精神。特別有意思的是陶鑄說的最後幾句話，這豈不是說右派也應該承認左派「放」的自由嗎？這也就是在宣布反右派鬥爭剛開始的第二天，《人民日報》一篇社論說的：「要有積極的批評，也要有正確的反批評。」陶鑄講這意思，比《人民日報》這篇社論還要早一天，他幾時「反應慢了一拍」呢？

從中央到地方政要，一齊來引蛇出洞。葉啟芳也就在中共廣州市委統戰部召開的民主人士座談會上發言了。他講了兩個問題，一個是高等學校黨委制問題。他說，學校有黨委不要緊，但必須是由高級知識分子的黨員來當黨委才行，目前的問題是在於以黨代政，黨委代替了校長。另一個問題是關於肅反運動，他表示不能同意「成績是主要的，缺點是次要的」這句套話，事實上中山大學沒有一個反革命分子，中山大學的肅反運動只是中山大學的黨委整嶺南大學的人而已。好了，這就夠了。劃分右派分子的標準規定，反對黨的領導，攻擊肅反運動，只要有一條就得劃為右派分子，葉啟芳有了這兩條，劃右派的理由就很充足了。

葉啟芳被劃為右派分子，由三級教授降為五級教授，工資減少了四分之一。還命令他搬出教授樓，遷入一處窄小的房屋居住。這些還不算是最大的打擊，更大的打擊是他的妻子也同時被劃為右派分子了。他妻子湯慕蘭身體不好，需要休息，已經賦閒多年了，只是在廣州基督教女青年會當了上掛名的會長。她就成了這個民間團體的法人代表，將自己的名章交給該會總幹事，後來發現這位總幹事用她的私章到銀行去領錢，就收回了圖章。到了反右派鬥爭中，這位總幹事就趁機報復，請廣州市宗教事務處把她劃為右派分子。葉啟芳去找了省委統戰部部長饒彰風，說：劃我為右派就算了，我妻子是家庭婦女，為何還要劃為右派？雖說饒和葉在香港時就有交往，可是他對這事完全幫不上忙。這一件小事也很可以說明這個體制的性質。如果要陷害一個人，要把一個無辜的人打成右派分子或者別的什麼分子，一個小幹部，比如基督教女青年會的總幹事，都很容易辦到；如果要幫一個人申雪冤屈，討回公道，那麼即使是省委統戰部長了，也是無能為力的。人人有權作惡，人人無權行善，這叫什麼體制啊！

葉啟芳於一九七五年五月十七日病逝，沒有能夠活到中央通盤解決右派分子問題的那一天。他是死不瞑目的。作為一個文化人，身後留下的成果不能算太多。這些成果，都是一九四九年以前做出來的。而且，像再三修改的數十萬字的書稿《成吉思汗傳》竟毀於政治運動之中，在他來說，這是多麼痛心的損失。對於後世來說，他最重要的遺產，是留下了一個典型，一個在艱難困苦中奮發自強終於成材的典型；他又留下了一個歷史的證人，使後人看到他所遭遇的這些，是多麼的不公正，多麼的可怕，千萬不能再重蹈覆轍。以此為戒，致力建設一個民主的法治的國家。如此說來，他所遭遇的災難也就化成了民族的財富。如此說來，他對歷史的貢獻也就大了。這是充滿著血和淚的貢獻啊。

本書作者易新農做過葉啟芳的助教，對傳主有著深厚的感情，和他的學生夏和順一起，寫了這本很好的傳記。本書讀者都會感謝他們做的這件工作。

（原載《隨筆》二〇〇八年第四期。）

高層右派分子群像——章詒和的《往事並不如煙》

反右派鬥爭過去快五十年了。近年來出版了一些記述和研究這事的書籍。怎樣來反映這一歷史事件呢？我寫了一本，用的是紀事本末體，著眼於事件的來龍去脈，前因後果。至於當年具體的事例和具體的人物，就不能寫得很細了。而不寫活生生的人的悲歡喜怒，這書就生動不起來。葉至善兄是仔細看了我的那一本書的，他就對我說：看你這本書，很吃力。章伯鈞女兒章詒和的這一本《往事並不如煙》，用的就是紀傳體。紀傳體在中國史學中有深厚的基礎，自從太史公著《史記》開例，二十四史都是紀傳體，主要就是憑藉這一篇一篇歷史人物的傳記，反映出了這兩千多年中國歷史的進程。章詒和就是通過她寫的一個又一個人物，把這一場反右派鬥爭，（還追溯到這以前，還延伸至這以後），幾十年間的歷史反映出來了。

這一系列的文章，章詒和已經寫成了好些篇。我至少讀過九篇了。現在出版的這一本收了六篇。其中〈君子之交〉一篇寫的是張伯駒、潘素夫婦二人，〈最後的貴族〉一篇寫的是康同璧、羅儀鳳母女二人。六篇寫了八個人。其中儲安平、張伯駒、聶紺弩、羅隆基是右派分子，另外四人不是。

什麼人要打成右派分子呢？「右派分子」是一頂政治帽子，按說，是要從有政治見解、政治抱負的人中間去打右派了。像章伯鈞、羅隆基、章乃器、儲安平這些，當然是這一場鬥爭的首選對象，打他們可以說是題中應有之義。可是奇怪的是，像張伯駒這樣「散淡之人」也被劃為右派分子了。

張伯駒，這位名門大族出身的貴公子，在北洋政府時代和國民黨政府時代，雖在一些軍政部門掛過些頗有地位的虛銜，可他對實際政治毫無興趣，轉入了金融界。而更大的興趣卻在詩詞楹聯、京劇票友這些方面。他還是著名的文物收藏和鑒賞家，在鑒別文物真偽方面有極深的造詣。他收藏過的那些極珍貴的文物，都是花大價錢才到手的：

> 陸機《平復貼》是用四萬大洋從溥心畬的手裡買的。這個價錢算便宜的，因為溥心畬開口就要二十萬大洋。買展子虔的《遊春圖》，是我把弓弦胡同的一所宅院（據說是李蓮英舊居）賣給輔仁（大學），再用美元換成二百二十兩黃金，又讓潘素變賣一件首飾，湊成二百四十兩，從玉池山房老闆那裡弄來的。那老闆張口索要的黃金是八百兩！《三希堂帖》、李白字《上陽臺帖》、唐寅《蜀官妓圖》，當時老袁（世凱）的庶務司長郭世五願以二十萬大洋賣我。我一時也搞不到這麼個

數目的錢，只好先付六萬大洋的訂金，忍痛把《三希堂帖》退給郭家。范仲淹手書《道服贊》我是用一百一十兩黃金購來的。

張伯駒說：「黃金易得，國寶無二。我買它們不是為了錢，是怕它們流入外國。」他在自己的藏品錄裡寫了這樣一句話：「予所收藏，不必終予身，為予有，但使永存吾土，世傳有緒。」

他這不是誇口說大話，他真是這樣想，這樣做的。一九五六年七月，他和潘素夫婦，把珍藏的《平復帖》、《遊春圖》、《上陽臺帖》、《道服贊》以及杜牧的《張好好詩卷》、蔡襄自書詩冊、黃庭堅《諸上座帖》、趙孟頫《千字文》等捐獻國家，換得了文化部部長沈雁冰簽發的一紙「褒獎狀」。

在這一年之後，他被打成了反黨反社會主義的右派分子！

妙不可言的是：張伯駒對待這事的態度。書中記下了他對章伯鈞說的這樣一席話：

你是個懂政治的人，都成了右派。那麼，我這個不懂政治的人劃成右派，也就不足怪。再說，右派帽子對你可能是要緊的，因為你以政治為業；這頂帽子對我並不怎麼要緊，我是個散淡之人，生活是琴棋書畫。用我，我是這樣。不用我，我也是這樣。

對於決定劃他右派的人來說，可說是白費心機了。

康同璧母女是沒有劃右派的，倒真正是漏網右派。是章伯鈞已經戴上右派分子的帽子之後，康同璧才主動跟他結識的。她請他來自己家做客。聲稱：「右派都是好人。大右派就是大好人。」當她得知章伯鈞很想見見久別的章乃器，苦於沒有機會，就不避搞反革命串聯這樣的罪名，請他們兩位來自己家裡作客。他們利用這個難得的機會交換對許多事情的看法，談得很是興奮。康同璧插話說：「今天哪裡是兩個大右派的聚會，我看是三個右派的沙龍。」她的話，惹得大家哈哈大笑。

文化大革命中，紅衛兵破四舊，到處抄家打人。章伯鈞的家受到了衝擊。為了安全，章詒和就到康家去避難了。她母女倆二話不說，就把這大右派的女兒「窩藏」了一些日子。

章詒和借住在康家，也結識了幾位她家來往的客人。其中的一個是黃萬里。從主人的介紹中，章詒和知道他也是個右派分子，就問他是因為什麼劃的右派。他說：「是黃河。具體說就是反對三門峽工程。」原來，黃萬里診斷黃河的特點在於泥沙。治黃河關鍵在治沙，可那時蘇聯專家的方案是根本不考慮排沙的事。後來三門峽用於挖沙的錢好像比發電得的錢還多。大壩一次次改建，弄得千瘡百孔。庫區百姓上下折騰，來回搬遷，搞得苦不堪言。實踐證明，他是對的，可帽子戴了二十三年。

這書中寫的，也不全是右派分子和同情右派的人。像史良，就是在反右派鬥爭中表現頗為積極的一人。就憑她的這份積極性，後來擔任了一任民盟中央主席和全國人大常委會副委員長。章詒和寫她，如實記述了反右前她和章家頗深的交誼，寫到她同羅隆基有過的戀情。對於反右派鬥爭中的作為當然是秉筆直書。在文化大革命中，史良也挨鬥了。書中記下了章伯鈞說的一次鬥爭會的情況：

開初的批判，不過是些口號和空話。後來，他們居然把搜去的史良寫給老羅的情書，拿出來當材料宣讀，並質問史良到底和這個大右派是什麼關係，史良直起腰回答：「我愛他。」

章詒和也記下了他父親對這事的評語：「在中國，一個女人能這樣做，是很不簡單了，也可以說是很了不起的。史良好像又回到了從前。」這本書可以說是寫出了人的複雜性。

反右派鬥爭那時，章詒和只是個十五歲的中學生。可是也受到了衝擊：

年輕的我很難體會出父親內心的複雜感受，但我發現自己的日子過得也不痛快了。填好的入團申請書，被告知作廢。政治課教師拿我的思想小結或學習心得作為批判材料，在全班散發抖落。班幹部和積極分子都不怎麼搭理我。……一個先是團支部書記後當上學生會主席的同學，時刻用批判的目光打量我，並抓緊一切可以抓緊的機會，隨時向我發動攻擊。……下午自習課的自由活動，是我最難捱的時光。看著同學三三兩兩的閒聊天，拉幫結夥的搞活動，就像一支行進中的浩蕩隊伍單把我拋撇在外頭。我孤零零地佇立於操場東頭的老楊樹下，看著墜落的夕陽，即使什麼都不想，只要鼻子一酸，那眼淚就流成了行。

對於章詒和這一類「出身不好」的青少年，毛澤東賜給了一個稱號，叫做「可以教育好的子女」，意思是寬大為懷，不跟他們的父母同樣看待。從章詒和的這一段文字裡，人們可以知道他們受的是怎樣的教育。

本文開頭，我提到了太史公著《史記》的事。他還說過，他寫《史記》的目的，是「述往事，思來者」。她在一篇又一篇記述這些並不如煙的「往事」的時候，也是在思來者，在思考我們民族的未來。我們的後代應該生活在有更多的民主，更多的法治，也更尊重人權的政治環境之中，那時，自然也不會再發生像反右派鬥爭、大躍進、以及文化大革命了吧。

馮亦代之悔——讀馮亦代《悔餘日錄》

把一些高級統戰對象打成了右派分子，他們心裡究竟服不服，還會不會進行新的破壞活動，這是上面很不放心的事。必須隨時掌握他們的動向。這樣，就有必要在一些大右派身邊安插耳目。已經知道的一例是馮亦代。他是外文出版社《中國文學》編輯部的副主任和民盟支部的主任委員，又是民盟北京市委的副秘書長和北京市的人大代表。他一九三九年在香港參與創辦英文刊物《中國作家》；一九四一年在重慶參與創辦古今出版社、美學出版社；一九四五年在上海創辦《世界晨報》。中央人民政府成立，被任命為新聞總署國際新聞局秘書長兼出版發行處處長。一九五二年國際新聞局改組為外文出版社，他因為不是共產黨員，就不能擔任社辦公室的主任，只能以副主任的名義代理主任。在反右派鬥爭中，他就在劫難逃了。一九五七年七月三十日《人民日報》上以〈馮亦代陰謀篡奪外文出版社〉為題刊出長篇材料，宣布已經將他劃為右派分子。他的右派罪行有這樣幾項：一是動員他們社裡民盟支部的成員「帶頭鳴放」，說「今後鳴放是盟的中心工作」，鼓勵平時心懷不滿的人向黨進攻。一是攻擊肅反運動，說「肅反是憑主觀、宗派、教條主義辦事」，為肅反運動中被鬥的人喊冤，動員他們寫申訴材料，要求平反。一是攻擊黨員領導幹部，說師哲實行家長式統治。一是還到社外各處點火，幾次到北京工藝美術學院、北京師範大學去煽動。這篇材料不但公布了他的這些現行的右派罪行，還利用他的檔案材料宣布了他的歷史罪惡，例如說他參加過青紅幫，和幫會把頭、軍統特務結拜過把兄弟，還參加過國民黨。有了這許多材料，也就足夠劃他為右派分子了。

馮亦代留下了一本獨一無二的著作《悔餘日錄》（二〇〇〇年六月河南人民出版社出版，李輝主編「滄桑文叢」之一）。這是他被劃為右派分子以後以悔恨的心情寫的一本日記，其時間從一九五八年七月十五日開始，到一九六二年四月十八日為止，將近四年。下面，我們將要摘引這本日記中的一些材料。在引文後面的括弧裡用六個數字表示日期，例如（五九〇一二八）就是一九五九年一月二十八日的意思。從這本日記中可以看到，作者在被劃為右派分子之後，痛悔自己的「右派罪行」，真誠地認罪悔罪，決心改造自己，立功贖罪，爭取早日摘掉右派帽子，重新做人。例如，日記中說：

> 我衷心感謝黨給我的援救，沒有這次反右，我的發展如何，不能預料，但自絕於人民一途則是有其必然性的，因為參加革命以來不努力改造自己，堅持資產

階級的立場，罪惡之被揭露是遲早間事，越遲危害越大，後果更不堪設想了，現在懸崖勒馬，及早回頭，真是禍中得福。（五八〇七三一）

我深自痛恨去年的向黨瘋狂進攻，從而自絕於人民。我今日所得的處理完全是咎由自取。另一方面，我還是感激黨的，因為黨給我的寬大處理，使我還能在工作中向人民贖罪，因此我應該抓緊這個機會，好好工作。（五八〇八一八）

由於我在過去九年來思想不進步，甚至墮落成為右派，今日就成為社會的罪人，這個教訓是顯明的，不改造自己，真不得了。（五八〇九一八）

當時《北京日報》社論〈共產黨員應有什麼樣的志願〉發出了做黨的馴服工具的號召。馮亦代把社論中的一段話抄在日記本上，「以幫助我的隨時反省」。在這一年的除夕，他在日記中自勵說：

亦代，努力呀，又是一年了，你贖了多少罪？你立場改變了多少？你自我改造了多少？必須永遠保持住黨給你的清醒的頭腦，回到人民的隊伍中來，跟著黨走，做黨的馴服的工具，為人民真正地忠實地服務。（五八一二三一）

有了這樣一個思想基礎，馮亦代就被某機關招募為秘密保衛工作者了。反右之前，他已經是一個知名的文化人，劃右之後，他就正好以這個身分在上層右派分子中活動，以幫助這個機關隨時都瞭解這些右派頭面人物的思想、言論、交往和行動。他最重要的工作對象是章伯鈞。他在日記裡詳細地記載了他被安插到章伯鈞家裡臥底的事。在他這本日記中出現的右派分子，有章伯鈞、李健生夫婦，有羅隆基、葉篤義、費孝通、潘光旦、浦熙修、陳銘德、鄧季惺夫婦，儲安平、丁聰、吳祖光、黃苗子、董樂山、劉王立明、陶大鏞、李景漢、吳景超、張志和、譚惕吾、錢端升等等許多人。而他的重點對象是住在地安門的章伯鈞。

除了章伯鈞、李健生夫婦之外，上級還交給他「幾個對象」（六〇一一三〇），而其中一個重要的工作對象，就是住在大佛寺的劉某。他原來並不認識這劉某，於是給他創造條件，將他們兩個人同時安排到社會主義學院去學習，而且安排住在同一間房。他在日記裡記下到社會主義學院報到的事：「到校時已十時，報到手續很簡單，就是寫一個名字。我分配在第八組，組裡大都是民盟的成員，住在二十七號，和劉同室，他已先搬來，可惜人不在，否則倒可以先識廬山真面目了。」（五九〇五〇八）

可想而知，馮亦代必定利用這「同學」的機會努力去接近他，果然同他交上了「朋友」。以後就經常去大佛寺登門拜訪了。這劉某大約也把他看做知己，多次請他到大同酒家吃飯。

有一次社會主義學院安排一些人到武漢去參觀，馮亦代當然要一道去收集材料。沒有料到發生了意外的事。他的日記中說：「學院裡決定三月一日去武漢，但今天下午臨時知道這個對象因病不能去了，我把情況向老劉同志做了彙報，我覺得為了工作我也不該去，晚上和他見了一面，決定了幾個方案，請領導上去考慮。一夜沒有睡好，必須使自己的行動不露絲毫的馬腳，以免危害工作。」（六〇二二八）「清晨和老劉通了個電話，領導上批准了第一策，即去了又回。」（六〇二二九）於是就照此辦理。他隨著大隊動身，再讓妻子鄭安娜發電報叫他回來。果然不露絲毫的馬腳。

這劉某原來也是要去武漢的，他並且已經把這一次旅行的計畫告訴了他的一位住在鄭州的親戚，答應順道帶一包食品（在一九六〇年那年月食品是多麼寶貴的禮物啊！）給那人。可是他因病不能去了，就只好拜託馮亦代幫忙了。這件事在馮亦代的日記裡有記載：「劉某託帶物件，我在站外等到六時半，不見來，即入站，大隊已上車，站臺上空無一人，急得不得了，劉妻已將東西帶到月臺上。我真是庸人自擾，考慮得不周全，幸而沒有誤車。」（六〇〇三〇一）「列車原定五時許到達鄭州，為了給劉某送物，心牽掛著，睡得很不好。結果列車誤點，到七時多才到鄭州，劉戚已來，即將食物包交付。」（六〇〇三〇二）

不知道這劉某是個什麼人。看他被安排到社會主義學院去學習，應該是一位有一定檔次的比較高層的統戰人士吧。馮亦代原來並不認識他，可知他不會是文化界的頭面人物。他或者是個舊官吏、舊軍人吧。可想而知的是，某機關很不放心他，設法在他身邊安上個耳目。馮亦代接受了這任務，就常去他家了。日記：「五時去劉家，在他家吃晚飯，一直坐到九時才回來。」（六〇〇二〇二）「下午四時後去看劉某，一同到大同酒家吃晚飯，到九時才回家。」（六〇〇三一四）「十六日晚和劉夫婦在大同酒家吃晚飯，十八日，晚與劉夫婦去莫斯科餐廳吃晚飯。」（六〇〇三二〇）「上午去大佛寺看劉某。同至大同酒家午飯。」（六〇〇八二七）「上午找劉某，同去北海畫舫齋看北京市四屆書法篆刻展覽會，好字無多，郭老的字越寫越怪了。中午與老劉同志通了一個電話。下午再找劉某，和他家人在大同酒家吃晚飯。九時回。」（六〇〇八三一）中午他將上午談話的內容向領導上彙報了，領導上很感興趣，要求再作一些補充，於是他下午又去找劉某了。談話回來，連夜寫成書面材料，第二天就「清晨送了封信給老劉。」（六〇〇九〇一）「晚上去大佛寺看劉某，談了一個多鐘頭，談不出什麼來，還是那裡去吃一頓的老一套。如何深入下去呢？應該更好地考慮考慮。」（六〇一〇二八）「去大佛寺找劉某。後又去二道柵欄。」（六〇一一〇七）這二道柵欄是某機關的所在地，他是去彙報剛才談話的內容吧。「下午去看劉某，他又吐血了，這老頭兒這樣吐下去可不是事情！我對於自己工作進行緩慢感到心焦。」（六一〇五一八）「晚八時去看老劉，對於工作他提出了一些意見，認為應該在家裡所給的範圍內，靈活運用，其次則是對一些人如劉就必須提高警惕，見縫插針，一直追下去，他也給了具體的指標，要在三季度內完成LL的方面。」（六一〇七二六）看來領導上要求他從劉某那裡挖掘出某項材料的任務還很不容易完成。

至於馮亦代在章伯鈞家的工作看來是很有成效的。章詒和在〈臥底〉（載二〇〇九年四月二日《南方週末》）一文中說了馮亦代是怎樣走進他們家的：

馮亦代是母親（李健生）在民盟北京市委一起共事的朋友，與父親並無往來。反右剛結束，大概是一九五八年的春季，在民盟市委的一次學習會上，母親見他一個人呆在旮旯兒，無人理睬，很可憐。散會後，二人一前一後走出西四羊肉胡同。母親快步走近他，問：「亦代，你好嗎？」

馮亦代說：「李大姐，我能好到哪裡去呢？」

母親又問：「安娜呢？」

他答道：「忙自己的事，她又不是右派。」

那落寞的神情，讓母親很同情，分手時對他說：「亦代，有空來家坐坐，伯老（指章伯鈞）歡迎你。」

回到家中，母親把馮亦代的情況告訴了父親。父親說：「好呀，請他來呀。」

他很快便來了，不僅章伯鈞歡迎他，全家都歡迎他。

馮亦代就這樣走進了章伯鈞的家。大約也就是在這前後，他被招募到章伯鈞家作臥底了。從這本日記中可以看出，他和章伯鈞一家建立了相當密切的關係。例如，「十時半到了章家，一直到三時半才離開，看了他的日本畫的收藏，都是複製品，但印刷是十分精緻的。他收藏了一本歌德的《浮士德》，是十九世紀印刷的，所有的插版，都是腐蝕銅版印的，畫得十分樸素，但刻工十分精細，看了使人愛不釋手。」（五九〇三二一）可以想見，這天他是在章家共進午餐之後，又一同欣賞主人珍貴的藏品。又，「接到章的電話，上他家去吃午飯，二時回。」（五九〇五〇四）「上午十時去章家，一直坐到五時才回來，中間還在沙發上打了一個多鐘點的午睡，真是奇怪的生活。」（五九〇五〇九）「上午和小愚去故宮看敦煌藝術展覽，十分精彩。」（六〇〇九〇三）「小愚」是章伯鈞的女兒章詒和在家裡的名字。「小愚已經來過電話，約同去看京劇四團的《滿江紅》，戲演得十分精彩，導演的手法，尤其值得稱讚。」（六〇〇九一〇）「下午去地安門（指章伯鈞李健生家），即在章家吃晚飯，借得一百二十回《水滸傳》下冊回，並歸還刻本《隨園詩話》一部。」（六〇〇九二七）「晚上李（健生）章（伯鈞）請看北崑劇院的《吳越春秋》，並不如我理想的好。」（六一〇五〇六）「晚上去看小愚，她們明天去海拉爾，託帶信一封致李。」（六一〇八一〇）「晚去李（健生）章（伯鈞）處喝蛤蚧酒，這是好酒，一杯下肚周身發熱。」（六一一二二四）「晚去地安門，喝咖啡。昨晚和他們去長安（劇院）看甬劇《天要落雨娘要嫁》，徐鳳仙演得十分出色。」（六二〇四一四）

想來馮亦代也得說一些章伯鈞願意聽的話，才好去吃飯，喝酒，看戲，借書。可是心裡對章的敵意是很深的。例如，他和章同在社會主義學院學習的時候，他在日記中說：章「見了我寒暄一番，說『都怪我沒有領導好，使你們出了偏差』，還是當時副主席的派頭！」（五八一二一六）「下午去章家，聽了一下午的廢話。」（五九〇二一八）「晚上去章家，聽他的廢話，到十時半才回家。」（五九〇四二四）「上午十一時去章家，一直到下午五時才回來，我真討厭他的資產階級面目，但為了工作，我必須處理得好，同時這也是給我的反面教材，對我改造有好處。立場黨性就是在這種方面得到考驗。」（六〇〇一二六）「晚去地安門，瞎談一氣。」（六〇〇九〇二）

對其他一些右派分子，馮亦代也是敵視和鄙視的。日記中說：羅隆基是個「資產階級右派的典型代表人物」（五八一二一三）。「譚惕吾這一類的預備帶著花崗岩腦子進墳墓的人」（五九〇二〇四）「張志和很糟，他對敵我矛盾和人民內部矛盾沒有區別清楚。老油子是做不得的，對自己沒有好處。」（五九〇二二三）李景漢「一腦子資產階級的教養阻礙了他，雖說是社會問題的所謂調查專家，那真是鑽在雲霧裡看人間，若有所得，實則莫名其妙。」（五九〇三〇三）「下午看了李景漢，關於他寫的那本北京附近農村調查，我提出了意見，全書的基本立場是反黨反社會主義。所謂超階級的客觀主義立場，事實上就是反動的立場。不用階級分析，不提黨的領導，抽象讚揚社會主義制度，卻在缺點方面攻其一點不及其餘，實質上反對社會主義制度。」（五九〇三二三）

他每次從章家出來，都立刻把談話的內容寫出來，向機關彙報。困難的是對象漫無條理的瞎談又不能當場做記錄，事後的追記，又怕記不清楚。他日記中說：「下午去章家，遇到陳銘德，談了一下午才回來，寫了封信給老彭。必須練習自己的記憶力，而且在記憶言語中能夠有所分辨，這是做好工作的關鍵。」（五九〇二一〇）「從上午九時半出門，十時到達，一直到下午，全在章家，聽他談話，要記住這些話真困難，是前後不連貫的，但也有一根無形的條，那就是不滿意。但不是那麼明顯的。」（五九〇三〇三）這也真難為他了。幸虧他是個長於驅遣文字的著名作家，任務還是很好的完成了，多次受到上級的表揚。這也怪那時技術條件落後，五十年之後的今天，錄音機只有打火機一般大小了。

李銳的《廬山會議實錄》的〈幹部反應與社會輿論〉一章中，有這樣一段：「各民主黨派的一些負責人，如邵力子、史良等，也都對去年『大躍進』和當前市場供應緊張情況，有批評性的看法和憂心忡忡。章伯鈞、羅隆基、龍雲等，發表了許多尖銳的、諷刺性的意見，即許多『右派反動言論』。章伯鈞說，一九五八年搞錯了，煉鋼失敗了，食堂辦不起來了，大辦水利是瞎來。羅隆基說，物資供應緊張是社會制度造成的。私營工商業改造有毛病。現在人民怨憤已達極點。共產黨說唯物，實際上最唯心。龍雲說，解放後只是整人，人心喪盡。內政還不如臺灣。全國幹部數量，比蔣介石時代成百倍增加。陳銘樞說，供求相差驚人，幾年之內也難恢復正常供應。要是過去發生這種情況，早就該『下詔引咎』了。它們實行的不是列寧主義，而是史達林主義。于學忠說，共產黨的政策忽冷忽熱，『大躍進』的成績全是假話。天安門的工程，像秦始皇修萬里長城。」（河南人民出版社一九九五年版第四十五頁）章伯鈞（或者還包括羅隆基）說的這些，大約就是馮亦代從他聽到的大量廢話中篩選出來的吧。至於龍雲和于學忠他們，大約身邊安插了另外的線人。

為了提高自己的專業水平，馮亦代很注意研讀相關的書籍。日記中說：「去東安市場逛書店，買了一本《一個肅反工作著的手記》，回來即一口氣讀完，十分有興趣。」（五九〇四〇六）「讀蘇聯小說柯茲洛夫所寫的《在克里米亞地下》，其中有段寫到他裝扮成一個農民，但一見別人有番茄，便急著買了吃，險些暴露了自己，給我的啟發很大，一個做工作的人，必須隨時注意自己的行動，不能有絲毫的疏忽，否則便要危害工作。」（六〇〇一三一）「看了一本好書，是索菲諾夫的《捷爾任斯基生活的片段》，值得重看，對於契卡一段，更須好好研究，從中吸取教育自己的材料。」（六一〇三一三）

馮亦代是以右派分子的身分在右派分子群中活動的，一九六〇年初他摘掉了右派帽子，為了便於工作，是不是以暫時不公開宣布為好呢。「下午四時和老楊及老劉同志見了面。領導上因為我學習就要完了，回社去工作，考慮到我的摘帽子是否公開的問題，我自己認為只要對工作有好處，公不公開不成問題，但領導上卻想得十分周到，想到我和群眾的關係，生活的問題等，要我在各方面做好工作，使一旦公開不會在工作上發生影響，同時可以更有利於工作。對於黨的這樣親切的關懷，我真是說不出的感謝。」（六〇〇七〇二）可是他公開的工作單位並不知道有這樣複雜的考慮，「報完帳到中國文學編輯部，何路同志說：辦公室已經通知你已經摘了帽子，我忘記告訴大家了。於是她就打電話通知編輯部組。我聽了不免呆了一下，連忙回家打電話給老劉，把情況告訴他。晚上和老劉見了面，把情況研究了一下。」（六〇一〇〇八）

馮亦代要做的工作至少有這樣一項，就是每當有重要文件出臺，或者發生了什麼大事，他就得去收集這些人的反應。例如一九六〇年八月十日中共中央發出了一個〈關於全黨動手，大辦農業，大辦糧食的指示〉，其中說：「今明兩年城市糧食的供應標準不可能提高，肉蛋等副食品，由於必須保證出口，還可能有所減少，同時，由於今年棉花收成可能不好，棉布的供應標準因而有所降低。」（《建國以來重要文獻選編》第十三冊，第五二三頁，中央文獻出版社一九九六年版）這是關係到每一個人穿衣吃飯的大事，估計到他們會發議論的，於是上級就來傳達文件和布置任務了。「和老劉同志在十四日上午見了面，……他談到黨中央關於節約糧食和棉織品的決定。……老劉同志要我今後對黨的政策一定要有深的體會認識，一方面是可以更好地做好保衛黨的工作，一方面有了更高的認識，便不會為落後的意見所動搖。」（六〇〇八一七）「下午三時去看老劉同志。領導上因為我經常接觸反面人物，怕我對精簡節約的黨的政策，立場有所模糊或動搖，所以特別由老劉同志給予我指示，要我首先搞通自己思想，然後才能更好地進行工作，歸納幾點如下：一、必須從人民群眾的立場來認識精簡節約；二、必須從建設共產主義的長遠利益來看待今天的節衣縮食；三、響應黨的號召，對自己是個鍛煉和考驗，必須和自我改造結合起來；四、對革命事業的美好前途，大好形勢，必須有充分的認識，對於暫時的困難也必須有充分的認識；五、一定要聽黨的話，跟黨走，看問題必須看到九個指頭與一個指頭的關係，要經得住生活的考驗。同時還指出今年有九億畝的災荒，所以思想上必須有所認識和準備，立場絕不能動搖。談了約二小時。」（六〇〇九二五）馮亦代不但記下了這些指示，而且身體力行照著做了，甚至在聽到這些指示之前就已經這樣做了，例如在大躍進中間，報紙上那些農業「高產衛星」，他都信以為真：「報上載早稻畝產已經出現了一萬五千多斤的，這樣的產量簡直是做夢也想不到，但仔細想想，也是一條最普遍的實例，那就是『只要功夫深，鐵杵磨成針』。」（五八〇八〇一）一九五九年的中共八屆八中全會（即批判彭德懷的廬山會議）之後，他又相信了會議《公報》和報紙上那些強詞奪理的武斷宣傳，像《公報》中說的「在今年內，在工農業主要產品方面，提前完成原定第二個五年計劃最後一年（一九六二年）完成的主要指標是完全可能的。」（《建國以來重要文獻選編》第十二冊，第五三一頁）他又信以為真了，就在日記中說：「總路線大躍進和人民公社是馬列主義的新發展，從而保證了五年計劃提前三年完成，這是史無前例的成就，是和毛主席和黨中央的正確領導分不開的。毛主席指示要高舉三面紅旗，我則體會到保衛黨中央，保衛毛主席，保衛總路線的重要意義。」（六〇〇一二二）當這「三面紅旗」造成了連續三年的大饑荒之後，他說的是「對於三面紅旗，特別是人民公社，正因為這個制度的優越性，才克服了連續三年的自然災害。」（六二〇一〇一）用他的這個顛倒了的是非標準去衡量，一定可以從人群中收集到不少反動言論吧。

一九六〇年十一月十日到十二月一日八十一個國家的共產黨在莫斯科開會，通過了一個〈莫斯科聲明〉。馮亦代在日記中說：「莫斯科代表會議的聲明今天發表了，是個劃時代的文件，也是今後世界無產階級革命的行動綱領，裡面閃耀著毛主席思想的光輝，讀了十分興奮。」（六〇一二〇六）這就是他太不瞭解情況了。參加了這次莫斯科代表會議的吳冷西在《十年論戰》中說：「經過三個星期的鬥爭，特別是經過起草委員會裡的鬥爭，最後一致同意的莫斯科八一黨會議的聲明，是一個比較好的文件。」（中央文獻出版社一九九九年版，上冊，第四一九頁）這本書詳細記下了中共和蘇共兩黨在這三個星期裡激烈鬥爭的經過。例如〈聲明〉中有這樣一段：「蘇聯共產黨第二十次代表大會的歷史性決議，不但對於蘇共和蘇聯的共產主義建設具有偉大的意義，而且開闢了國際共產主義運動的新階段，促進了它在馬克思列寧主義基礎上的進一步發展。」這樣對蘇共「二十大」全部肯定的意思毛澤東實際上是不贊成的，作為對蘇方的讓步才同意寫上的。蘇方還想要對「二十一大」也作同樣的肯定，中共就堅決不同意了。〈聲明〉中說的「所有馬克思列寧主義政黨都是獨立的、平等的」，以及相互間應該「通過協商途徑得到一致的觀點」這些話都是蘇共不願意而中共堅持要寫上的。這個文件只能說是一個妥協的產物，如果要說「劃時代」，那就是標誌著以後不再有統一的國際共產主義運動了。

馮亦代就是帶了他的觀點去收集反應了：「昨天去了地安門，和C（指章伯鈞）談了最近的國際形勢。資產階級世界觀的確是有一整套的東西，因為立場不同，一樣的事物看法就絕對不同，我們說〈莫斯科聲明〉很好，是給帝國主義者一個打擊，是給民族主義運動指出一個鬥爭的方向，但是從他看來卻似乎世界已到了末日，是誰的世界？是資產階級的，今晚似乎聽了一場秋蟬的哀鳴，存在決定意識，原不是什麼可以稀奇的。但有了一面鏡子，卻使我隨時得知有所警惕。」（六〇一二一八）

馮亦代很為自己所從事的這種工作感到自豪。他說：「今天我已經消除了那種腐朽的感傷的情緒，我覺得在保衛黨的工作中，我的生命正日益豐富起來。」（六〇〇八〇三）這時，他已經將自己定位為「一個保衛工作者」（六〇〇八一七），他認為自己「是在第一線作戰」了。（六〇一二〇七）「我這一行工作要有一天發給一個動章報上刊登出來是不可能的，這樣不啻是告訴別人自己是個什麼人，而且以後就不用再想幹這一行了，想到解放前地下工作的同志們為了保衛黨的利益而犧牲一切幸福，甚至生命，則今天在極端順利條件下工作，又怎能把個人利益提高到黨的利益之上呢！想到這些，我也就釋然了。」（六一〇八一九）「我想今後的時間應當這樣安排，首先是家裡的工作，其次是盟，有多餘的時間，就是文學，包括翻譯和研究兩方面。」（六一〇九二〇）這裡要作一點名詞解釋：「盟」指中國民主同盟，這時他已經調到民盟當專職幹部了，「家裡」指他所服務的某機關。這也是中外古今一切情報機構的通例，都是提出「組織如家庭」的口號的。不知底細的公眾只知道這是一位知名的文學家，而在他本人，卻是「行有餘力，則以學文」，把文學排在最末的位置。

在工作中，他也不斷得到上級的指導，一位同志「代表組織」對他說：「工作中要放得開，不要畏首畏尾，正義在我們這一方面，沒有顧慮的必要。有事要造成緩衝機會，和家裡多商量，同時要使工作更為深入。」（六〇〇一二三）一次上級和他「談了工作，給我最大的啟發，就是對方以進步面目出現時，也要從中發現問題，因為談話中不能不透露他真實的思想，我以前總覺得一聽了正面話之後，工作就只能到此為止，這惟一能說明的，就是我的工作的不深入。而從任何一句話，一種思想的表現中去發現問題，只能開動腦筋，深入地去思索，才會得到結果。這一點的提出，給我的啟發極大，也就是給我一個有效的工作方法。」（六〇〇四〇三）「做工作一定要抓住一個時期的特徵，特別要善於辨別政治風向。敵人所不喜歡的，咒罵的，正是我們做對了的地方。同時在工作中，必須每次掛好下一次的鉤，不能造成無事不登三寶殿的印象，也不要每次必有所獲，而且要從生活上去接近，真正做到『朋友』的關係。這些指示都是正確的，必須記住，而且要善於運用。」（六〇〇五〇八）

某機關也很重視做他妻子鄭安娜的工作，使她完全贊成並且支援丈夫幹這一行。他的日記裡記有：「晚上安娜回來了，把我工作的情況大致告訴了她。她說『這是黨給你的又一次考驗，你必須小心工作，不要再蹈覆轍』。」（五九〇一三一）「晚上在全聚德吃飯，老王、老彭、老劉三位，還有安娜，我喝了許多茅臺，雖知多飲不好，但在這樣一個歡欣的時機，組織的鼓勵，同志們的親切的幫助，我又怎能不開懷暢飲。結果是大吐而歸。但我的心情很好。」（六〇〇一二三）第二天的日記說到安娜：「特別是昨晚上的一頓飯，席上同志們的話，對她的幫助很大。」我「把這事安娜和談了，她倒是同意我去搞更直接的政治鬥爭的，她說這樣更可以多得鍛煉，更可以得到提高，更有利於改造，當然她還是從一方面看的，但這還是正確的。首先應該是工作第一，保衛黨的工作第一。」（六〇一一二〇）「下午和老楊老劉二同志見了面。老楊同志給了我一番指示，要謙虛謹慎，要在工作中提高自己，從對知識分子的透視中來提高對特殊對象的工作水平。晚上和他們及安娜在全聚德吃飯是給我們過年的。對於黨給我和安娜的關懷，心裡十分感動。」（六〇一二二九）「晚上張家勝同志和老劉同志找我和安娜在全聚德吃飯，喝大麴，微醺，回家即睡。」（六一〇八一九）兩夫妻同心同德幹起這個活來了。

某機關並沒有讓馮亦代做無償勞動。他日記中說：「晚上和老劉同志談了將近二小時，把工作研究了一番，家裡給了我一些費用，老劉同志說有什麼個人的花費，也可以用。不過我總覺得能夠不用家裡的錢最好。」（六一〇八〇七）不知道這一回給他的經費是多少。我倒寧願以為，他未必是為了這些錢才來幹這些活的。他是完全相信了那些說教，認罪悔罪，才這樣努力立功贖罪的吧。

看了這本日記，我不禁為章伯鈞捏一把汗。如果在反右派鬥爭之後，他有什麼出格的言行，出格的交往，那就不免會落到幾年前張東蓀那樣的境地了。

招募右派分子到右派分子群中去活動，以收集情況，恐怕各地都有這樣的需要。馮亦代未必是僅有的一例。

（原載《悅讀》第十三卷，二〇〇九年九月出版）

右派分子在北大荒——朱峰回憶錄《在陽謀的祭壇上》序

在吳永良著的北大荒回憶錄《雨雪霏霏》的增訂本裡，附錄了兩個名單，一個是〈一九五八年中央各部委和中央軍委各部遣送北大荒八五〇農場勞動改造的右派分子名單〉，共八百七十四人；一個是〈中央各部委遣送八五三農場改造的二類右派花名冊〉，共四百八十六人。八五〇和八五三兩個農場加在一起，共一千三百六十人。在這名單裡的著名右派分子，八五〇農場有尹瘦石、李易、聶紺弩、吳道弘、黃苗子、丁聰、李景波、盧芷芬、謝和賡、彭達、趙琪、吳紹澍、王立中、劉惠之、胡考、戴煌、朱啟平、李凌、沈默君等人；八五三農場有藍鈺、吳祖光、陳新桂、李荒蕪、范四夫等人。本書作者在〈中央各部委遣送八五三農場改造的二類右派花名冊〉中名列第三百八十一：「朱峰，男，二十六歲，江蘇人，原二機部翻譯。」他的經歷，散見於這本回憶錄裡的，拼接起來，大約可以這樣說：

他一九三三年生人。一九五〇年十七歲，初中剛讀了不到一年，考入中國人民解放軍華東軍區軍政大學，進了第三野戰軍政治部附設外國語文專科學校（後改為上海人民革命大學附設俄文專修學校）學習俄語，當年加入新民主主義青年團。後來轉到到上海外國語大學。一九五四年春天提前畢業，分配到第二機械工業部四局（航空工業管理局）第四〇研究所（情報研究所）任俄文翻譯。

他陷入政治的陷阱，第一步是一九五五年對於胡風一案的議論。他說，寫了三十萬言書也不犯死罪，不要牆倒眾人推。後來反右時這是他的主要右派言論之一。在肅反運動中他又是肅反對象，被審查了很久。原因是他們的保密制度規定，每天翻譯的東西每天先要從保密室借出來，下班前要還回去。他嫌麻煩，認為自己翻的東西根本不是什麼了不起的東西。所以就不還去，放在辦公室自己的保險櫃裡，肅反運動中就以此為由頭對他進行審查。可是什麼問題也沒有調查出來。整風運動中。他寫了篇大字報，內容也沒啥特殊的東西。不外乎外行不能領導內行，不要靠亂咋唬吃飯等等。結果被打成右派分子。

被打成右派分子之後，先流放到黑龍江北大荒寶清縣八五三農場，一九六〇年又從這裡直接調到新疆。這是因為那時新疆機械工業有一個大發展的計畫，向中央要幹部。中央支援了一批幹部，各層次的都有，二機部抽調幹部的時候就順便把本系統在東北勞動的右派們給新疆了。他到了新疆，分配到烏魯木齊新疆軸承廠，一九六二年，大躍進失敗，到了所謂三年自然災害時期，各地大精簡，新疆軸承廠為了完成下放指標並盡可能留下他們自己的人，並迎合這些人想回內地家鄉的心情，幾乎將從北大荒調來的右派們全都下放回了家。新疆軸承廠就把他精簡了，讓他回到南京市八卦洲家中。一九六五年他再次來到新疆，被安置到烏魯木齊縣達阪城的公私合營勝利牧場，在這裡度過了近十五年。直到一九七九年全國統一解決右派分子問題，才回到北京復職，一九七九年底他終於從新疆復職回京到北航六一二軟件實驗室當副主任。後來在北京航空航天大學退休。

他的這一本回憶錄《在陽謀的祭壇上》，副題是「天山深處一個小右派的苦難生涯」，表示他是著重寫新疆那一段經歷，事實上他對北大荒的那兩年也有很深入的回憶和很生動的記述。這一本回憶錄所寫的從一九五七年到一九七九年，是中華人民共和國歷史上變局不斷的極其重要的時期，雖說他只是寫他個人的經歷和見聞，卻真實地、深刻地反映了這一頁歷史。它提供了任何一本正史也不可能提供的細緻的描寫。比如，一批右派分子來到了北大荒，他們是怎樣憑著赤手空拳開天闢地的？

我們剛到西大林除了野雞、野鴨、麅子等活東西迎接我們，見不到任何人。到處是齊腰深的草和遍地的水。這種沼澤地的水又髒又臭不能喝。到達西大林後見到房無半間，井無一口，大家的鞋襪褲腿全是濕的，地上從來沒有過路。我們誰也沒見過如此荒野的地方，不少人哭了。但哭有什麼用，先得為自己弄個安身的地方。先找到一小塊較高的地方，再墊上一些樹枝和草把肩上的行李先放下。派出絕大部分人到小樹林中砍直的高的不粗的小楊樹運到一處較高水淺的地方搭成「人」字架。就是將兩根去掉枝叉的楊樹頂端紮在一起，下端儘量叉開插在泥水地裡，挨排插。幾百棵楊樹連起來插就成了「人」字大廈。有一小部分人已經割來了茅草，用一些草搓成草繩把一紮紮茅草捆綁在楊樹形成的「牆」的外面。再把從楊樹砍下的枝杈鋪在「大廈」裡的泥水地面上，鋪得很厚，再鋪上茅草，做成了水上彈簧大通鋪。這種「人」字大廈外面颳小風，裡面颳穿堂風。外面下大雨，裡面順著茅草下粗雨。外面雨停了，裡面繼續下。我們有了窩後立即打井，因為時間短，挖不深，先挖個淺坑，把裡面的髒水舀盡，讓它慢慢滲出較清亮的水暫時飲用。

荒原上過了冬的蚊子蘇醒之後可了不得。它們成群結隊大白天襲擊人和畜。蚊子多的時候我們白天要戴防蚊帽，袖口和褲腳口都要用繩紮緊，防蚊帽能防蚊子，但不能防小咬。小咬若鑽進了防蚊帽又出不來。它咬人的毒性很強，會咬得人滿頭滿臉滿脖子腫包。又疼又癢又不敢抓。抓破了會感染更不得了。蚊子猖狂時我們用過的鐵鍬插在地裡，因為把子上有人的汗味，過不了一會把子會變粗，上面落滿了一層蚊子。我自己一巴掌在自己衣服上打死過幾十個蚊子，想數數都沒法數。因為不少死蚊子被拍死時已經碾成了泥狀。

我們大便是個麻煩事，不敢一個人方便。先要約好幾個想要拉屎的進行分工。找個乾燥的地方並要看好風向，再找一些枯草爛葉升火。火升好了要找青草將明火蓋住不讓充分燃燒，憋住火堆只准冒煙。這時想拉屎的人趕快跑到煙幕里拉屎。脫褲子和拉屎的動作要快，一定要在火堆冒完煙之前結束「戰鬥」。有時風向會隨風變，我們也不得不隨風同步轉移「陣地」，否則屁股和大腿就要遭禍。即使這樣誰的屁股也沒有被蚊子倖免過。有些蚊子有敢死隊的精神，能「勇敢」地衝破我們的煙幕防御工事狠狠地攻擊我們的屁股。為了保衛自己的屁股，不少人從北京寄來了防蚊油先塗在屁股上。但北大荒的蚊子不識北京的貨，照咬不誤。

接著，大躍進來了。各行各業都大放「衛星」。現在的讀者大約不知道這大躍進和放「衛星」是怎麼一回事，那麼請看書中寫的一個小例：

五八年是個全國發了瘋的年代。當我們點完大豆，播過小麥又運來了許許多多向日葵種子。要我們每人每天要點播好幾公斤向日葵種，完不成領導上就不能放衛星。我們只好為了領導上能放衛星每個點播坑就放上一大把種子，在規定期限內把種子點完了。當這些種子發芽長出地面完全不是向日葵的樣子，而是像一簇簇韭菜的模樣。因為太密，誰也長不成長不大。結果種子和我們的勞動白費勁不算，地也被白白耽誤了一年。這次破壞性的事件我們誰也未被追究，因為我們早有言在先，聲明過這麼多種子根本種不完，要求拿一部分炒了吃。可領導不准，說要適當密植。究竟要適當到什麼程度誰也沒有具體明確的規定。雖然不准炒了吃，我們在播種時每個人都吃了大量的生葵花籽，結果我肚子裡被打出一大堆蛔蟲。

不但農業要大放「衛星」，工業也要大放「衛星」。一個主要的項目就是全民煉鋼。書中寫了他弟弟在家鄉蘇北地區參加煉鋼的故事：

我大弟弟因為我的牽連只好入鹽城師專上學。他有幸不准讀書而要去大煉鋼鐵。剛高中畢業的學生當了光榮的煉鋼鐵的人材，這是歷史上的奇蹟。奇就奇在蘇北平原水網地區一無鐵礦，二無焦炭，三無耐火材料。但當時發了瘋的中國人在瘋子們的領導下，什麼人間「奇」蹟也能「創造」出來。不是沒有鐵礦、焦炭和耐火材料嗎？這難不倒巧媳婦們。巧媳婦可做無米之炊。鹽城師專的「學生」們在

「老師」們的帶領下到民間去「取」這些原料。他們見到誰家屋裡沒人就把人家餵家畜家禽的泥盆瓦罐拿走用碾子碾細了當耐火材料。更缺德的是當時農村草房多，農民為了防龍捲風把屋頂上的草颳走，一般都用破缸壓住屋脊兩端的茅草。他們就爬上屋頂也把這些「耐火」原料偷了下來。光有這些破缸破瓦不能大煉鋼鐵，還得有鋼鐵才行。他們就到處找鋼鐵，反正那時吃食堂，每家每戶做飯菜的鍋也就成了多餘的。那時社會上因已進入共產主義社會，小偷也沒了，每家的門戶也就用不著上鎖了，因而鎖門的門鼻子和鎖本身也就是多餘的了，全是大好的大煉鋼鐵的材料。至於沒焦炭可用別的燃料代替，可用木材燒木炭，這下樹木、門窗、床板和裝死人的棺材通通都能用得上。就這樣，師專的未來為人師表的人們先當「小偷」、「土匪」和「強盜」後，就煉出了「鋼鐵」向黨報喜了。結果我們的黨報上又多了一顆啟明的新星。

這些大躍進和放「衛星」的事情，正史上也不能不有所記載。像中共中央黨史研究室著的《中國共產黨歷史》第二卷說：「農業『大躍進』的主要特徵，是農作物產量指標的嚴重浮誇。……夏收期間，這種浮誇風集中表現為虛報農作物單位面積產量，競放高產『衛星』。……許多離奇的農作物高產典型，實際上的採用『並田』的方法，即將多塊地裡成熟或者基本成熟的農作物移栽到一塊地裡假造出來的，也有的是找出一兩株長勢特別好的農作物，用它們的收穫量乘以大田的密植株數推算出來的。」（中共黨史出版社，二〇一一年版，上冊，第四八四頁）關於全民大煉鋼鐵運動，這本《中國共產黨歷史》也說到了，說是「盲目蠻幹」，說它「極大地浪費了人力、物力和財力」，「使基本建設規模和職工隊伍急劇膨脹」，「嚴重衝擊和擠佔了農業和輕工業生產」。（同上書，第四九一到四九二頁）這種高度概括的文字，就遠不及這本回憶錄給讀者的印象深刻了。後世讀者將會從這裡更深切地瞭解這一頁歷史。

這本書的史料價值是無可懷疑的。可是它的價值遠不止這一方面。它的作者是個很有個性很有風趣的人。他藐視迎面襲來的橫逆。在鬥爭會上也戲弄那些鬥爭他的人。在權力者看來，他是個最不聽話，最不服管教的反改造分子。他在書中不但細細寫出自己種種反改造的事蹟，也寫周圍難友的反改造事蹟，像原來文字改革委員會的右派分子李濤出色的反改造表現，我看到這些地方，快意的笑了。這是一本反改造故事集啊。他們，在高壓之下，為中國知識分子保存了幾根傲骨，證明了所謂「人是可以改造的」不過是權力者的願望和幻想。不過作者也看到，權力者所做的努力並不是毫無成果的，書中說：「我已經看到我們右派分子當中已經有不少人表現得非常極積，與領導一唱一和，就是所謂的靠攏組織。其實他們內心深處的秘密就是想儘快瞞天過海假積極爭取儘快摘掉右派帽子。」「右派分子」並不是一個統一的品牌，這五十五萬人中間什麼樣的人都有。他寫出了這一方面，就更全面地反映出了歷史的真實。

這本回憶錄可信的程度，我可以舉一個例。書中記載了難友賈明克的事蹟：

我們組年紀最大資格最老的右派是反右前的北京電力工業專科學校的黨委書記賈明克，他們的學校歸電力工業部管。解放戰爭時期和抗日戰爭時期他是山東一個地區的書記。他說當時他只要批個條子就能槍斃人，可見權力之大。進了城之後他們都成了國家和黨的大幹部，權更大。可他不忘本，還是解放區帶來的小腳老太婆當老婆。可許多人在進城後都換了老婆，換了城裡的，年輕的，漂亮的，扔了過去共患難的鄉下老太婆。電力部裡也有這樣的領導幹部。老賈看不慣，就說共產黨內出了一大批新陳世美。他說上樑不正下樑歪，這些人所以敢換老婆是受更高幹部的影響，是上行下效。老賈不僅把矛頭指向了部領導，而且還不指名地指向了中央，能不把他打成右派嗎？

我在《中國反右運動數據庫》光碟裡查到了賈明克的材料，他的右派言論就有這樣一條：「過去黨對「男女關係」的處理是欠嚴肅的，今日「陳世美」所以多，與這有關，根源在中央，中央委員中除周總理等人之外，都有小老婆（我所說小老婆，係指年輕的老婆）。」可見回憶錄說的是可信的。

作者要我寫序，我就寫了這些讀後感，負責地向讀者推薦這本好書。

二〇一二年四月十七日朱正於長沙

知青年代01　PC0263

要有光
FIAT LUX

歲在丁酉

——關於中共反右派鬥爭

作　　者　朱　正
主　　編　蔡登山
責任編輯　鄭伊庭
圖文排版　陳姿廷
封面設計　秦禎翊

出版策劃　要有光
製作發行　秀威資訊科技股份有限公司
114 台北市內湖區瑞光路76巷65號1樓
電話：+886-2-2796-3638　傳真：+886-2-2796-1377
服務信箱：service@showwe.com.tw
http://www.showwe.com.tw
郵政劃撥　19563868　戶名：秀威資訊科技股份有限公司
展售門市　國家書店【松江門市】
104 台北市中山區松江路209號1樓
電話：+886-2-2518-0207　傳真：+886-2-2518-0778
網路訂購　秀威網路書店：http://www.bodbooks.com.tw
國家網路書店：http://www.govbooks.com.tw
法律顧問　毛國樑　律師
總 經 銷　易可數位行銷股份有限公司
地址：231新北市新店區寶橋路235巷6弄3號5樓
電話：+886-2-8911-0825　傳真：+886-2-8911-0801
e-mail：book-info@ecorebooks.com
易可部落格：http://ecorebooks.pixnet.net/blog

出版日期　2013年4月　BOD一版
定　　價　480元

國家圖書館出版品預行編目

歲在丁酉 : 關於中共反右派鬥爭 / 朱正著.-- 一
版. -- 臺北市 : 要有光, 2013.04
面； 公分
BOD版
ISBN 978-986-89128-5-4(平裝)

1. 政治鬥爭 2.中國史

628.7 102002341

讀者回函卡

感謝您購買本書，為提升服務品質，請填妥以下資料，將讀者回函卡直接寄回或傳真本公司，收到您的寶貴意見後，我們會收藏記錄及檢討，謝謝！如您需要了解本公司最新出版書目、購書優惠或企劃活動，歡迎您上網查詢或下載相關資料：http:// www.showwe.com.tw

您購買的書名：______________________________

出生日期：________年________月________日

學歷：□高中（含）以下　□大專　□研究所（含）以上

職業：□製造業　□金融業　□資訊業　□軍警　□傳播業　□自由業

　　　□服務業　□公務員　□教職　□學生　□家管　□其它____

購書地點：□網路書店　□實體書店　□書展　□郵購　□贈閱　□其他

您從何得知本書的消息？

□網路書店　□實體書店　□網路搜尋　□電子報　□書訊　□雜誌

□傳播媒體　□親友推薦　□網站推薦　□部落格　□其他________

您對本書的評價：（請填代號　1.非常滿意　2.滿意　3.尚可　4.再改進）

封面設計____　版面編排____　內容____　文／譯筆____　價格____

讀完書後您覺得：

□很有收穫　□有收穫　□收穫不多　□沒收穫

對我們的建議：______________________________

____

____

____

請貼
郵票

11466
台北市内湖區瑞光路 76 巷 65 號 1 樓
秀威資訊科技股份有限公司 收
BOD 數位出版事業部

(請沿線對折寄回，謝謝！)

姓　名：________________　年齡：________　性別：□女　□男

郵遞區號：□□□□□

地　址：____

聯絡電話：(日)________________ (夜)________________

E-mail：____